Carl Edm. Langer

Die Ahnen- und Adelsprobe

die Erwerbung, Bestätigung und der Verlust der Adelsrechte in Österreich

Carl Edm. Langer

Die Ahnen- und Adelsprobe
die Erwerbung, Bestätigung und der Verlust der Adelsrechte in Österreich

ISBN/EAN: 9783743405554

Hergestellt in Europa, USA, Kanada, Australien, Japan

Cover: Foto ©ninafisch / pixelio.de

Manufactured and distributed by brebook publishing software (www.brebook.com)

Carl Edm. Langer

Die Ahnen- und Adelsprobe

Die

AHNEN- UND ADELSPROBE,

die

Erwerbung, Bestätigung und der Verlust der Adelsrechte

in

ÖSTERREICH.

Von

Dr. Carl Edm. Langer,

k. k. Notar,

Donat und Legations-Secretär des hohen souverainen Johanniter-Ordens.

WIEN, 1862.

Verlag von Friedrich Manz.

Vorrede.

Zufällige Umstände und späterhin dienstliche Verhältnisse brachten es mit sich, dass der Verfasser des vorliegenden Werkes seit einer Reihe von Jahren mit Prüfung und Zusammenstellung der Ahnen- und Adelsproben zahlreicher adeliger Geschlechter Oesterreichs vielfach beschäftiget war.

Fast in jedem einzelnen Falle musste er den Mangel eines sistematischen Handbuches hierüber lebhaft bedauern, indem er sich gezwungen sah, die Kenntniss der erforderlichen Bedingungen und Formalitäten im Wege zeitraubender Nachforschungen einzuholen, worüber die Aufklärung eben nicht immer in der erwünschten Vollständigkeit erfolgte.

Es entstand sonach der leicht begreifliche Wunsch, die von dem Verfasser zuerst nur für seinen persönlichen Gebrauch geschaffene Sammlung der diessfälligen Normalien für Jeden zugänglich zu machen, dem Neigung oder Beruf ähnliche Beschäftigung zuweist. Auch für den österreichischen Adel selbst schien es nicht überflüssig, ein Handbuch zu veröffentlichen, in welchem — wie der Verfasser glaubt — so ziemlich alle Fragen beantwortet sind, welche über die zweckmässige Einrichtung der zu irgend einem bestimmten Zwecke erforderlichen Ahnenproben gestellt werden könnten.

Der Inhalt und Umfang des Buches ergab sich aus den hier angedeuteten Gesichtspunkten von selbst.

Weder theoretische Erörterungen über die Bedeutung und Geschichte des Adels-Institutes, noch rein genealogische und heraldische Fragen überhaupt gehören in dasselbe, da seine wesentlichste Aufgabe lediglich die sein konnte, die Anleitung zu geben, wie nach den in Oesterreich bestehenden Vorschriften und Gepflogenheiten in irgend einem bestimmten Falle die Ahnen- und Adelsprobe herzustellen sei.

Diese Aufgabe hofft der Verfasser sowohl durch die allgemeine Darstellung des ersten Hauptstückes, als auch durch die im zweiten und dritten Abschnitte gegebenen speziellen Ausführungen wenigstens annäherungsweise gelöst, gleichzeitig aber durch die auf ausdrücklichen Wunsch des Verlegers im vierten Hauptstücke beigegebene kurze Darstellung über Erwerbung und Verlust der Adelsrechte,

sowie durch die im Anhange aufgenommene möglichst vollständige Sammlung der wesentlichsten
Normalien und Formularien die praktische Brauchbarkeit des Werkchens nicht unbedeutend erhöht zu
haben.

Als theilweise benützte Quellen findet sich der
Verfasser verpflichtet, anzuführen:

Johann Georg Ester, Anleitung zur Ahnenprobe bei den deutschen Erz- und Hochstiftern.
Marburg 1750;

Joh. Oct. Salver, Proben des deutschen Reichsadels. Würzburg 1775;

Dr. A. R. Namestnik, Darstellung des Wappen-
und Adelsbeweises. Wien 1824;

Dr. Josef Linden, Abhandlungen. Wien 1834;

Barth-Barthenheim, das Ganze der österreichischen politischen Administration. I. B. Wien 1838;

Ferdinand Freiherr v. Biedenfeld, Geschichte
der Ritterorden. Weimar 1841;

Ferdinand Jitschinsky, Darstellung der Gründung und des Bestandes des k. k. Theresianischen
Damenstifts am Prager Schlosse. Prag 1855;

Michael Hahn, Handbuch für den Adel und die
Ordensritter Oesterreichs. Pest 1856;

Endlich — nebst seinen eigenen Sammlungen
— mehrere ältere Manuscripte und Druckwerke,
deren Mittheilung er dem k. k. Hofwappenmaler

Herrn Carl Krahl in Wien verdankt, einem tüchtigen Heraldiker und wohlbewanderten Genealogen, dessen reichhaltige Bibliothek jeden Sachkundigen mit Befriedigung erfüllen dürfte.

Indem der Verfasser sonach sein Buch der freundlichen Beurtheilung der Fachmänner und der wohlwollenden Aufnahme des betreffenden Leserkreises empfiehlt, erklärt er sich gerne bereit, allfällige ihm zukommende praktische Winke oder ausgesprochene Wünsche bei einer etwaigen zweiten Auflage des Buches eingehend zu berücksichtigen.

Wien, im Februar 1862.

Dr. Langer.

Inhalt.

Beilagen.

I. HAUPTSTÜCK.

Begriff und Zweck der Ahnen- und Adelsprobe und allgemeine Darstellung derselben.

§. 1.

Begriff der Ahnenprobe.

Unter Ahnenprobe im Allgemeinen versteht man die urkundliche mit voller Glaubwürdigkeit geführte Nachweisung der directen ehelichen Abstammung einer bestimmten Person von einer gewissen Anzahl adeliger Vorfahren, d. i. Ahnen.

Die Ahnen werden so gezählt, dass Vater und Mutter zwei, die Grossältern beiderseits vier, und die Urgrossältern acht Ahnen bilden, und es kann in weiterer Verfolgung dieser aufsteigenden Reihen der Vorfahren die Ahnenprobe auf 16, 32, 64 Ahnen u. s. w. ausgedehnt werden.

Wenn demnach zu irgend einem bestimmten Zwecke die Probirung von z. B. sechszehn Ahnen vorgeschrieben ist, so will diess nichts Anderes sagen, als dass der Bewerber gehalten sei, seine directe eheliche Abstammung bis zu den Ururgrossältern väterlicher und mütterlicher Seits nachzuweisen, und überdiess darzuthun, dass diese Letzteren selbst durchgängig adelig geboren waren, indem die selbst erst Geadelten, die sogenannten primi acquirentes, ferners die in den Adelsdiplomen zuweilen geschenkten Ahnen nicht gezählt werden dürfen.

Hieraus ergibt sich von selbst, dass die Ahnenprobe im Allgemeinen in zwei wesentlich verschiedene Hauptbestandtheile zerfällt, nämlich:

1

1. In die sogenannte Filiationsprobe, d. i. die Nachweisung der directen ehelichen Abstammung von Grad zu
Grad, und

2. in die Adelsprobe, oder den Beweis der Ritterbürtigkeit, d. i. die Nachweisung, dass die obersten Ahnen
(die vier Grossältern, acht Urgrossältern oder sechszehn Ururgrossältern u. s. w.) von adeliger Geburt waren. Hiemit
ist auch gewöhnlich die Wappenprobe verbunden.

Die Ahnenprobe ist eine echt germanische Institution
und wurde besonders im 15. und 16. Jahrhunderte bei Tur-
nieren, Domkapiteln, Ritterorden, ritterschaftlichen und
landständischen Corporationen und zur Erlangung gewisser
Hofämter erfordert.

Da die historische Entwicklung derselben nicht in den
Bereich der vorliegenden Schrift gehört, so möge hier nur
kurz angedeutet werden, dass nach alten germanischen Rechten der Freie, um seine Freiheitsrechte ausüben zu können,
nachweisen musste, dass bereits seine Aeltern und Grossältern freie Leute gewesen, dass also weder er selbst
Freigelassener noch Sohn eines Solchen war.

Hiemit waren die ersten Grundzüge einer Ahnenprobe
gegeben, und hieraus entwickelte sich späterhin von selbst
die Forderung, dass zur Erwerbung der allgemeinen oder
in Bezug auf bestimmte adelige Stiftungen bestehenden besonderen Adelsrechte der Bewerber nicht nur seinen eigenen
Adel, sondern auch den seiner directen Vorfahren nachzuweisen hatte.

§. 2.
Zweck derselben.

In Oesterreich wird die Ahnen- und Adelsprobe vornehmlich gefordert bei dem Eintritte in den souveränen
Johanniter-Orden, in den deutschen Orden, in die adeligen
Damenstifte zu Wien, Prag, Innsbruck, Brünn u. s. w.,
ferners bei Erlangung der k. k. Kämmererswürde, des Stern-

kreuz-Ordens, des Hofzutrittes, und bei der Aufnahme in
die Zahl der k. k. Edelknaben.

Die Anzahl der für jedes dieser adeligen Institute zu
probirenden Ahnen ist nicht durchgängig gleich; die Art
und Weise und die Formalitäten der Beweisführung aber
sind, wenn sie auch früher verschieden waren, seit dem
a. h. Patente Ihrer Majestät der Kaiserin Maria Theresia vom
31. Mai 1766 mit geringen Ausnahmen gleichmässig festgestellt.

Dieses a. h. Patent, obwohl ursprünglich nur für jene
Candidatinnen bestimmt, welche in die damals neu errichteten adeligen Damenstifte zu Prag und Innsbruck aufgenommen zu werden wünschten, bildet dermalen die fast einzige,
allgemein gültige Norm für die Ahnenproben in Oesterreich,
und es dürfte daher zweckmässig erscheinen, dieses Patent,
dessen wortgetreuer Text in der Beilage I vollständig aufgenommen ist, vor Erörterung der einzelnen Adelsinstitute
und der für jedes derselben geltenden besonderen Erfordernisse in Folgendem einer näheren Beleuchtung zu unterziehen.

§. 3.
Stammbäume.

Als Grundlage jeder Ahnenprobe wird durch den §. 1
des gedachten Patentes der Stammbaum erklärt, welcher
mit Ausserachtlassung aller Seitenlinien blos die directe
Descendenz des Probanten von der jeweilig vorgeschriebenen
Ahnenzahl darzustellen hat, und sich daher von den vollständigen genealogischen Tabellen wesentlich unterscheidet,
in denen die ganze Verwandtschaft einer bestimmten Familie
mit allen Verzweigungen und Nebenlinien übersichtlich dargestellt zu werden pflegt.

Der Stammbaum soll — um dem Zwecke der Aufbewahrung in den betreffenden Archiven behufs einer allfäl-
ligen Beweisführung in späterer Zeit vollkommen entsprechen
zu können — auf Pergament verfertigt und gemalt sein, und

nicht nur in allen Quartieren die Tauf- und Geschlechtsnamen, sondern auch die adeligen Wappen des Probanten
und seiner väterlichen und mütterlichen Vorältern mit Schild,
Helm, Kleinodien und Helmdecken in den richtigen heraldi-
schen Farben aufweisen.

Anstatt der in den älteren deutschen Stiftern üblichen
sogenannten Aufschwörung ist vorgeschrieben, dass der
Stammbaum von vier adeligen Zeugen sub fide nobili an
Eidesstatt bestätigt und mit ihren Insiegeln bekräftiget werde.
In der diessfälligen Bestätigungsklausel ist ausdrücklich anzuführen, dass sowohl die am Stammbaume angegebene
Descendenz, als auch die sämmtlichen Wappen ihre vollkommene Richtigkeit haben; dass alle darin benannten Familien eines altadeligen Herkommens sind, und dass diess
Alles den Zeugen zum Theile wohl bekannt, und aus den
vorgezeigten authentischen Dokumenten des Mehreren bewiesen worden sei.

Die Zeugen sollen nach Vorschrift des Patentes aus den
Ersten des Adels jenes Landes, in welchem das Geschlecht
des Probanten begütert ist, gewählt werden, es darf sich
jedoch unter denselben kein mit Letzterem in gerader Linie
Verwandter befinden.

Nicht ausdrücklich vorgeschrieben, aber eine ziemlich
allgemeine Gepflogenheit ist es, dass nur solche Zeugen
gewählt werden, welche ausser den obigen Eigenschaften
auch die geheime Raths - oder doch die k. k. Kämmererswürde besitzen.

Die äussere Form und Zusammenstellung der Stammbäume, sowie der wörtliche Text der Bestätigungsklausel ist
aus einem dem erwähnten a. h. Patente vom 31. Mai 1766
angehängten Formulare des Näheren zu ersehen, es ist übrigens nicht zu übersehen, dass die Bekräftigung durch vier
adelige Zeugen, wenn sie gleich eine ausdrücklich vorgeschriebene und daher nicht ausser Acht zu lassende For-
malität ist, dem Stammbaume noch keine Beweiskraft verleiht, sondern dass derselbe vielmehr auf die in den folgenden

§§. erörterte Weise urkundlich belegt und ausser Zweifel gesetzt werden muss.

Nur wenn der Stammbaum von einer betreffenden höheren Behörde oder von einem ständischen Collegium bestätigt ist, und die Bestätigung hauptsächlich darin besteht, dass sämmtliche auf dem Stammbaume vorkommenden Geschlechter eines alten Herkommens und in der Provinz oder Landschaft immatrikulirten Adels wirklich sind, und dass die angegebene Filiation ihre vollkommene Richtigkeit habe, dürfte über die Beibringung der sonst nothwendigen Filiations- und Adelsbeweise hinausgegangen werden.

Eine gleiche Glaubwürdigkeit geniessen in der Regel auch die Bestätigungen der hohen Ritterorden und adeligen Stifter auf den aus ihren eigenen Archiven entnommenen Abschriften der Stammbäume von bereits aufgenommenen Mitgliedern, so dass, im Falle ein neu zu probirender Stammbaum in seinen oberen Quartieren auf solche bereits einmal probirte Geschlechtsfolgen und Adelsfamilien zurückführt, die neuerliche Beibringung der betreffenden Belege in der Regel entbehrlich wird.

Ausser diesen Fällen aber wird der, wenngleich von vier adeligen Zeugen unterfertigte und an Eidesstatt bekräftigte Stammbaum blos als einfache Privaturkunde angesehen, welche ihre volle Glaubwürdigkeit erst durch die eigentliche Filiations- und Adelsprobe erlangt.

§. 4.
Abstammungsbeweis.

Die Filiationsprobe ist, wie bereits erwähnt, die urkundliche Darstellung und Nachweisung der auf dem Stammbaume ersichtlichen Descendenz.

Da die Probirung von sechszehn Ahnen am häufigsten erfordert wird, so wurde auch in der nachfolgenden Erörterung dieser Gesichtspunkt festgehalten.

Die formelle Einrichtung der Filiationsprobe ist gleichfalls durch das citirte Patent Ihrer Majestät der Kaiserin

Maria Theresia §. 2 vorgezeichnet und durch ein angehäng-
tes praktisches Beispiel erläutert.

Es ist nämlich eine sogenannte Deduction zu verfassen,
in welcher mit Beziehung auf die als Beilagen derselben an-
zuschliessenden Abstammungs-Dokumente darzuthun ist, wie
die im Stammbaume dargestellten Abstammungen von dem
Probanten angefangen und von Grad zu Grad bis zu der
obersten Ahnenreihe aufsteigend, erwiesen werden können.

Die einfachsten und natürlichsten Beweismittel für die
eheliche Abstammung einer Person von ihren Vorältern sind
begreiflicher Weise die legalen Extracte aus Tauf- und
Trauungs-Matrikeln; da dieselben aber, besonders in den
höheren Generationen, oft gänzlich fehlen, da ferners, besonders bei älteren derlei Dokumenten, nur zu häufig blos der
Familienname des Vaters angegeben ist, während die Mutter
nur mit dem Taufnamen eingetragen wurde, so ist es gestattet, den Mangel derartiger Dokumente in anderer Weise zu
suppliren, nämlich durch Heirathsverträge, Testamente,
Fideicommiss-Instrumente, Erbserklärungen, Erbschafts-
theilungen, Lehenbriefe, Landtafel-Extracte, Familienver-
träge, Prozesse, gerichtliche Vergleiche und andere gerichtliche Verhandlungen.

Alle diese sogenannten documenta probatoria können
im Original oder in beglaubigten Abschriften vorgelegt
werden; die aus dem Auslande oder anderen Provinzen ein-
langenden Akte sollen mit den erforderlichen Legalisirungen
versehen werden, und bei den Extracten aus den Kirchenbüchern wird sogar gefordert, dass sie durchgängig die
Bestätigung der betreffenden Consistorien erhalten, jedoch
wird über letztere Bestimmung häufig hinausgegangen.

In Ermanglung aller pfarrämtlichen oder gerichtlichen
Urkunden werden endlich auch alte authentische Familienschriften und Aufzeichnungen als genügend angenommen,
insofern dieselben nach ihrer inneren und äusseren Beschaffenheit, nach Form und Schreibart das unzweifelhafte Gepräge
der Echtheit und eines solchen Alters an sich tragen, dass

die Vermuthung, als wären dieselben erst für den eben beabsichtigten Zweck abgefasst worden, ausgeschlossen bleibt.

§. 5.
Supplirende Belege.

Da es sich nicht selten trifft, dass einzelne Generationen weder durch öffentliche noch durch glaubwürdige Privatdokumente nachgewiesen werden können, weil durch Feuersbrünste, Kriegsverheerungen und ähnliche Unglücksfälle die betreffenden Archive sammt den Kirchenbüchern und Familienschriften zu Grunde gingen oder zerstört wurden, so musste für derlei rücksichtswürdige Ausnahmsfälle eine besondere Form der Ergänzung der sich ergebenden Lücken erdacht werden. Es ist diess eine Art des Zeugenbeweises, welcher dadurch hergestellt wird, dass drei adelige Zeugen aus demselben Geschlechte, in dessen Abstammung oder Verehlichung die Probe mangelhaft ist, sub fide nobili, an Eidesstatt und aus eigener Wissenschaft durch ein schriftliches Zeugniss bekräftigen, dass der fragliche Unglücksfall wirklich stattgefunden, und dass ferners die in dem Stammbaume angegebene und aus der berührten Ursache durch authentische Dokumente nicht zu erweisende Descendenz oder cheliche Verbindung ihre volle Richtigkeit habe.

Wenn ein solcher Abgang der schriftlichen Urkunden übrigens ein bereits ausgestorbenes adeliges Geschlecht beträfe, so wird auch in diesem Falle ein von drei der nächsten Verwandten dieses erloschenen Geschlechtes in obiger Weise ausgestelltes Zeugniss für genügend erachtet, um den fraglichen Mangel zu ergänzen.

Sehr oft wird das Ereigniss, welches die Zerstörung des betreffenden Archives mit sich brachte, durch eine öffentliche Autorität, z. B. durch das Pfarramt oder durch die Lokalbehörde, bestätiget, was auch am zweckmässigsten erscheint, und wornach das Zeugniss der Verwandten selbstverständlich auf die Beglaubigung der im Stammbaume aufgeführten Descendenz oder Verbindung beschränkt bleibt.

§. 6.

Unzulässigkeit der legitimirten und Adoptiv-Kinder.

Es dürfte an dieser Stelle angemessen erscheinen, zu
erörtern, ob in der aufsteigenden Ahnenreihe bei Darstellung
der Descendenz auch legitimirte oder adoptirte Kinder
gezählt werden dürfen.

Obgleich diese Frage in den über die Ahnenproben in
Oesterreich geltenden Normalien nicht direct beantwortet
ist, scheint deren Lösung doch keiner Schwierigkeit zu
unterliegen.

Was vor Allem die legitimirten Kinder anbelangt,
so erlangen dieselben, ihre Legitimation mag nun durch die
nachfolgende Ehe der Aeltern, oder durch Begünstigung des
Landesfürsten erfolgt sein, kraft der §§. 161 und 162 des
allg. brgl. Gesetzbuches mit geringen Beschränkungen allerdings alle Rechte der ehelichen Descendenz, und können im
letzten Falle sogar ohne die nachfolgende Verehelichung ihrer
natürlichen Erzeuger der Standesvorzüge derselben theilhaftig werden.

Wenn jedoch dagegen in Erwägung gezogen wird, dass
im §. 7 des Patentes vom 31. Mai 1766 ausdrücklich die
Zeugung während der Ehe erfordert wird, dass somit
die sogenannte Ebenbürtigkeit eine vom Anbeginne her
bürgerlich und kirchlich gültige Ehe voraussetzt, so scheint
selbst für die durch die nachfolgende Ehe legitimirten
Kinder die Eigenschaft ebenbürtiger Ahnen nicht vorhanden
zu sein.

Um so weniger kann diess von Jenen behauptet werden, die per rescriptum principis legitimirt wurden, da bei
diesen selbst die nachträgliche Ehe der Aeltern mangelt.

Die von den bürgerlichen Gesetzen gestattete Uebertragung der Standesvorrechte der Aeltern auf derartig legitimirte Kinder macht sie noch nicht fähig zur Erwerbung adeliger Stiftungen oder Auszeichnungen, welche statutenmässig

der reinen und unvermischten ehelichen Descendenz adeliger
Geschlechter vorbehalten sind.

Hiebei bleibt natürlich nicht ausgeschlossen, dass bei
besonders rücksichtswürdigen Umständen durch die a. h.
Gnade des Monarchen Ausnahmen von dieser Regel gestattet werden können, wie deren auch wirklich bereits vorgekommen sind.

In gleicher Weise verhält es sich auch mit den Adop-
tiv-Kindern, denen zwar durch die §§. 182 und 183
unseres allg. brgl. Gesetzbuches gleiche Rechte mit den ehelichen Kindern vindizirt sind, und auf welche in Folge
besonderer Bewilligung des Landesfürsten ebenfalls der
Adel und das Wappen der Wahlältern übertragen werden kann.

Hier mangelt jedoch die Hauptbedingung der Ahnenprobe, nämlich die wahrhafte und natürliche Abstammung
aus dem Blute der betreffenden Vorältern, und es muss also
auch bezüglich der Adoptiv-Kinder die obige Frage verneint
werden.

§. 7.
Beweis der Ritterbürtigkeit.

Wenn nun auf die in den vorhergehenden §§. berührte
Art die eheliche unvermischte Abstammung des Probanten
von den in der obersten Reihe des Stammbaumes erscheinenden Ahnen durch die Deduction erläutert und durch die derselben beizuschliessenden Belege urkundlich nachgewiesen
wurde, ist schliesslich noch der eigentliche Adelsbeweis,
d. h. die Nachweisung zu führen, dass alle Ahnen der obersten Reihe adelig geboren, und somit wahrhaft ritterbürtige
und stiftsmässige Ahnen sind.

Wo es sich um Geschlechter handelt, die notorisch
eines uralten adeligen Herkommens sind, wird dieser Beweis
selten mit der vollsten Strenge gefordert; — wo aber diess
nicht der Fall ist und die zur Untersuchung der Ahnenproben bestellten Examinatoren einen Zweifel über das eine

oder andere Geschlecht hätten, soll der Probant nach §. 3
des oft citirten Patentes gehalten sein: „einen derartigen
Anstand durch Aufsteckung einer Gabel zu beheben," das
heisst durch den Taufschein oder andere glaubwürdige Urkunden zu erweisen, dass die in dem betreffenden Quartiere
benannte Person, in Betreff welcher der Zweifel entstanden
war, sowohl väterlicher als mütterlicher Seits bereits adelig
geboren war.

Strenge genommen sind demnach in der Reihe der
obersten sechszehn Ahnen nicht nur die selbst erst Geadelten
(die sogenannten primi acquirentes), sondern auch diejenigen
Kinder adeliger Aeltern ausgeschlossen, welche geboren
wurden, bevor ihren Aeltern der Adelstand verliehen wurde,
indem auch hier das Haupterforderniss, die adelige Geburt,
nicht vorhanden ist.

Der Adel selbst, sowie die gleichfalls zu erprobende
Richtigkeit der am Stammbaume erscheinenden Wappen mit
Helm und Kleinodien kann übrigens nicht nur durch die
betreffenden Adelsdiplome, Wappenbriefe und Inkolats-Ur-
kunden, sondern auch durch authentische Bestätigungen der
ständischen Corporationen, der deutschen Reichs-Ritterschaf-
ten, Malthesen-Ordenskapitel, deutschen Ordens-Balleien,
Dom- und Reichsstifte u. s. w., ja selbst durch beglaubigte
Copien alter Grabsteine, Kirchenfenster u. dgl. erwiesen
werden.

Da die Original-Concepte der Diplome des österreichischen und selbst des deutschen Reichsadels zum grössten
Theile in dem Archive des k. k. Staats-Ministeriums aufbewahrt sind, so ist jenen Bewerbern, welche die Original-
Adelsdiplome ihrer Vorfahren nicht besitzen, hiedurch Gelegenheit geboten, sich ämtlich beglaubigte Copien derselben
zu verschaffen; jedoch muss in dem diessfälligen Einschreiten in der Regel die directe Abstammung des Bittstellers von
dem Erwerber des Diplomes in glaubwürdiger Weise dargethan werden; auch werden derlei Ausfertigungen gewöhnlich nur mit der Klausel expedirt:

„dass hiedurch keinerlei Rechte anerkannt, oder dritten Personen gegenüber gewährt werden."

§. 8.
Supplirende Behelfe.

So wie es beim Abstammungsbeweise vorkommen kann, dass der allfällige Mangel der Tauf- und Trauungs-Dokumente durch anderwärtige Behelfe supplirt werden muss (§§. 4 und 6), so kann auch bezüglich der eigentlichen Adelsbeweise hie und da ein derartiger Abgang jener Dokumente eintreten, durch welche der Adel und das Geschlechtswappen vorzugsweise probirt wird, nämlich der Adelsdiplome selbst.

Obwohl nun gerade in dieser Beziehung die grösste Vorsicht zu beobachten ist, wird es doch gestattet sein, in derlei Ausnahmsfällen, namentlich wenn Kriegsereignisse, Feuersbrünste u. dgl. erwiesen sind, durch welche der Verlust der ursprünglichen Adelsdiplome wahrscheinlich gemacht wird, sich darauf zu berufen:

dass die Mitglieder des Geschlechtes, um dessen Adel es sich handelt, solche Hof- oder Landesämter bekleidet haben, welche ausschliesslich nur an Adelige verliehen wurden, dass einer oder mehrere der Vorfahren in Ritterorden und adeligen Stiftern aufgeschworen und darin zu Würden gelangt sind; dass sie im Besitze adeliger Güter gewesen, dass ein Mitglied des Geschlechtes bereits vor einer zur Anerkennung berufenen Behörde wirklich als adelig angesehen wurde, mit einem Worte, dass der allgemein anerkannte Besitz und Genuss der Adelsrechte durch irgend welche anderweitige glaubwürdige Dokumente anderer Umstände dargethan ist, wobei freilich der strengste Beweis über das wirkliche Vorhandensein solcher Umstände gefordert werden muss.

Der wenn auch bewiesene Gebrauch eines Wappens allein ist kein Beweis des Adels, denn Wappenbriefe wurden bekanntlich in früheren Zeiten häufig auch an Nichtadelige

verliehen; ebensowenig sind pfarrämtliche Dokumente oder
selbst öffentliche Anstellungs-Dekrete, in welchen die
Geschlechtsnamen mit einem Adels-Prädikate aufgeführt
erscheinen, als Beweise des wirklichen Adelsstandes zu
betrachten, da Tauf- und Trauscheine nach dem Hofdekrete
vom 15. Jänner 1787 nur über den Umstand, worüber sie
errichtet wurden, also nur über die fragliche Geburt oder
Trauung als beweiskräftige Dokumente gelten, die Beilegung
eines Adels-Prädikates in einem Anstellungs-Dekrete aber
nicht immer ein Beweis über die Berechtigung, sondern
häufig auch nur über die bisher unbemerkt gebliebene Adelsanmassung der betreffenden Partei sein kann.

§. 9.
Inländischer Adel.

Die österreichische Gesetzgebung selbst hat bezüglich
der Adelsverhältnisse und Adelsproben der einzelnen Provinzen des Kaiserstaates verschiedene Normen aufgestellt,
welche als positive Grundlagen des Adelsbeweises in den
Beilagen dieser Abhandlung ihren Platz finden mussten,
und zwar:

a) bezüglich des galizischen Adels die Patente vom
13. Juni 1775, 20. Jänner und 31. Mai 1782, 16. October
1800 (Beilage II);

b) bezüglich des Adels in der Bukowina das Patent
vom 14. März 1787 (Beilage III);

c) bezüglich des Tiroler Adels das Circulare vom
21. Jänner 1820 (Beilage IV);

d) bezüglich der im Salzburger- und Innkreise,
dann in den Parzellen des Hausruckkreises ansässigen
im Besitze von Adelstiteln versehenen Personen die Guber-
nial-Verordnungen vom 28. Mai 1829 und 24. August 1830
(Beilage V);

e) bezüglich des lombardischen und venetianischen Adels die Patente vom 20. November 1769,
29. April 1771, und die Kundmachung vom 14. December

1814, dann die Gubernial-Circularien vom 28. December 1815, 13. Jänner 1816 und 25. Juni 1825 (Beilage VI);

f) bezüglich der Adelsverhältnisse in Dalmatien das Circulare vom 16. August 1816 (Beilage VII);

g) endlich bezüglich des Titels und Ranges der mediatisirten, vormals reichsständischen fürstlichen und gräflichen Familien die a. h. Kabinetsschreiben vom 9. September 1825 und 21. September 1829 (Beilage VIII).

§. 10.
Annehmbare Beweismittel nach österreichischen Gesetzen.

Die Gesichtspunkte, welche die österreichische Regierung bei Beurtheilung der Adelsbeweise festzuhalten entschieden hat, sind aus dem §. 3 des Patentes vom 16. October 1800 (Beilage II) zu entnehmen, welches zwar speziell für die galizischen Adelsfamilien erlassen wurde, dessenungeachtet aber in seinen allgemeinen Bestimmungen auch bei anderweitigen Geschlechtern analoge Anwendung finden dürfte.

Als giltige und annehmbare Beweismittel zur Erprobung des Adels im Allgemeinen, und ohne Rücksicht auf die besonderen Verhältnisse Galiziens sind dort festgesetzt:

a) Adelsdiplome, welche entweder Derjenige, der seinen Adel anmeldet, oder einer seiner Vorfahren in auf- und absteigender Linie und von väterlicher Seite, von der höchsten Gewalt des betreffenden Landes erhalten hat;

b) glaubwürdige Beweisurkunden, dass der sich Legitimirende oder Einer seiner Vorfahren männlichen Stammes mit einer von denjenigen Würden oder Aemtern bekleidet war, welche nach der Landesverfassung ausschliesslich adeligen Personen verliehen werden konnten, bei welcher Beweisführung jedoch Privatzeugnisse über diesen Umstand als unzulässig erklärt und gänzlich ausgeschlossen sind;

c) Erwerbungsurkunden über einen unbezweifelt adeligen Besitz, in welchem jedoch der Erwerber ausdrücklich

als ein Adeliger benannt sein, und der sich Legitimirende
von ihm in gerader männlicher Linie abstammen muss.

Die beiden anderen in diesem Absatze des obgedachten
Patentes noch aufgeführten Punkte, nämlich: Beweisurkunden, dass der sich Legitimirende auf einem oder mehreren
Reichstagen als Adeliger benannt wurde, oder von einem
solchen abstamme, dann genealogische, mit den Auszügen
der Taufbücher belegte Deductionen, dass der sich Legitimirende von einer jener Familien in gerader Linie abstamme,
die in dem von Caspar Nisiecki zu Lemberg im Jahre 1728
herausgegebenen Werke: Korona polska (Poloniae Diadema)
als adelige Geschlechter aufgeführt sind, — beziehen sich
lediglich auf den galizischen Adel und dürfte namentlich eine
willkürliche Ausdehnung des letztgedachten Punktes auf
andere genealogische Druckwerke nicht als stichhältig anerkannt werden.

§. 11.

Ausländischer Adel.

Bezüglich des ausländischen Adels gilt im allgemeinen
der Grundsatz: dass nur derjenige Adel als solcher anerkannt werden könne, welcher von einem mit der Comitiva
majore versehenen Fürsten oder Reichsstande verliehen
wurde.

Für österreichische Unterthanen tritt noch die weitere
Bedingung hinzu, dass dieselben, wenn sie sich eines in
ihrer Familie früher erworbenen ausländischen Adels prävaliren wollen, der vorläufigen Bestätigung der kaiserlichen
Regierung bedürfen, widrigens sie nach der durch Hofkanzlei-Dekret vom 7. December 1792 kundgemachten a. h.
Entschliessung nicht als Adelige angesehen werden sollen.

Im Uebrigen müssen vom ausländischen Adel ganz dieselben Beweisdokumente verlangt werden, wie solche theils
durch den Absatz 3 des a. h. Patents vom 31. Mai 1766
(Beilage I), theils durch die weiters angeführten speziellen
Vorschriften zur Pflicht gemacht wurden.

§. 12.

Wappenprobe.

Nach vollständiger Herstellung des Filiations - und Adelsbeweises ist schliesslich auch die Wappenprobe zu liefern, d. i. der Beweis, dass die am Stammbaume erscheinenden Wappen in der That die rechtmässig erworbenen oder vermehrten Wappen der betreffenden Adelsgeschlechter seien.

Wie bereits oben im §. 7 bemerkt wurde, ist dieser Beweis am einfachsten durch die betreffenden Adelsdiplome und Wappenbriefe zu führen, in welchen die verliehenen Wappen grösstentheils in Farben ausgeführt oder wenigstens nach Anleitung der Heraldik beschrieben sind. In Ermanglung der ursprünglichen Diplome aber gestattet der 4. Absatz des Patentes vom 31. Mai 1766 auch die Beibringung glaubwürdiger Attestata des Herrn- und Ritterstandes, der Reichsritterschaften, Dom- und Reichsstifter, Maltheser-Ordenskapiteln, deutschen Ordens-Balleien, dann authentischer Copien von alten Grabsteinen, Kirchenfenstern, Originalsiegeln u. dgl., auf denen das zu probirende Wappen ersichtlich ist.

Da bereits als allgemeine Vorschrift für die Anfertigung der Stammbäume angeführt wurde, dass die sämmtlichen Geschlechtswappen nicht nur in der obersten Ahnenreihe aufzusetzen, sondern in jedem Filiationsgrade bis auf den Probanten herab zu wiederholen sind, so versteht es sich von selbst, dass dort, wo das ursprüngliche Stammwappen, sei es durch zuwachsenden Güterbesitz oder aus anderen Ursachen was immer für eine Aenderung erlangte, und somit im Stammbaume bei einem und demselben Geschlechte verschiedene Wappen sich zeigen, die Veranlassung hiezu in der beizubringenden Deduction unter Vorlegung der betreffenden Dokumente genau anzugeben ist.

§. 13.

Deduction.

Bereits im §. 4 dieser Abhandlung wurde bemerkt, dass es bei den Ahnen- und Adelsproben in Oesterreich nicht genüge, blos den Stammbaum und dessen Beilagen vorzulegen, sondern dass auch eine sogenannte Deduction oder Erläuterung vorgeschrieben sei, in welcher mit Berufung auf die eingelegten Documenta probatoria nach einer gewissen Ordnung darzuthun ist, wie die im Stammbaume ersichtliche Abstammung, vom Probanten angefangen von Grad zu Grad bis zu den obersten Ahnenreihen aufsteigend, erwiesen werden könne, dass ferners alle oben erscheinenden Geschlechter stiftsmässige und ritterbürtige und deren aufgesetzte Wappen historisch und heraldisch richtig seien.

In dieser Deduction ist denn nun hinlänglicher Raum gewährt, anscheinende Lücken zu ergänzen oder zu rechtfertigen, etwaige Widersprüche zwischen einzelnen Dokumenten zu lösen und alle übrigen etwa nöthig scheinenden Erläuterungen und Aufklärungen beizufügen.

Der 7. Absatz des oft citirten Patentes vom 31. Mai 1766 gibt allerdings ein Formulare einer solchen Deduction an die Hand, da jedoch dasselbe von den allergünstigsten Voraussetzungen, nämlich von der untadelhaftesten Vollständigkeit der vorgelegten Proben ausgeht, so erlauben wir uns in der Beilage IX die wortgetreue Copie einer in neuester Zeit durchgeführten Ahnen- und Adelsprobe anzuschliessen, aus welcher sich jedenfalls leichter, denn aus gedachtem Formulare beurtheilen lässt, wie etwa vorkommende Zweifel oder anscheinende Mängel zu erörtern und aufzuklären wären.

§. 14.

Es kann nicht genug anempfohlen werden, die zu jedem besonderen Zwecke speziell erforderlichen Ahnenproben in jener Vollständigkeit einzureichen, wie sie die betreffenden Statuten eben erfordern.

Oberflächliche und leichtfertige Behandlung der Sache, allzuvoreiliges Vertrauen in die angebliche Notorietät gewisser Umstände, welche der Regel nach bewiesen werden sollten, strafen sich fast immer durch wiederholte Abweisungen und empfindlichen Zeitverlust. Ebenso eindringlich aber muss vor gewissen unlauteren Manipulationen gewarnt werden, mittelst welcher auf Kosten der historischen und genealogischen Wahrheit, unter der beschwichtigenden Phrase: dass ja Niemanden hiedurch ein Nachtheil zugehe, an mangelhaften Dokumenten hie und da Verbesserungen und Einschaltungen oder, kürzer herausgesagt, Fälschungen versucht werden, mittelst welcher ein etwas zweifelhafter Fleck in irgend einem Quartiere rein gewaschen werden soll. Ohne die bedenklichste Seite solcher Prozeduren berühren zu wollen, müssen wir offen heraussagen, dass die eigene Erfahrung bei Durchführung vielfacher Ahnenproben uns lehrte, dass es unter allen Umständen zu empfehlen ist, die volle Wahrheit darzulegen, und selbst vorhandene Mängel nicht durch so verwerfliche Mittel zu beschönigen. Ist eine Nachsicht möglich, so wird man sie — bei übrigens berücksichtigungswürdigen Umständen — erlangen können; — wo nicht, so ist es jedenfalls gerathener, von dem Versuche abzustehen, als sich in die Hände gewissenloser Fälscher zu geben, die ein abgelöstes echtes Siegel benützen, um eine apokryphe Urkunde zu schmieden, ohne zu bedenken, dass das geübte Auge des Sachverständigen auf den ersten Blick die Mystifikation erräth.

Derartige Urkundenverbesserer erregen mit Grund ein so tiefliegendes Misstrauen gegen sich selbst, dass Nichts mehr, was aus ihren Händen kommt, für echt und unbedenklich gehalten wird, und dass eine Sache, die ihrer Durchführung übergeben ist, schon von vorneherein an entscheidender Stelle mit argwöhnischem Blicke betrachtet wird.

In dieser Beziehung ist namentlich allen aus dem Auslande kommenden Urkunden, Stammbäumen und Wappen-
briefen gegenüber die äusserste Vorsicht zu empfehlen. Insbesondere muss vor gewissen Wappen- und Stammbaum-
Fabriken in Paris und Brüssel gewarnt werden, welche
unter der hochtönenden Firma eines „Collège historique et
généalogique" o. dgl. die Leichtgläubigkeit auszubeuten
verstehen, und über jede beliebige Familie (natürlich gegen
vorläufige Einsendung eines beträchtlichen Honorars) einen
in undenkliche Zeiten zurückreichenden „extrait généalogique" zur Verfügung stellen, welcher mit der Unterschrift
eines „chevaliers de plusieurs ordres" als Aussteller versehen ist, die ihrerseits wieder, um besser zu imponiren, die
üblichen Legalisirungen durchlaufen musste, wornach das
Dokument von mehr als zweifelhaftem Werthe mit Beglaubi-
gungen versehen ist, die demselben, freilich nur für das
Auge und Urtheil eines gänzlich Uneingeweihten, den
Schein einer gewissen Authenticität verleihen sollen. Der
Glückliche, der ein solches Dokument (?) mit dem Opfer
von einigen hundert oder vielleicht tausend Franks erworben
hat, und dasselbe in Anbetracht der darauf erscheinenden
Legalisirungsklauseln verschiedener Ministerien (welche freilich nicht den Inhalt oder die Authenticität des Mach-
werkes, sondern nur die Unterschrift seines obscuren
Ausstellers bekräftigen sollen) für ein unfehlbares Beweismittel hält, wird gar bald zu seinem Schrecken die unlieb-
same Erfahrung machen, dass diese ausländische Münze bei
uns keinen Kurs hat.

§. 15.

Mangelhaftigkeit der Familien-Archive.

Wir können diese allgemeinen Bemerkungen über das
Wesen und die Erfordernisse einer stichhältigen Ahnenprobe
überhaupt nicht schliessen, ohne nicht in Bezug auf die bisherige Einrichtung unserer Familien-Archive einige fromme

Wünsche auszusprechen und einige praktische Winke zu geben.

Jedermann, der sich nur einigermassen mit der Zusammenstellung oder Prüfung der Ahnenproben befasst hat, wird uns Recht geben, wenn wir behaupten, dass in dieser Beziehung Vieles, fast Alles zu wünschen übrig bleibt.

Mit Ausnahme der ersten Familien des Landes, deren Archive in musterhafter Ordnung gehalten und fortgeführt werden, ist es äusserst selten der Fall, dass der Probant die zur vollständigen Lustrirung seines Stammbaumes erforderlichen Belege oder wenigstens die zu deren schnellen und anstandslosen Herbeischaffung nöthigen Daten geordnet besitzt, ja in den meisten Fällen können nicht einmal die Namen der obersten Ahnen angegeben werden.

Wo die betreffende Familie nicht seit Generationen daran gedacht hat, ihre Filiations- und Adelsdokumente zu sammeln, und bei der Geburt, Trauung oder Standeserhöhung eines ihrer Angehörigen unverweilt das bezügliche Dokument hierüber in die Sammlung einzureihen, da stösst man, wenn nun zu irgend einem bestimmten Zwecke die Filiationsprobe zusammengestellt werden soll, auf endlose Schwierigkeiten. Die Parteien wissen oft nicht anzugeben, woher die Taufdokumente der Grossältern — ja selbst der Aeltern beizuschaffen sind — von den oberen Quartieren des Stammbaumes gar nicht zu sprechen, bei denen oft der Mangel aller Aufzeichnungen und Familiennotizen, dann die unvollständige Führung der Taufregister früherer Zeit, indem z. B. bei Geburten nur der Familienname des Vaters, nicht aber auch jener der Mutter, bei Trauungen aber höchst selten die beiderseitigen Aeltern aufgeführt sind, jede Nachforschung unendlich erschweren.

Wenn hiezu noch Kriegsereignisse, Feuersbrünste, Revolutionsjahre kommen, oder die Wahrscheinlichkeit eintritt, dass der zu ermittelnde kirchliche Akt der Geburt oder Trauung während einer Reise der etwa dem Militärstande angehörigen oder sonst von ihrem bekannten stabilen Domizile

2*

abwesenden Aeltern stattgefunden haben dürfte, so mangelt bald jeder Anhaltspunkt, jeder leitende Faden aus dem Labyrinthe der Vermuthungen, in welches sich der Forschende, vielleicht von ganz falschen Spuren und Voraussetzungen geleitet, verirrt hat, und es muss sohin nach vergeblichem Zeit- und Kostenaufwand oft genug zu jenen im §. 5 erwähnten suppliranden Behelfen gegriffen werden, welche allerdings gesetzlich gestattet, aber im entscheidenden Momente auch nicht immer zur Hand sind.

Ganz das Gleiche gilt von der Nachweisung des Adels und Wappens insbesonders bei minder bekannten oder ausgestorbenen Familien, wo eben Niemand mehr vorhanden ist, welcher um Mittheilung authentischer Copien der betreffenden Dokumente oder wenigstens um sichere Daten angegangen werden könnte.

Bei solchen — nur zu oft sich ergebenden Mängeln muss der Genealoge vom Fach die tiefe Gleichgültigkeit und Indolenz beklagen, mit welcher fast durchgängig die Sammlung und Aufbewahrung der Familien- und Standesdokumente behandelt wird, und es ist wohl gestattet, den Wunsch auszusprechen, dass der österreichische Adel im allgemeinen gewissenhaft darauf bedacht sein sollte, seinen Nachkommen neben dem alten Namen und Wappen auch ein möglichst geordnetes Archiv zu hinterlassen.

§. 16.
Praktische Vorschläge zur Besserung.

Die Gesetzgebung selbst hat, um den mehrfach empfundenen Folgen des Abganges einer sogenannten Heroldskammer in Oesterreich wenigstens für die Zukunft einigermassen vorzubeugen, mittelst der Regierungs-Verordnung vom 14. October 1772 folgende Mittel und Wege an die Hand gegeben:

„Es würde zur leichteren Beibringung und geschwinderen Prüfung der zum Eintritte in die k. Damenstifte in

Prag und zu Innsbruck zu machenden malthesermässigen Geschlechtsproben ungemein Vieles beitragen, bei den jeweiligen Eheverlöbnissen der Cavaliere, und dann in den errichteten Heirats-Contracten die Tauf- und Zunamen der beiderseitigen Aeltern, sowohl von Seite des Bräutigams als der Braut jedes Mal ordentlich aufzusetzen, weil auf diese Art, wenn man derlei Heirats-Contracte bei den Familien wohl aufbewahret, die Generationen zum Theile allenfalls durch selbe bewiesen, mithin die Ahnen ausfindig gemacht werden können, daher wird jedem Mitgliede des österreichischen Herrenstandes hiermit anheimgestellt, ob es nicht

1. das echte nach dem Concessions-Diplome abgemalte Familienwappen sowohl, als die Abstammung Desjenigen, welcher das nieder-österr. Incolat vermittelst geschehener Aufnahme in den Herrenstand erworben hat, dokumentirt bei dem Herrenstande einlegen wolle, massen hierdurch nicht allein die Legitimation zu Sitz und Stimme bei den ständischen Versammlungen auf die verlässlichste Art bewirkt wird, sondern auch die Herrenstands-Commissäre im Stande sind, die Herrenstandes-Matrikel in eine gänzliche Vollkommenheit zu setzen, und forthin dabei zu erhalten;

2. von Zeit zu Zeit die bei Familien sich ereignenden Verehelichungen und Geburten gleichfalls gesetzmässig einberichtet, nicht weniger zu mehrerem Glanze der adeligen Geschlechter die von Zeit zu Zeit erlangt werdenden Bedienstungen, Würden und hohe Beförderungen angedeutet würden; ferners wird der Willkür jedes Herrnstandes-Mitgliedes überlassen:

3. für seine Kinder Ahnentafeln zu verfertigen, und solche mit einer Deduction zu versehen, mittelst welcher nebst Beilegung glaubwürdiger Urkunden gesammte in der Ahnentafel vorkommende Descendenzen und Verehelichungen, auch was sonst zu mehrerem Glanze der Familien dienen kann, probirt würden.

Belangend

4. die Anzahl der Ahnen; da steht ebenfalls Jedwedem frei, entweder solche zu den Stiften in Prag und Innsbruck, gleichwie bei den Malthesern, auf die nöthigen acht, oder aber, nach dem Fusse der meisten Reichsstifte, auf sechszehn Ahnen einzurichten.

Und da es

5. wenn sich's um eine wirkliche Aufnahme in ein Stift handelt, unangenehm fällt, sich Ausstellungen auszusetzen, so kann jeder seine verfertigte Proben den zween Herrenstands - Commissären zuschicken, welche ganz gerne den Dienst leisten werden, freundschaftlich an Hand zu geben, was etwa an dem Zusammengebrachten abzuändern, oder nachzutragen wäre, und weil

6. öfters sich zuzutragen pflegt, dass fleissig gemachte Ausarbeitungen in Verstoss gerathen, so geschieht hiermit das freundschaftliche Anerbiethen, dass man bereit stehe, solche in das allhiesige Herrenstandes - Archiv hinterlegen zu lassen, welches der Nachkommenschaft in allen künftigen Zeiten zu Gunsten käme.“

Es wurde ferner durch die Verordnungen vom 7. August 1762 und 19. Jänner 1763 versucht, die Vortheile einer eigentlichen Adelskammer durch die Landtafel - Verfassung zu erlangen, indem angeordnet wurde, alle Standeserhöhungen und Incolate der Landtafel einzuverleiben, zu welchem Behufe in Böhmen, Mähren und Oesterreich ob und unter der Enns die Errichtung eigener Majestäts - Quaternen angeordnet wurde.

Es ist nun allerdings nicht zu läugnen, dass die Eintragungen in die Landtafel und die ständischen Register ein wesentliches Hilfsmittel zur künftigen Erleichterung der Ahnenprobe bilden; nichts destoweniger aber ist jedem Betheiligten auf's Eindringlichste zu rathen, sein eigenes Privat-Familienarchiv so viel als möglich zu vervollständigen und in Ordnung zu bringen. So manche Spuren, die zu einem gewissen Zeitpunkte noch mit Sicherheit zu verfolgen sind,

verschwinden im Laufe weniger Jahre gänzlich; so manche
lebende Gedenkzeugen treten in kurzer Zeit vom Schauplatze
ab, so manch' werthvolle Familiennotiz, Correspondenz oder
sonstige Aufzeichnung geht spurlos und unwiederbringlich
verloren, wenn sie nicht zur rechten Zeit benützt wird.

Die genaue und gewissenhafte Verfassung von Stammtafeln und genealogischen Tabellen, welche mit sämmtlichen
vorhandenen Beweisurkunden zu belegen und durch eine
von Fall zu Fall neu zu ergänzende Deduction zu erläutern
wären, sohin die Aufbewahrung des ganzen Operats, von
welchen erforderlichen Falls, wenn die Herausgabe der Ori-
ginalien bedenklich schien, vollkommen authentische Copien
verabfolgt werden könnten, bei dem jeweiligen Chef der
Familie können allen Jenen, welche sich die Möglichkeit
vor Augen halten, dass ihre Nachkommen in gewissen Fällen
eine Probe abzulegen haben dürften, nicht genug anempfohlen werden, ganz abgesehen von dem allgemeinen historischen und genealogischen Interesse, welches durch die indo-
lente und oberflächliche Behandlung der Familienarchive
nicht wenig verkürzt wird.

II. HAUPTSTÜCK.

Besondere Vorschriften über die Anwendung der Ahnen- und Adelsprobe in Oesterreich.

§. 17.

Vorbemerkung.

Wir haben im vorhergehenden Abschnitte die Grundzüge der Ahnenprobe, wie sie in Oesterreich durch positive Verordnungen geregelt ist, besprochen, und wenden uns nunmehr zum zweiten Theile unserer Aufgabe, nämlich zur Erörterung aller jener Vorschriften und Gepflogenheiten, durch welche die allgemeine Form der Ahnenprobe bei den verschiedenen Fällen ihrer Anwendung grössere oder geringere Modifikationen erleidet.

Die Ablegung von Ahnenproben in Oesterreich ist erforderlich:

1. beim Eintritte in den souveränen Johanniter-Orden als Ehren- oder wirklicher Ritter;

2. beim Eintritte in den deutschen Orden;

3. bei den Bewerbungen um einen Stiftsplatz oder um die Ernennung als Ehrendame der adeligen Damenstifte zu Wien, Prag, Brünn, Innsbruck und Graz;

4. bei der Ernennung zum k. k. Kämmerer oder Edelknaben, bei der Verleihung des Sternkreuz-Ordens oder des Hofzutrittes;

5. bei der Verleihung des königlich ungarischen St. Stefans-Ordens.

Wir werden demnach in Folgendem die genannten Institutionen einzeln behandeln, uns aber hiebei zugleich — zur Erhöhung der praktischen Brauchbarkeit dieser Schrift —

über die betreffenden Aufnahmsbedingungen aussprechen,
wobei wir von der Voraussetzung ausgehen, dass es Demjenigen, welcher hierüber Auskunft im vorliegenden Werke
sucht, nur willkommen sein dürfte, auch alle jene praktischen Winke und Andeutungen zu finden, die sonst erst
durch umständliche Nachfragen erlangt werden können.

I. Erfordernisse und Proben zur Aufnahme in den souveränen Johanniter - Orden.

§. 18.
Organismus des Ordens.

Der alte Stamm dieses ruhmvollen, an Siegen, Ehren
und stolzen Erinnerungen reichen Ordens, dessen Mitglieder
sich zum Unterschiede von den Johannitern der Ballei
Brandenburg (evangelischer Zunge) auch Malteser - Ritter
nennen, ist derzeit im Besitze des einzigen dem Orden
gebliebenen Eigenthums, nämlich der vier Grosspriorate von
Rom, Neapel, Venedig und Prag mit beiläufig hundert Commenden, und steht unter einem Grossmeisters - Stellvertreter
(Luogotenente) in Rom, welche höchste Ordenswürde derzeit
Se. Excellenz Bailli Filipp Graf Colloredo-Mels bekleidet.

Der Grossmeisters-Stellvertreter ertheilt nach den bestehenden Bedingungen dem christlich - katholischen Adel, mit
Ausnahme des spanischen und französischen Adels, die Erlaubniss zu dem Eintritte in den Orden.

Hiebei gilt mit Rücksicht auf die obige Gliederung in
vier abgesonderte Grosspriorate der allgemeine Grundsatz:
„dass jeder Kandidat, der als chevalier de justice (als wirklicher Ritter) aufgenommen zu werden wünscht, zum ansässigen Adel desjenigen Grosspriorates gehören müsse, in
welchem dessen Aufnahme erfolgen soll."

In der folgenden Darstellung werden lediglich die Verhältnisse des Grosspriorates von Böhmen berücksichtiget,
welches die Kronländer Böhmen, Mähren, Schlesien, Ober-
und Niederösterreich, Steiermark, Kärnthen, Krain und

Tirol umfasst, und dessen Aufnahmsbedingungen für alle österreichischen Unterthanen bindend sind.

Da jedoch die Aufnahme als chevalier de justice oder Justizritter von der blossen Verleihung des Ehren- oder sogenannten Devotionskreuzes wesentlich verschieden und an ungleich strengere Bedingungen geknüpft ist, da auch bezüglich der Aufnahme vor oder nach erreichter Grossjährigkeit (welche nach den Statuten des Ordens mit dem 15. Lebensjahre eintritt) einige Verschiedenheit herrscht, so wird es nothwendig sein, auch in der Darstellung der Aufnahmsbedingungen nach diesen beiden Richtungen vorzugehen.

§. 19.
Aufnahme in der Minderjährigkeit.

Um als chevalier de justice in der Minderjährigkeit, d. i. vor erreichtem 15. Lebensjahre aufgenommen zu werden, ist vor Allem nachzuweisen, dass der Kandidat innerhalb des Bezirkes (der Limiten) des böhmischen Grosspriorats, also im Umfange der Kronländer Böhmen, Mähren, Schlesien, Oesterreich ob und unter der Enns, Steiermark, Kärnthen, Krain und Tirol geboren sei; sein Vater muss in einer dieser Provinzen begütert sein und das Incolat besitzen; die Mutter aber muss ebenfalls eine Inländerin, d. h. innerhalb der Limiten des Grosspriorates geboren sein.

Der Kandidat hat ferners sechszehn ritterbürtige und stiftsmässige Ahnen, acht väterlicher und acht mütterlicher Seits, zu probiren, und seinen auf Pergament mit allen Wappen auszumalenden, von vier adeligen Zeugen sub fide nobili zu bestätigenden Stammbaum vorzulegen.

§. 20.
Grundsätze.

Bei dieser Probirung gelten alle im a. h. Patente vom 31. Mai 1766 aufgestellten und im vorhergehenden Ab- schnitte näher erörterten allgemeinen Regeln, wie diess aus folgenden Grundsätzen erhellt, welche der hohe Orden selbst in seiner Kapitelsitzung zu Wien am 30. Mai 1760 berathen und festgestellt hat:

Erstens: sind in jedes Feld des Stammbaumes die Namen und Zunamen der Ahnherren und Frauen einzusetzen, und über jedes das Wappen mit den gehörigen Farben, Schild und Helm malen zu lassen, so dass also im ganzen Stammbaume einunddreissig Wappenschilde zu stehen kommen.

Zweitens: ist es erforderlich, dass die Nobilität, Adelstand und Gleichförmigkeit der Wappen der oberen sechszehn Ahnen authentisch probirt werden, und zwar dergestalt, dass die in der obersten Reihe erscheinenden Namen nicht primi acquirentes sind; was man durch Diplome, landesfürstliche Donationes, Dekrete, nicht weniger auch durch Lehenbriefe, Grabschriften, Fundationsbriefe, Tabularextracte u. dgl. entweder im Originale oder in copia authentica beizubringende Dokumente ordentlich zu belegen und zu beweisen hat.

Drittens: ist durch derlei Allegata auch die Descendenz oder sogenannte Filiation zu probiren, damit nämlich nicht allein die richtige Abstammung genugsam erhelle, sondern auch für die geschlossene Ehe der Aeltern ein genügender Beweis aufgebracht werde.

Viertens: Ist bekannt und bereits erwähnt, dass diejenigen Kandidaten, welche in einem Lande, wo der Orden keine Güter besitzt, geboren sind, ex defectu limitum ausgeschlossen sind, als z. B. die Ungarn, Baiern etc.

(Die im fünften Punkte dieses Kapitular-Beschlusses aufgestellte Vorschrift, dass die Ahnenproben in duplo beim Kapitel eingereicht werden sollen, wovon Ein Exemplar nach Malta, das zweite aber in das betreffende Grosspriorats-Archiv abzugeben war, besteht längst nicht mehr.)

Es muss übrigens ausdrücklich bemerkt werden, dass es bei den Probirungen für den Johanniter-Orden in der Regel nicht gestattet ist, sich auf etwa in der Ascendenz stattgefundene

Verleihungen der Kämmererswürde, des Sternkreuz-
Ordens oder Hofzutrittes u. dgl. zur Herstellung des
Ritterbürtigkeits-Beweises zu berufen. Die Proben müssen
vollständig gelegt werden, wenngleich derlei Ernennungen
zahlreich stattgefunden hätten. Selbst die Zurückführung der
Probe auf eine bereits früher in derselben Familie stattgefundene Probirung für den Orden enthebt nicht von neuer-
licher Vorlegung des Stammbaumes mit allen Dokumenten.

§. 21.

A. h. Genehmigung.

Der minderjährige Kandidat hat sohin die Bewilligung
Sr. k. k. apostolischen Majestät anzusuchen, dass er sich um
die Aufnahme in den Orden bewerben dürfe, zugleich aber
ist es gerathen, den Wunsch, in den Orden einzutreten,
auch dem hochwürdigsten Grossprior von Böhmen zu unterbreiten und gleichzeitig um Unterstützung des obigen Gesuches, sobald dasselbe von Sr. Majestät an ihn zur vorläufigen
Aeusserung herabgelangt, zu bitten, wobei es bei minder
bekannten Familien zweckdienlich ist, unter Einem eine
vorläufige Nachweisung über die Probefähigkeit mit vorzulegen.

Da nämlich sich einige Male der Fall ergeben hat, dass
die a. h. Genehmigung Sr. Majestät erwirket, die Aufnahme
in den Orden aber wegen mangelhafter Probirung abgeschlagen wurde, herrscht gegenwärtig die ausnahmslose Gepflogenheit, dass über das eingebrachte Majestäts-Gesuch vorläufig der Grossprior von Böhmen um seine Aeusserung
angegangen wird, ob er nach den ihm vorgelegten Proben
des Bittstellers geneigt sei, dessen Aufnahme in den Orden zu
beantragen. Um daher denselben in die Lage zu setzen, diese
Aeusserung baldigst abgeben zu können, ist es erforderlich,
gleichzeitig mit der Einreichung des gedachten Majestäts-
Gesuches die Proben dem Herrn Grossprior vorzulegen.

§. 22.
Förmliches Ansuchen.

Nach Einlangen der a. h. Bewilligung ist sohin das förmliche Ansuchen um Aufnahme in der Minderjährigkeit und um Erwirkung der hiezu erforderlichen Dispensbulle an das alljährlich im Monate Mai, und zwar derzeit in Wien, zusammentretende Provinzial-Ordens-Kapitel zu richten.

Dieses Gesuch muss entweder mit der persönlichen Vorstellung des Aspiranten im Kapitel vereiniget, oder aber, wenn er abwesend oder ernstlich verhindert sein sollte, muss ein ärztliches Zeugniss über dessen volle geistige und körperliche Gesundheit vorgelegt werden.

§. 23.
Probelegung und Anciennetät.

Nach Empfang der Dispensbulle müssen die vollständigen Proben des Aspiranten dem nächsten Provinzial-Kapitel vorgelegt und vor Ablauf des 15. Lebensjahres richtig gestellt werden.

Wird dieser Termin zugehalten, so fängt die Anciennetät des Aspiranten mit dem Datum der Dispensbulle an. Mit dem dokumentirten Stammbaume müssen dem Provinzial-Kapitel zugleich die Quittungen des Ordens-Receptorates über die geleistete Zahlung der Taxen und Aufnahmsgebühren (Droits de passage et Chancellerie) eingereicht werden.

§. 24.
Aufnahme in der Grossjährigkeit.

Nach zurückgelegtem 15. Lebensjahre ist die Aufnahme in den Orden an dieselben Bedingungen geknüpft, wie in der Minderjährigkeit, nur fällt die Dispensbulle hinweg; die Nationalitäts-, Adels- und Ahnenprobe aber, sowie das Ansuchen um die a. h. Bewilligung Sr. Majestät des Kaisers bleiben dieselben. Nach Erlangung derselben muss das in ganz gleicher Weise instruirte Aufnahmsgesuch des Kandidaten unter gleichzeitiger Vorlegung der Quittungen über die bezahlten Taxen und Gebühren dem Ordens - Kapitel überreicht werden, welchem sich auch der Aspirant zum Beweise, dass er an Körper und Geist gesund sei, persönlich vorzustellen hat.

Im Kapitel werden zwei Ordens-Commissarien zur Prüfung der Ahnenproben abgeordnet, und wenn über ihren zustimmenden Bericht die Zulassung des Aspiranten erfolgt ist, wird die grossmeisterliche Aufnahmsbulle in Rom erwirkt, und mit dem Einlangen derselben tritt auch das Recht ein, das Ordenskreuz in der vorgeschriebenen Weise zu tragen.

Mit der erfolgten Aufnahme als chevalier de justice ist jedoch noch nicht die Erlangung einer Commende verknüpft, sondern dieselbe tritt erst nach der Ancienneität und nach geschehener feierlicher Gelübde-Ablegung ein, welche letztere nach den österreichischen Landesgesetzen erst mit erreichtem 24. Lebensjahre stattfinden darf.

Uebrigens ist diese feierliche Gelübde-Ablegung für die Justizritter des Johanniter-Ordens in neuester Zeit durch das Breve Sr. Heiligkeit des Papstes Pius IX. „Militarem Ordinem equitum Sancti Joannis" ddto. Rom 28. Juli 1854, abermals bedeutend beschränkt worden, indem ihr eine durch zehn Jahre ununterbrochen alljährlich wiederholte einfache Angelobung der Ordenspflichten vorangehen muss, welche jedoch nicht vor dem erreichten 16. Lebensjahre gestattet wird, so dass also bei gewissenhafter Erfüllung dieser Pflicht der betreffende Justizritter im günstigsten Falle erst im 26. Lebensjahre zur Ablegung der feierlichen Gelübde gelangt.

§. 25.

Ehrenritter.

Die Verleihung des Ehren - (auch Devotions-) Kreuzes begründet kein anderweitiges Vorrecht, als dasjenige, dieses

Ordenszeichen sammt Ordensuniform zu tragen, sie erfolgt übrigens auch zuweilen an Damen des hohen Adels.

An souveräne regierende Fürsten und Prinzen, wie auch an Mitglieder des höchsten Adels wird zuweilen das Grosskreuz verliehen, womit die Würde eines Ehren-Bailli's verbunden ist; — die Verleihung des einfachen Devotions- oder Ehrenkreuzes erfolgt meistens über Ansuchen des betreffenden Kandidaten; nur in besonders rücksichtswürdigen Fällen motu proprio des Herrn Grossmeisters - Stellvertreters, und im letzten Falle immer unter Nachsicht der Taxen.

Die Erfordernisse für diese Auszeichnung sind hinsichtlich der Ahnen- und Adelsproben dieselben, wie bei der Aufnahme als chevalier de justice, nur fällt die Beschränkung der Geburt innerhalb der Limiten des Grosspriorates hinweg, und bezüglich des Alters gibt es ebenfalls keine Unterscheidung, nur wird die erreichte Selbstständigkeit oder mindestens vollendete Erziehung gefordert.

Vor Allem muss der Aspirant um das Ehrenkreuz, insoferne er österreichischer Unterthan ist, gleichfalls um die a. h. Bewilligung Sr. k. k. apost. Majestät zu dieser seiner beabsichtigten Bewerbung nachsuchen, und zugleich die Nachweisung seiner stiftsmässigen Abstammung von sechzehn ritterbürtigen Ahnen dem Grossprior von Böhmen ganz in jener Vollständigkeit und Form überreichen, wie diess für die Proben als chevalier de justice vorgeschrieben ist.

Nach Einlangen der a. h. Genehmigung verwendet sich — ohne Zusammenberufung eines Kapitels, vor welches die Aufnahme eines Ehrenritters überhaupt nicht gehört, — der Grossprior von Böhmen lediglich im Correspondenzwege an den Ordenschef in Rom um die Ausfertigung der Verleihungsbulle, womit, ausser den bei Empfang derselben zu leistenden Aufnahmsgebühren und Kanzleitaxen, alle diessfälligen Formalitäten erfüllt sind.

Bewerber um das Ehrenkreuz, die nicht österreichische Unterthanen sind, haben ihr Ansuchen an die Ordens-

Gesandtschaft in Wien zu richten, von welcher nach Richtig-
befund der vorgelegten Filiations - und Adelsproben der
Bericht an den Ordenschef nach Rom erstattet und die Ausfertigung der Verleihungsbulle erbeten wird.

Diesen Bewerbern bleibt es überlassen, sich nach Einlangen der Ordensbulle die Erlaubniss ihres betreffenden
Landesherrn zur Annahme und zum Tragen des Ehrenkreuzes nachträglich zu erwirken; für österreichische Bewerber aber ist die vorläufige Nachsuchung der a. h. Genehmigung zur ausnahmslosen Pflicht gemacht.

Schliesslich muss noch bemerkt werden, dass, falls der
Bewerber um das Devotionskreuz bereits verehlicht wäre,
auch dessen Gattin ebenbürtigen Adels sein müsste. Sollte
sich derselbe erst nach Erlangung des Kreuzes u n t e r
seinem Stande verehlichen, so hätte — zu Folge eines jeder
Verleihungsbulle eingeschalteten statutarischen Vorbehalts —
der Orden das Recht, die Verleihung zu annulliren.

§. 26.
Besondere Bemerkungen.

Zur Beurtheilung der Gesichtspunkte, welche bei Anerkennung eines stiftsmässigen und turnierfähigen Adels im
Orden überhaupt vorgegangen wird, ist nöthig zu erwähnen,
dass nur der von einem mit der Comitiva majore versehenen Fürsten oder Reichsstand verliehene wirkliche Reichs-
und Erbadel, keineswegs aber das sogenannte Patriziat
einiger deutschen und italienischen Städte als solcher anerkannt wird, dass aber — da als Hauptgrundsatz die a d e l i g e
Geburt der in der obersten Reihe erscheinenden
Ahnen aufgestellt ist — keineswegs ein bestimmtes Alter
des betreffenden Adelsgeschlechtes erfordert wird, sondern
die Erwerbung des Adels selbst durch die Aeltern des fraglichen obersten Ahnen genügen müsste.

Bezüglich der u n g a r i s c h e n Adelsfamilien ist zu
bemerken, dass sie, mit Ausnahme einiger weniger, aus
historischen Gründen im Orden nicht als receptionsfähig

anerkannt werden, diese wenigen privilegirten Geschlechter
aber bedürfen, eben wegen der im Orden bereits anerkannten Notorietät ihres alten Herkommens, die eigentliche Adelsprobe nicht mehr, und haben daher in der Regel blos den
Filiations- oder Abstammungsbeweis zu liefern.

Was die polnischen Geschlechter anbelangt, so sind
wohl für dieselben die allgemeinen Vorschriften ebenfalls
massgebend, da die Ordensstatuten diessfalls keine Ausnahme
gestatten; jedoch ist in Berücksichtigung der eigenthüm-
lichen Verhältnisse des ehemaligen Königreiches Polen von
der k. k. österreichischen Regierung in dem bereits oben
(§. 9) erwähnten a. h. Patente vom 16. October 1800 eine
Reihe von Grundsätzen für die Beurtheilung des alten Adels
seiner Familien an die Hand gegeben, von denen die meisten
bei allfälligem Abgange der eigentlichen Adelsdiplome eines
polnischen Geschlechtes wohl auch für die Johanniter-Ordens-
Proben massgebend sein dürften, mit einziger Ausnahme
einer Berufung auf das Druckwerk „Korona polska“, da der
Orden überhaupt derartige genealogische Werke nicht
berücksichtiget, sondern in allen Richtungen streng
urkundliche Nachweise fordert.

§. 27.
Pagen und Donaten.

Es dürfte am Schlusse dieser Abhandlung am Platze
sein, auch der Aufnahmsbedingungen für die Pagen und
Donaten des Ordens zu erwähnen; obgleich namentlich die
ersteren nur in der jeweiligen Residenz des Grossmeisters
aufgenommen wurden, die Ernennung der Letzteren aber
ohne alle Proben stattfindet.

Der Page musste seine nach den obigen Vorschriften
eingerichteten Proben vor erreichtem 11. Lebensjahre bei
dem hochwürdigen Provinzial-Kapitel übergeben, ohne dass
dessen persönliche Vorstellung nöthig war. Nach vollbrach-
tem 12. Jahre musste er sich jedoch persönlich im Con-
vente stellen, seine Proben bei der betreffenden Zunge

übergeben, und sodann in die grossmeisterliche Pagerie eintreten, wo er bis zur Erreichung des 16. Lebensjahres ver-
blieb. Von dem Tage, wo seine Proben bei der Zunge aufgenommen wurden, fing seine Anciennetät zu zählen an.

Die Aufnahme der Donaten (Ordensbrüder minderen
Grades) findet ohne alle Ablegung von Proben statt, jedoch
wird hiezu die Abkunft von ehrbaren katholischen Aeltern,
eine anständige Lebensstellung und die Nachweisung ver-
dienstlicher Leistungen im Interesse des Ordens, sei es als
dessen Beamter oder in anderer Beziehung, gefordert.

Bei dem Umstande, als es wohl viele adelige Familien
Oesterreichs und alle Genealogen vom Fach lebhaft interes-
siren dürfte, in die Kenntniss derjenigen Geschlechter zu
gelangen, welche ihre Ahnen - und Adelsproben vor den
Provinzial - Kapiteln des hohen Ordens abgelegt haben,
erscheint in der Beilage Nr. X ein vom Jahre 1542 bis auf
die neueste Zeit geführtes Verzeichniss aller im Grosspriorats-
Archive zu Prag erliegenden Proben sammt Stammbäumen,
aus welchen erforderlichen Falls benöthigte Abschriften
gegen Erlag der üblichen Stempel - und Archivs - Gebühren
von dem Herrn Ordens - Archivar über Ansuchen ausgefertiget werden können.

II. Erfordernisse und Proben zur Aufnahme in den deutschen Orden.

§. 28.

Vorbemerkung.

Der deutsche Orden, auch der Orden der deutschen
Herren genannt, welcher im Jahre 1190 während der Bela-
gerung von Akkon von Herzog Friedrich von Schwaben
gegründet wurde, späterhin aber, im 13. Jahrhunderte, die
Oberherrschaft in Preussen erlangte, und den höchsten Gipfel
seiner Macht im 15. Jahrhunderte erreichte, zu welcher Zeit
sich seine Besitzungen von der Oder bis zum finnischen
Meerbusen erstreckten, besteht dermalen in Folge a. h.

Patentes vom 28. Juni 1840, Nr. 451 J. G. S., als unmittel
bar kaiserlich österreichisches Lehen.

Die Aufnahme in denselben kann nur in Folge einer
Apertur erfolgen, da weder Vormerkungen angenommen,
noch Justizritter ohne Commenden ernannt werden, welche
— wie beim souveränen Johanniter-Orden — nach dem
Zeitpunkte ihrer Ancienetät zum Genusse der erledigt werdenden Comthureien vorrücken.

§. 29.

Aufnahmsgesuch.

Wer in den deutschen Orden aufgenommen zu werden
wünscht, hat sein diessfälliges Ansuchen dem Landcomthur
derjenigen Ballei zu überreichen, in welcher sich die Apertur ergeben hat. Letzterer setzt sich über dieses Ansuchen
mit den Kapitularen seiner Ballei in's Einvernehmen und
erstattet dann Bericht an den Grossmeister (Hoch- und
Deutschmeister), welche Würde dermalen Se. k. k. Hoheit
Erzherzog Maximilian bekleidet, welchem Se. k. k. Hoheit
Erzherzog Wilhelm als Coadjutor an die Seite gegeben ist.
Wenn gegen die Aufnahme des Candidaten keine Anstände
obwalten, so wird er angewiesen, seine Proben zu legen.

§. 30.

Ahnenprobe.

Die Art und Weise der hiezu erforderlichen Ahnenproben sind in einem älteren Ordens-Erlasse selbst umständ-
lich vorgezeichnet, welcher als Beilage XI seinem ganzen
Inhalte nach aufgenommen wurde.

Das Wesentlichste dieser Probenanweisung ist überein-
stimmend mit dem a. h. Patente vom 31. Mai 1766.

Der Aspirant hat sechszehn altadelige Ahnen aufzuweisen, jedoch ist hier die ausdrückliche Bedingung bei-
gefügt, dass dieselben d u r c h a u s d e u t s c h e n Stammes
s e i n m ü s s e n.

3 *

Wenn nun gleich dem Hoch- und Deutschmeister kraft
seiner grossmeisterlichen Rechte die Befugniss zusteht, in
rücksichtswürdigen Fällen von dieser Beschränkung auf blos
deutsche Familien in den oberen Ahnenreihen zu di-
spensiren, so ist doch als unumstösslicher Grundsatz festgestellt, dass in den Quartieren der Aeltern und
Grossältern des Aspiranten von dieser Bedingung
niemals abgegangen werden solle.

Uebrigens ist diese anscheinend sehr erschwerende
Bedingung dadurch einigermassen erleichtert, dass Adelsgeschlechter jener Länder, welche unter dem Scepter Kaiser
Carls VI. mit dem deutschen Reiche vereiniget waren, als
deutsche Familien zählen und daher nicht ausgeschlossen sind.

§. 31.
Alter des Candidaten.

Bezüglich des Alters des eintretenden Candidaten findet
die Bedingung statt, dass derselbe nicht unter 24 und nicht
über 50 Jahre zähle, wobei jedoch gleichfalls die Dispensation des Hoch- und Deutschmeisters vorbehalten bleibt.

Auf die „Einschleichung in den Orden unter Angabe
falscher Agnaten oder sonstiger Unwahrheiten" ist zufolge
Absatz 4 der erwähnten Probeanweisung die „Ausschaffung
aus dem Orden cum infamia" gedroht.

§. 32.
Supplirende Behelfe.

Im Absatze 7 der obigen Probeanweisung begegnen
wir der im Vergleiche zu den übrigen Probevorschriften
etwas anomalen Bestimmung, dass beim Abgange der authentischen Beweisurkunden für die Ritterbürtigkeit und Stiftsmässigkeit eines Geschlechtes auch Attestate anderer glaubwürdiger, alt-ritterbürtiger und stiftsmässiger Personen von
Adel nicht ausgeschlossen seien, jedoch „sollen dergleichen
Particular-Testimonia, wo möglich von dreien solch' adeligen
Personen auch mit der Klausel an Eidesstatt, dass nämlich

die Herren Attestanten ihr gebendes Gezeugniss mit adeligen
wahren Worten, Treuen und Glauben an wirklich geschwornen Eidesstatt bekräftigen, versehen und authorisirt sein."

Diese Gestattung kennt das Stiftsproben - Patent vom
31. Mai 1766 keineswegs, indem dort nur bewilligt wird
(Absatz 2), eine Filiation, für welche wegen Feuers-
brünsten, Kriegen und sonstigen Verheerungen die vorgeschriebenen Beweismittel nicht aufgebracht werden konnten, durch ein derartiges von drei Zeugen sub fide nobili zu
bestätigendes Attest zu belegen.

Ebensowenig kennt der Johanniter-Orden diese Suppli-
rung des Beweises der Ritterbürtigkeit und Stiftsmässigkeit
durch Privatzeugnisse.

§. 33.
Bedingung der Feldzüge.

Der Aspirant hat übrigens ausser seiner Ahnenprobe
auch drei Feldzüge nachzuweisen, die er im activen Kriegs-
dienste zurückgelegt haben soll, bevor er zum Antritte des
Noviziats zugelassen werden kann. Wo jedoch wegen langen
Friedensjahren die stricte Erfüllung dieser Bedingung nicht
möglich ist, muss derselbe sich mittelst schriftlichen Reverses
verpflichten, diese drei Feldzüge bei vorkommender Gelegenheit nachzutragen.

III. Erfordernisse und Proben zur Aufnahme in die adeligen Damenstifte zu Wien, Prag, Brünn, Innsbruck und Graz.

§. 34.
Savoyisches Damenstift.

Die Candidatinnen für das Savoy'sche Damenstift in
Wien sind gehalten, ihre Ahnen väterlicher und mütterlicher Seits nach Art der Maltheser- (Johanniter-)
Probe, somit bis auf die sechszehn Ururgrossältern,
zu probiren, und hierüber ihren ordentlich bestätigten

Stammbaum, mit einer Deduction und allen Belegen versehen, beizubringen.

Dem Landesfürsten ist die Dispensation für die oberste
Ahnenreihe in besonders rücksichtswürdigen Fällen vorbehalten.

Die Aspirantin darf nicht unter 15 und nicht über
50 Jahre alt sein, sie muss sich eines makellosen Rufes
erfreuen, von schweren Krankheiten oder ansteckenden
Gebrechen befreit sein, darf nicht über 4000 fl. Vermögen
besitzen, noch eine Pension, ein Stipendium oder eine andere
Stiftung geniessen, oder muss im Falle ihrer Aufnahme in
das Stift jedem anderweitigen ähnlichen Genusse entsagen.

Das Präsentationsrecht steht dem den Jahren nach Ael-
testen des fürstlichen Hauses Liechtenstein zu, welcher jedesmal drei Damen vorzuschlagen hat, aus welchen der Landesfürst oder die allenfalls dem Stifte als Aebtissin vorgesetzte
Erzherzogin Eine ernennt.

§. 35.

Prager Damenstift am Hradschin.

Nach dem Stiftbriefe ddto. 28. August 1755 haben die
Bewerberinnen für das adelige Fräuleinstift zu Prag am
Hradschin ihre Ahnenprobe ebenfalls nach Art und Beispiel des Maltheser-Ordens zu probiren, und es ist
sowohl bezüglich dieses, als bezüglich des Innsbrucker
Damenstiftes speziell das oft citirte a. h. Patent ddto. 31. Mai
1766 erflossen, welches — wie bereits erwähnt — in seinen
allgemeinen Bestimmungen die Grundlage aller Ahnenproben
in Oesterreich bildet.

Die Candidatin muss ferners das 24. Jahr ihres Lebens
erreicht haben, sich eines unbescholtenen Rufes erfreuen,
und sowohl diess, als ihre Mittellosigkeit, durch legale
Zeugnisse ausweisen. Bei vater- und mutterlosen Waisen
kann jedoch auch bis auf das 18. Jahr dispensirt werden.

Das mit der dokumentirten Ahnenprobe und den übrigen Zeugnissen und einer nach gewissen Rubriken auszufül-

lenden Qualifikations - Tabelle belegte Gesuch ist entweder
unmittelbar oder im Wege der Landesbehörde an Se. k. k.
apost. Majestät zu überreichen, und darin um Vormerkung
für eine allfällig in Erledigung gelangende Präbende angesucht werden.

Ist diese Vormerkung bewilliget worden, so ist nach
Vorschrift des Hof-Dekretes vom 14. Juni 1804 und Guber-
nial-Präsidial-Note vom 28. August 1834, Zahl 38.310, alljährlich um Erneuerung derselben anzusuchen, wobei sich
jedoch nur auf das erste Einschreiten und den hierüber
erflossenen Bescheid zu beziehen, etwa inzwischen eingetre-
tene Veränderungen aber genau anzugeben und die oben-
erwähnte Qualifikations - Tabelle hienach zu berichtigen ist.

Dieselbe umfasst folgende Rubriken:

a) Tauf- und Zuname der Candidatin;

b) ihr Geburtsort;

c) Jahr und Tag ihrer Geburt;

d) Namen der beiderseitigen Aeltern;

e) ob die Candidatin die beiderseitigen Ahnenproben gelegt hat;

f) verwaist, ganz oder halb, und im letzteren Falle ob von
Vater oder Mutter;

g) sittliches Benehmen laut Zeugniss;

h) die väterlichen Verdienste und Dienstjahre, und zwar in
welcher Kathegorie;

i) Vermögen der Candidatin oder ihrer Aeltern und Geschwister, und worin es besteht, in Kapitalien oder Realitäten;

k) Zahl der Geschwister der Candidatin, und ob sie selbst
oder erstere schon eine und welche Stiftung oder sonstige
Versorgung geniessen;

l) sonstige Anmerkungen.

Die Namen der seit dem Jahre 1754 bis auf die neueste
Zeit in das Prager Damenstift aufgenommenen Stiftsdamen,
deren Ahnen- und Adelsproben im dortigen Archive eingelegt
sind, erscheinen in der Beilage XII nach alfabetisch-chrono-

logischer Ordnung mit den Jahreszahlen ihrer Ernennung
oder Installirung aufgeführt, und ist zu bemerken, dass allfällige Abschriften der eingelegten Dokumente unter gehöriger Beglaubigung aus dem Stiftsarchive erfolgt werden.

Es muss ferners erwähnt werden, dass auch das auf
Familienstiftungen gegründete freiweltliche Damenstift
zu den heiligen Engeln in Prag, welches in Folge Hof-
Dekretes vom 11. Mai 1787 mit dem k. k. Theresianischen
Damenstifte am Hradschin vereinigt, in Gemässheit des Hof-
Dekretes vom 9. August 1791 aber von demselben wieder
ausgeschieden wurde, in jeder Beziehung, somit auch bezüglich der Aufnahmsbedingungen und Prärogativen der Stiftsdamen, dem Letzteren gleichgestellt ist.

§. 36.
Brünner Damenstift Maria Schul.

Nach dem 13. Absatze der Statuten vom 23. November
1792 hat jedes Fräulein, welches in das Brünner adelige
Damenstift Maria Schul aufgenommen werden will, vor
Allem vier Ahnen väterlicher und ebenso viel
mütterlicher Seits zu probiren und sich hierüber
mit einem ordentlichen attestirten Stammbaume auszuweisen.

Dieselbe soll arm, von guter Gesundheit und ohne sicht-
bare Mängel sein und einen guten Ruf geniessen; sie darf
nicht unter 12 und nicht über 20 Jahre zählen, wovon jedoch
zuweilen dispensirt wird.

Nach dem Wortlaute des Stiftsbriefes hätten vorzugsweise verwaiste Töchter von mittellosen Mitgliedern des
mährischen Herren- und Ritterstandes Anspruch auf Berücksichtigung.

Es werden auch Ehrendamen ohne Präbende ernannt,
welche nebst der Auszeichnung des Stiftzeichens sich ebenfalls der übrigen Prärogativen aller Stiftsdamen zu erfreuen
haben (Hofzutritt, Rang mit den Kammerherrn - Frauen und
der Titel „Frau").

Dieselben haben ganz die gleichen Ahnenproben zu leisten und müssen ihr sittliches Wohlverhalten ausweisen, gleichzeitig aber einen Revers einlegen, kraft dessen sie für den Fall ihrer Ernennung zur Ehren-Stiftsdame sich jeden Anspruches auf eine Präbende begeben zu wollen erklären.

§. 37.
Damenstift zu Innsbruck.

Auch für das adelige Fräuleinstift zu Innsbruck ist d i e A h n e n p r o b e n a c h A r t d e r M a l t h e s e r - P r o b e v o r g e s c h r i e b e n; ausserdem soll die Kandidatin das 24. Jahr erreicht haben, wovon bei vater- und mutterlosen Waisen bis auf das 18. Jahr dispensirt wird, sie soll ihre Mittellosigkeit und Sittlichkeit ausweisen.

Das Ernennungsrecht haben sich Se. k. k. apostolische Majestät vorbehalten, daher die diessfälligen Eingaben unmittelbar oder durch die Landesbehörde an den Monarchen einzureichen sind.

Es ist bei allen diesen Stiftsproben ausdrücklich zu bemerken, dass dieselben für jeden einzelnen Fall vollständig zu legen sind, und die Berufungen auf früher in der Familie etwa stattgefundene Kämmerers-Ernennungen und Sternkreuz-Ordens-Verleihungen eben so wenig angenommen werden, als die Beibringung des vorschriftsmässig gemalten und bestätigten Stammbaumes erlassen werden kann.

§. 38.
Adeliges Fräuleinstift in Graz.

Die für das adelige Fräuleinstift in Graz vorgeschriebene Ahnenprobe ist eine einfachere, da die Candidatin blos nachzuweisen hat, d a s s i h r e b e i d e n G r o s s v ä t e r u n d G r o s s m ü t t e r j e v o n e i n e m a d e l i g e n V a t e r a b - s t a m m e n, worüber der entsprechende Stammbaum sammt den Beweisdokumenten beizubringen ist.

Das vorgeschriebene Alter zur Aufnahme ist nicht unter 15, nicht über 50 Jahre; die Candidatinnen müssen Töchter

erbländischer Familien aus dem Herren- oder Ritterstande
(jedoch ohne Bedingung des Incolats), guten Rufes und
unbescholtener Sittlichkeit und unbemittelt sein, auch dürfen
dieselben sich nicht etwa bereits im Genusse irgend einer
anderen Stiftung befinden.

§. 39.
Andere Stiftungen.

Ausser den eben aufgeführten bestehen zwar noch mehrere andere, den Töchtern des erbländischen Adels vorbehal-
tene Stiftungen; da jedoch bei denselben eine ausgedehntere
Ahnenprobe nicht stattfindet, sondern höchstens der Adel
und hie und da, wie z. B. bei der reich dotirten gräflich
Millesimo'schen Stiftung, eine nähere oder entferntere Verwandtschaft zu den Stiftern erforderlich ist, können dieselben
hier um so eher übergangen werden, als die Erledigung von
derlei Präbenden durch öffentliche Kundmachungen bekannt
gemacht zu werden pflegt, in welcher die Aufnahmsbedingungen und Gesuchsbeilagen ohnediess von Fall zu Fall zu
Jedermanns Kenntniss gebracht werden.

IV. Erfordernisse und Proben zur Erlangung der k. k. Käm-
mererswürde, der Hoffähigkeit und zur Aufnahme als
Edelknabe.

§. 40.
Allgemeine Grundsätze.

Die Probevorschriften für die k. k. Kämmererswürde
sind sehr verschieden.

Wir haben zu diesem Behufe die deutsche, die
ungarische und die italienische Probe, welche alle
durch besondere Vorschriften geregelt sind, die in der Beilage XIII sammt den betreffenden Stammbaums-Schematen
aufgenommen erscheinen.

Bevor wir diese Arten der Probirung näher erläutern,
müssen wir einige allgemeine Bestimmungen besprechen,

welche bezüglich der Erlangung dieser dem stiftsfähigen alten Adel vorbehaltenen Auszeichnung durch a. h. Kabinetschreiben Sr. Majestät Kaiser Franz I., ddto. Persenbeug den 16. August 1824, erlassen wurden.

Mit diesem a. h. Erlasse wurde die Errichtung einer eigenen Prüfungs-Commission für die Ahnenproben zur k. k. Kämmererswürde definitiv anbefohlen und Examinatoren zu derselben ernannt, welchen folgende Normativen zur Darnachachtung gegeben werden:

a) Zur Kämmererswürde können vor Allem jene Candidaten in Vorschlag gebracht werden, deren Väter k. k. Kämmerer, die Mütter aber Sternkreuz-Ordens-Damen sind, worüber sich dieselben mit legalen Zeugnissen des k. k. Oberst-Kämmereramtes oder der Sternkreuz-Ordens-Kanzlei auszuweisen haben; auch ist die erlangte physische Grossjährigkeit durch den Taufschein darzuthun, da Minderjährige von dieser Würde grundsätzlich ausgeschlossen sind.

(Es muss übrigens bemerkt werden, dass bei der Berufung auf die Kämmererswürde des Vaters in der Regel jene Ernennungen, welche in den Jahren 1801 bis 1820 stattgefunden, nicht zählen, sondern hier die Proben dessenungeachtet vollständig oder wenigstens insoweit zu legen sind, bis in einem früheren Quartiere eine ähnliche Ernennung nachgewiesen ist.)

b) Alle übrigen inländischen Candidaten haben ausser der erreichten physischen Grossjährigkeit noch die nach ihrer Nationalität vorgeschriebenen Ahnenproben zu legen, und es ist für Bewerber aus dem Civilstande der Gubernial - Sekretärs-, für Militärs aber der Hauptmannsrang erforderlich.

c) Ausserdem ist für alle Bewerber ein angemessenes Vermögen, wobei nur zu Gunsten des Militärs eine Ausnahme gemacht wird, dann rein politische Denkungsart und ausgezeichnete Conduite Bedingung, worüber daher die nöthigen Auskünfte und Erhebungen vor Erstattung des Vorschlages eingeholt werden müssen.

d) Endlich ist als Grundsatz aufgestellt, dass die Kämmererswürde selbst beim Vorhandensein aller dieser Bedingungen keineswegs verliehen werden müsse, sondern immer eine Gnadenbezeugung Seiner Majestät bleibe.

§. 41.
Deutsche Probe.

Die Candidaten der deutschen Erbländer, welche nicht unter die Kathegorie fallen, wo die Väter bereits Kämmerer, die Mütter aber Sternkreuz - Ordens - Damen sind, müssen väterlicher Seits acht, mütterlicher Seits vier stiftsmässige Ahnen probiren, insofern sie nicht etwa in einem früheren Quartiere einen Kämmerer oder eine Sternkreuz - Ordens - Dame aufzuweisen haben, in welchem Falle die betreffenden Quartiere nicht weiter zu probiren wären, wobei jedoch die primi acquirentes ausgeschlossen sind.

Das Schema der deutschen Probe, welcher sich auch die galizischen Edelleute unterziehen müssen, da für diese keine Ausnahme besteht, ist in der Beilage XIII zu ersehen. Der, wenn auch von vier Kavalieren unterfertigte Stammbaum, wenn er nicht mit den gehörigen Filiations - und Adelsproben belegt ist, wird nur einer Privaturkunde gleichgehalten. Nur wenn derselbe von einer betreffenden höheren Behörde, von einem ständischen Collegium, von einem Maltheser-Ordens-Priorate bestätiget ist, und diese Bestätigung hauptsächlich darin besteht, dass sämmtliche auf dem Stammbaume erscheinenden Geschlechter eines guten und alten Herkommens und in der Landschaft oder Provinz immatrikulirten Adels sind, und dass die angegebene Filiation ihre vollkommene Richtigkeit habe, kann die Vorlegung einer mit allen Documentis probatoriis belegten Deduction entbehrt werden.

§. 42.

Ungarische Probe.

Die ungarischen adeligen Geschlechter können auf drei verschiedene Arten probiren, wie sie auf dem in der Beilage XIII aufgenommenen Schema ersichtlich sind, und zwar:

I. Sieben adelige Generationen vom Vater und von der Mutter.

II. Sieben adelige Generationen von Seite des Vaters und zugleich in jeder Generation eine standesmässige Ehe.

III. Endlich sieben adelige Generationen von Seite des Vaters und blos eine adelig geborene Mutter.

Die erste dieser Proben ist die strengste, die zweite ist die am schwierigsten herzustellende, nach der dritten wird gewöhnlich probirt.

Gewöhnlich werden diese ungarischen Proben durch sogenannte Productional-Prozesse oder anderweitige ämtliche Zeugnisse der bestandenen Comitatsbehörden geliefert, und dort, wo die Bittsteller nicht in der Lage sind, die erforderlichen sieben Generationen durch Anführung aller Tauf- und Geschlechtsnamen auf Grund authentischer Filiations-Dokumente zu erproben, bringen sie durch ein ämtliches Zeugniss die Bestätigung, dass ihre Familie sich bereits vor dem Jahre 1600 im Besitze eines adeligen Gutes befand und noch dermalen in demselben sich befindet, wornach die Ernennung auch ohne Probe im Gnadenwege erfolgen kann.

Es ist jedoch gestattet, dass auch Kandidaten ungarischer Abstammung nach freier Wahl die deutsche Probe ablegen dürfen, so wie andererseits durch a. h. Entschliessung vom 25. Jänner 1830 ausdrücklich festgesetzt wurde, dass Familien, welche blos das I n d i g e n a t der ungarischen und siebenbürgischen Länder besitzen, eigentlich aber dem deutsch-erbländischen Adel angehören, für die Kämmererswürde sich der ungarischen Proben nicht bedienen dürfen, sondern die für die deutschen Provinzen vorgeschriebenen Proben abzulegen haben.

§. 43.

Italienische Probe.

Für die Candidaten des italienischen Adels sind durch
die vom k. k. Oberst-Kämmereramte unter dem 13. November
1819 herausgegebenen Prove Normali (siehe Beilage XIII)
folgende Grundsätze aufgestellt worden:

1. Wenn der Bittsteller Sohn eines k. k. Kämmerers und
einer Sternkreuz-Ordens-Dame ist, hat er blos seinen
eigenen Taufschein und die diessfälligen Zeugnisse in
Betreff der von seinen Aeltern bekleideten Würden beizubringen.

2. Wenn der Vater des Bittstellers k. k. Kämmerer, die
Mutter aber nicht Sternkreuz-Ordens-Dame ist, oder um-
gekehrt, so muss ausser dem eigenen Taufscheine auch
der betreffende belegte Stammbaum beigebracht werden.

3. Wenn der Aspirant Ritter des souveränen Johanniter-
Ordens, oder des grossherzoglich toskanischen St. Stefans-
Ordens ist, muss ausser dem Stammbaume auch die Bestätigung der betreffenden Ordenskanzlei über die Art und
Weise der wirklich abgelegten Proben beigebracht werden, da blosse Gnadenverleihungen nicht berücksichtiget
werden können.

4. Wenn ein zweibändiger Bruder des Candidaten k. k. Kämmerer oder Ritter eines der gedachten hohen Orden (jedoch
mit abgelegter Probe) ist, so müssen die Taufscheine des
Bittstellers und seines Bruders (letzterer zum Beweise der
gemeinschaftlichen Abstammung) und die Bestätigung über
dessen abgelegte Proben vorgelegt werden.

5. Wenn sich unter den Vorfahren des Bittstellers ein k. k.
Kämmerer, ein Ritter obiger hoher Orden (mit abgelegter
Probe) oder eine Sternkreuz-Ordens-Dame befindet, so
muss die eigene Probe nur bis zu diesen betreffenden
Quartieren durchgeführt, unter Einem aber die authentische Nachweisung über diese von den genannten Ahnen
genossenen Auszeichnungen geliefert werden.

6. Wenn der Bittsteller ein Patrizier von Venedig ist, so hat
er ausser der Beibringung seines Taufscheines blos zu
beweisen, dass er selbst, sein Vater, seine Mutter und
seine beiden Grossmütter im „goldenen Buche der Republik" eingetragen waren. Wenn die Eintragung der Mutter
oder der Grossmutter nicht bewiesen werden könnte, so
müsste der Adel ganz auf die allgemein vorgeschriebene
Weise erhärtet werden.

Die regelmässigen Adelsproben der italienischen Candidaten bestehen in einem Stammbaume, in welchem väterlicher und mütterlicher Seits der Grossvater, Urgrossvater
und Ururgrossvater, dann die Grossmutter, deren Vater,
Gross- und Urgrossvater nachzuweisen ist, wie das in der
Beilage XIII mit dem italienischen Urtexte aufgenommene
Schema zeigt. An Wappen sind nur die der vier Hauptlinien
oben aufzusetzen; übrigens ist der Stammbaum mit Tauf-
und Trauscheinen und anderen Filiations-Dokumenten, dann
den Diplomen und den übrigen als allgemein zulässig erklärten Adelsbeweisen zu instruiren.

§. 44.
Ausländer.

Die Candidaten aus fremden Staaten haben dieselben
Proben, wie die Unterthanen des deutschen Adels abzulegen,
doch können nur solche Ausländer ernannt werden, welche
keinem auswärtigen Staate dienen, oder durch eine andere
Eidespflicht an denselben gebunden sind; daher sich solche
Bewerber im Falle ihrer Aufnahme in die Zahl der k. k.
Kämmerer verpflichten müssen, im Falle sie späterhin auswärtige Bedienstungen annehmen sollten, das Ehrenzeichen
auf allmaliges Verlangen wieder abzugeben.

§. 45.
Hofzutritt und Edelknaben.

Nach ganz gleichen Bestimmungen ist auch das Ansuchen um den Hofzutritt und um die Aufnahme in die Zahl

der k. k. Edelknaben zu behandeln; nur ist bezüglich der Letzteren noch insbesondere die Bemerkung zu machen, dass dieselben sowohl in sittlicher Beziehung als auch bezüglich ihrer Fortschritte in den Studien vorzügliche Zeugnisse beizubringen haben.

Im Allgemeinen ist zu bemerken, dass das k. k. Oberst-Kämmereramt und bezüglich der k. k. Edelknaben - Stellen das k. k. Oberst-Stallmeisteramt, dem sie unterstehen, nicht berufen ist, Gesuche mit mangelhaften Proben a. h. Orts vorzulegen, wenn auch in denselben die Bitte um allergnädigste Dispensation von den obwaltenden Mängeln gestellt wäre.

Wer solche Nachsicht, die allerdings zuweilen aus besonders rücksichtswürdigen Gründen ertheilt wird, zu erlangen wünscht, hat das Gesuch in einer Audienz in die Hände Sr. k. k. apost. Majestät zu überreichen, und erst nach Erlangung der a. h. Signatur wird es den genannten Hofämtern möglich, auch über derartige mangelhafte Proben Bericht zu erstatten und Vorschläge zu unterbreiten.

V. Erfordernisse und Proben für den Sternkreuz-Orden.

§. 46.

Bedingungen.

Den Sternkreuz-Orden können nur verehelichte Damen des hohen Adels erlangen, welche ihre stiftsmässige Abkunft ganz in gleicher Weise zu probiren haben, wie diess für die k. k. Kämmerers- und Hoffähigkeits-Probe vorgeschrieben ist, somit auf acht väterliche und vier mütterliche Ahnen.

Die Bewerberin hat jedoch ausser ihrer eigenen adeligen Abkunft auch nachzuweisen, dass ihr Gemal die k. k. Kämmerersprobe bereits gelegt habe, und demzufolge zum k. k. Kämmerer wirklich ernannt worden ist, oder aber sie hat dieselbe mit ihrer eigenen Probe zu vereinigen, und hiedurch darzuthun, dass er vermöge seiner Abstammung befähiget wäre, um diese Würde einzuschreiten. Das dergestalt instruirte Gesuch ist der jeweiligen ersten Ordens-Assistentin zu übergeben, die Ernennung selbst erfolgt bei einer sogenannten Promotion, welche sonst regelmässig an den jährlich abgehaltenen vier Ordensfesten stattfand.

Die Proben der ernannten Damen werden nach der Ernennung auf Verlangen zurückgestellt, sonst aber im Ordens-Archive aufbewahrt, und es werden vom k. k. Sternkreuz-Ordens-Sekretär Zeugnisse über früher stattgefundene Ernennungen zum Gebrauche bei neuerlichen Einschreitungen ertheilt.

Der jeweilige Sternkreuz-Ordens-Sekretär ist zugleich mit der Examinatur der eingereichten Proben beauftragt.

VI. Probe für den königlich ungarischen St. Stefans-Orden.

§. 47.

Nach den Statuten des königlich ungarischen St. Stefans-Ordens vom 6. Mai 1764, Artikel VI, XXIII und XXIV (Beilage XIV), soll das Kleinkreuz dieses Ordens an den wohlverdienten Adel überhaupt, das Commandeur- und Grosskreuz aber in der Regel nur an solche verdiente Personen verliehen werden, welche das Alterthum ihres Geschlechtes wenigstens durch vier Grade mit genugsamen Proben darzuthun im Stande sind, wobei jedoch bei besonderen und ausnehmenden Verdiensten auch Ausnahmen gestattet sind.

Es ist ausdrücklich angeführt, dass alle, welche bereits die k. k. Kämmererswürde erlangt haben, von dieser Ahnenprobe befreit sind, und ebenso ist bestimmt, dass hiezu nicht ausschliesslich der Grafen- oder Freiherrnstand, sondern überhaupt jene Gattung von Adel, welche in dem Vaterlande des betreffenden Candidaten überhaupt Platz greift, erfordert wird.

Die Fassung dieses Artikels der Ordens-Statuten lässt es im Unklaren, ob der Candidat blos den Adel seiner väterlichen Familie durch vier Grade, d. i. bis

4

zum Ururgrossvater hinauf zu erproben, oder aber überhaupt
die diesen vier Graden entsprechende Anzahl von Ahnen
(nämlich sechszehn), so wie die Maltheser-Probe vorschreibt,
nachzuweisen habe?

Wir glauben uns für das Erstere entscheiden zu können,
da Artikel XXIII ausdrücklich besagt, dass Candidat das
Alterthum seines Geschlechtes wenigstens durch vier Grade
mit genugsamen Proben darzuthun habe, hierunter aber
nicht auch die Nebenverzweigungen der weiblichen Quartiere verstanden sein können.

In jedem Falle aber wird, da in jedem Quartiere die
Abstammung von einem adeligen Vater und einer adeligen
Mutter unerlässliche Bedingung ist, auch bei dieser Probe in
jedem Grade die ebenbürtige und standesmässige Ehe ebenso
nachgewiesen werden müssen, wie dies bei der zweiten
Art der ungarischen Kammerherrn-Probe (§. 42) erörtert wurde.

VII. Adelsnachweisungen für sonstige Zwecke.

§. 48.

Ausser den in den vorstehenden §§. 17 bis 47 angeführten gibt es noch mehrere Gelegenheiten, bei welchen zur
Erreichung eines bestimmten Zweckes eine gewisse adelige
Abstammung oder wenigstens der persönliche Besitz des
Adels nachgewiesen werden muss, ohne dass jedoch bei denselben (wie diess bereits bei den Stiftspräbenden §. 39 erwähnt
wurde) eine eigentliche Ahnenprobe in unserem Sinne statt-
zufinden hätte.

Der Vollständigkeit halber wollen wir dieselben in
Kürze erwähnen:

a) Der Orden des goldenen Vliesses, welcher unter allen
Ritter-Orden Deutschlands den ersten Rang behauptet, wird
an regierende Häupter oder andere durch Verdienst und Geschlecht ausgezeichnete Personen des hohen katholischen
Adels verliehen. Da er nur an Jene verliehen werden kann,

deren alter Adel notorisch und über allen Beweis erhaben
ist, so kann bei demselben von einer eigentlichen Ahnenprobe keine Rede sein.

b) Zur Aufnahme in die k. k. Theresianische Ritter-
Akademie wird der Adel überhaupt und für gewisse Stift-
plätze derselben, sowie der Militär-Akademie zu Wiener-
Neustadt, speziell der inländische Adel erfordert.

c) Das Domkapitel zu Olmütz fordert von seinen Kapitularen ebenfalls Adelsbeweise und das mährische Incolat.

d) Bei dem Metropolitankapitel zu Wien wird zur Erlangung der herzoglich Savoyen-Liechtenstein'schen Kanoni-
kate, nach dem Willen der Stifterin, der Herren- oder wenigstens der Ritterstand erfordert.

e) Zur Aufnahme in den äusseren Hofstaat als k. k.
Truchsess wird die Nachweisung der adeligen Geburt des
Bewerbers erfordert.

f) Endlich ist zur Erlangung und zum Besitze ritter-
mässiger Lehen und adeliger Fideicommisse in der Regel
gleichfalls der Adel nothwendig.

III. HAUPTSTÜCK.

Ueber einige Ahnenproben zur Erlangung gewisser ausländischer Ritter - Orden.

§. 49.

Vorbemerkung.

Unter den ausländischen Ritter - Orden, welche nicht als eigentliche Verdienst -, sondern lediglich als Geburts-Orden verliehen zu werden pflegen, sind es besonders drei, welche sich auch unter dem österreichischen Adel einer grösseren Vorliebe erfreuen, und zwar:

„der königlich baierische St. Georgs - Orden,"

„der Johanniter - Orden der Ballei Brandenburg," und

„der grossherzoglich toskanische St. Stefans - Orden."

Die Aufnahme der zu ihrer Erlangung erforderlichen Ahnenproben und Formalitäten in vorliegendes Buch dürfte daher gerechtfertiget erscheinen, und es wird bezüglich des letzterwähnten Ordens, ohne sich in unfruchtbare Kombinationen oder Diskussionen über die Zukunft des Grossherzogthums Toskana einlassen zu müssen, vorläufig genügen, einfach auf den Umstand hinzuweisen, dass derselbe derzeit noch immer verliehen und die a. h. Bewilligung Sr. k. k. apostol. Majestät zur Annahme desselben Seitens österreichischer Unterthanen, noch fortwährend ertheilt wird.

Selbstverständlich ist bezüglich des Johanniter - Ordens der Ballei Brandenburg zu bemerken, dass derselbe nur dem evangelischen Adel vorbehalten ist, und dass zu den förmlichen Bewerbungen um was immer für einen der genannten drei Orden jedesmal die vorläufige Bewilligung Sr. k. k. apost. Majestät erforderlich ist, was natürlich nicht der Fall ist, wenn die Ordens-Verleihung motu proprio erfolgt, da in diesem Falle, wie bei Verleihung eines jeden anderen ausländischen Ordens einfach um die allergnädigste Erlaubniss zur Annahme und Anlegung desselben angesucht werden muss.

I. Proben und Erfordernisse zur Erlangung des königlich baierischen St. Georgs-Ordens.

§. 50.
Geschichtliches und Organismus.

Der Ritter-Orden vom heiligen Georg in Baiern, welcher nach der Versicherung baierischer Geschichtsforscher seinen Ursprung aus den Zeiten der Kreuzzüge herleitet, wurde von Churfürst Carl Albrecht (nachmaligen Kaiser Carl VII.) im dritten Jahre seiner Regierung am 28. März 1829 zu Gunsten des alten baierischen Adels erneuert, und mit Grossprioraten und Commenden versehen.

Se. Majestät König Ludwig von Baiern hat im Jahre 1827 die ursprünglichen Statuten einer Revision unterzogen und mit einigen Abänderungen neuerlich sanctionirt.

Der Orden nimmt unter den königlich baierischen Orden den zweiten Rang ein, und zerfällt in zwei Zungen, die deutsche und die fremde, mit drei Klassen von Rittern: Grosscomthure, Comthure und Ritter. Ausserdem hat der Orden auch eine geistliche ebenfalls ritterbürtige Klasse, welche aus einem Bischofe, Probste, vier Dekanen und Ordenskaplanen (mit der Auszeichnung päpstlicher Hausprälaten) besteht.

§. 51.
Erfordernisse.

Der Orden wählt nach Artikel 19 der Ordens-Statuten vom 25. Februar 1827 nur solche Mitglieder, welche der römisch-katholischen Kirche angehören und sehr strenge Ahnenproben zu legen vermögen.

Um die Aufnahme in den Orden hat jeder Candidat sein Gesuch bei dem Könige als Grossmeister schriftlich einzureichen, und sowohl seinen eigenen, als auch aller seiner übrigen im Stammbaume erscheinenden Ahnen deutsche Abkunft und turniermässigen Adel darzuthun.

Es sind acht Ahnen väterlicher und acht Ahnen mütterlicher Seits zu probiren, ausserdem aber ist auch das in den fünften Grad eingehende adelige Aelternpaar der beiderseitigen direkten Linie (also bei dem Stammgeschlechte des Vaters und der Mutter) durch Aufsteckung der Gabel zu erweisen, und nicht nur in der obersten Ahnenreihe überhaupt die Stiftsmässigkeit und Ritterbürtigkeit nach den allgemeinen Grundsätzen durch authentische Urkunden strenge zu beweisen, sondern überdiess in der gerade aufsteigenden väterlichen und mütterlichen Linie ein ununterbrochener dreihundertjähriger Adelsbesitzstand zu erproben.

§. 52.
Aufnahme.

Die eingereichten Proben werden vor dem jährlichen Maria Empfängniss-Feste in einer Ordens-Conferenz von dem Kapitel in statutenmässige Untersuchung genommen, und bei entsprechend befundenem Resultate hievon der allerdurchlauchtigste Grossmeister mit dem Ansuchen in Kenntniss gesetzt, die Aufhängung des Stammbaumes am Festtage selbst zu gestatten.

Der Ritterschlag erfolgt auf die im §. 31 der Statuten beschriebene Weise.

(Die betreffenden, auf die Ablegung der Proben, sowie die Aufnahme der Candidaten bezüglichen §§. 19 bis 31 der Ordensstatuten, sowie das Schema des der Ahnenprobe zu Grunde zu legenden Stammbaumes, sind in der Beilage XV aufgenommen.)

II. Erfordernisse zur Erlangung des königlich preussischen Johanniter - Ordens.

§. 53.

Geschichtliches und Aufnahms-Bedingungen.

Nachdem durch die Edikte vom 30. Oktober 1810 und 23. Mai 1811 die Ballei Brandenburg, das Herrenmeisterthum und die Commenden des souveränen Johanniter-Ordens in Preussen aufgelöst und sämmtliches Eigenthum desselben als Staatsgut eingezogen worden war, wurde vom König Friedrich Wilhelm unter dem 23. Mai 1812, und zwar, wie es in der Stiftungsurkunde heisst: „zum ehrenvollen Andenken der nun erloschenen Ballei Brandenburg des St. Johanniter - Ordens" ein neuer — aber königlich preussischer St. Johanniter - Orden gestiftet, welcher mit seinem uralten und mächtigen Vorgänger eben nur den Namen und das gering veränderte Ordenszeichen gemein hat.

Im Ordens-Kapitel vom 24. Juli 1853, unter dem Vorsitze des Prinzen Carl von Preussen als neuerlich gewählten Herrenmeisters der Ballei Brandenburg, wurden jedoch neue Statuten vereinbart, denen König Friedrich Wilhelm unter dem 8. August 1853 die landesherrliche Bestätigung ertheilte.

Diesen Statuten zu Folge, welche in der Beilage XVI aufgenommen sind, hat der Orden Rechts- und Ehrenritter.

Die Rechtsritter müssen zum deutschen oder speziell zum preussischen Adel gehören, evangelischer Confession und bereits Ehrenritter gewesen sein.

Wer als Ehrenritter aufgenommen zu werden wünscht, hat blos seinen Adel und das evangelische Glaubensbekenntniss, sowie eine den Zwecken des Ordens entsprechende Gesinnung darzuthun (§. 23), nach erfolgter Aufnahme aber eine Eintrittsgebühr von 300 Thalern in die Kasse der Ballei zu leisten (§. 26 der Statuten).

Von einer eigentlichen Ahnenprobe in unserem oft erklärten Sinne ist also hier keine Rede; es genügt einfach die Nachweisung des Adels.

Die Aufnahmsgesuche sind mit den nöthigen Belegen versehen an den Herrenmeister der Ballei Brandenburg, dermalen Se. k. Hoheit Prinz Carl von Preussen, zu richten.

III. Proben und Aufnahms-Bedingungen für den grossherzoglich toskanischen St. Stefans-Orden.

§. 54.

Geschichtliches und Aufnahms-Bedingungen.

Dieser von Cosmus Medicis, erstem Grossherzoge von Toskana, im Jahre 1562 zur Vertheidigung des Katholicismus und Bekämpfung der Seeräuberei gestiftete Orden, welcher nach seiner ursprünglichen Organisation, gleichwie der Malteser-Orden, aus adeligen Rittern, Militärs, Justizrittern, Kapellanen, dienenden Brüdern und Waffenbrüdern bestand, hat im Jahre 1817 durch Ferdinand III. eine durchgreifende Umstaltung erhalten, und besteht jetzt aus vier Klassen: Grosskreuzen, Prioren, Bailli's und Rittern.

Die Ritter selbst theilen sich wieder in zwei Klassen: in die Ritter von Rechts- und von Gnadenwegen (Cavalieri di giustizia è di grazia).

Beide haben die gleichen Ahnenproben zu liefern, und ihren Adel durch fünf Grade in aufsteigender Linie zu probiren.

Diese Ahnenproben sind ganz ähnlich mit jenen, welche für die Erlangung der k. k. Kämmererswürde in Oesterreich für Candidaten des italienischen Adels vorgeschrieben sind (§. 43).

Die Bewerber haben somit einen Stammbaum vorzulegen, mittelst dessen authentischen Belegen sowohl väterlicher als mütterlicher Seits der Grossvater, dessen Vater, Gross- und Urgrossvater, dann die Grossmutter, deren Vater, Gross- und Urgrossvater nachzuweisen und mit den betref-

fenden Geschlechtswappen in diesen vier Hauptlinien zu
lustriren sind.

Ausserdem muss der Candidat noch beweisen, dass er
und seine Vorfahren in dem Lande, dem sie entsprossen,
höhere Würden wirklich bekleideten, oder wenigstens zur
Erlangung derselben fähig waren, und dass er aus einem
unbeweglichen Gute oder fruchtbringend angelegten Kapitalien eine unbelastete Rente von 300 Scudi oder 2100 Lire
beziehe, was er überdiess auch eidlich zu versichern und
hiezu das Zeugniss seines Pfarrers über sein sittliches Wohlverhalten beizubringen hat.

Die näheren Details über alle Vorbedingungen und
Formalitäten der Aufnahme, sowie das Schema des diessfalls
beizubringenden Stammbaumes sind in der Beilage XVII
enthalten, welche die wortgetreue Uebersetzung eines dem
Verfasser dieses Buches aus Anlass der wirklich erfolgten
Aufnahme eines österreichischen Ehrenritters von der Ordenskanzlei zugesendeten Exposé's ist.

IV. HAUPTSTÜCK.

Ueber Erwerbung, Bestätigung und Verlust des Adels.

§. 55.

Vorbemerkung.

Die Ahnen- und Adelsprobe in Oesterreich, wie sie in den vorausgehenden Abschnitten erörtert und dargestellt ist, setzt begreiflicher Weise einen bereits erworbenen, unzweifelhaft alten Adel voraus. Strenge genommen gehört daher die Erörterung derjenigen Bedingungen, unter denen der österreichische Adel von einem bisher nicht Adeligen erworben werden kann, nicht in das Bereich des vorliegenden Buches. Es dürfte jedoch nicht unwillkommen scheinen, auch die diessfälligen Vorschriften und Gepflogenheiten kurz zu erwähnen, und hieran der Vollständigkeit halber einige Bemerkungen über die Bestätigung und den Verlust des Adels zu knüpfen.

§. 56.

Erwerbungsarten und Stufen des Adels.

Wenn wir die auf den österreichischen bürgerlichen Gesetzen beruhende Uebertragung des Adels vom Vater auf seine ehelich erzeugten, adoptirten oder legitimirten Kinder, und vom Ehegatten auf seine von Geburt dem bürgerlichen Stande angehörende Gattin, welche ebenfalls, jedoch nur höchst uneigentlich, als Adelserwerbung bezeichnet wird, übergehen; wenn wir ferners von der später zu erwähnenden Bestätigung eines ausländischen oder selbst eines inländischen — jedoch zufällig nicht bekannt gewesenen — oder absichtlich nicht ausgeübten Adelsrechtes, als gleich-

falls nicht hieher gehörig, absehen, so kann als Grundsatz
aufgestellt werden, dass der österreichische Adel erworben
wird:

1. durch unmittelbare landesfürstliche Adelserhebung und
2. durch Verleihung eines österreichischen Ritterordens, mit
   dessen Besitz ein höherer oder minderer Adelsgrad verbunden ist.

Die in Oesterreich bestehenden Adelsstufen sind folgende:
a) der einfache Adelsstand ohne oder mit dem Ehrenworte
   „Edler von";
b) der Ritterstand;
c) der Freiherrnstand;
d) der Grafenstand;
e) der Fürstenstand.

Eine höhere Stufe kann in der Regel nur Jenem verliehen werden, welcher sich bereits im Besitze des nächst
vorhergehenden Adelsgrades befindet.

Die ersten drei Stufen bilden den niederen, die letzten
beiden den hohen Adel.

§. 57.
Unmittelbare Adelserhebung.

Die Verleihung des Adels an und für sich, oder einer
höheren Stufe desselben ist ein ausschliessendes Souverani-
täts-Recht Seiner Majestät des Kaisers.

Alle früheren Nobilitirungsbefugnisse, wie z. B. jenes
der Wiener-Universität, sind längst aufgehoben, eben so
wenig aber gibt es in Oesterreich einen persönlichen Amts-
oder Dienstadel.

Der Landesfürst verleiht den Adel zur Belohnung aus-
gezeichneter Verdienste um den Staat, motu proprio, oder
über Ansuchen desjenigen, welcher solche nachzuweisen
vermag.

Das betreffende Gesuch ist nach der Normalverordnung
vom 2. Februar 1767 zwar bei der Landesstelle zu überreichen, allein es ist seit geraumer Zeit Gepflogenheit, das-

selbe unmittelbar an Seine Majestät zu richten. Auch ist
dieser letztere Weg schon aus der Rücksicht der empfehlens-
werthere, weil ohne die allerhöchste Signatur des betreffenden Gesuches sich die Behörden nur in den seltensten Fällen
berufen finden dürften, den bezüglichen Vorschlag zu erstatten. Es ist daher für jeden Bewerber jedenfalls rathsam,
sich eine Audienz zu erwirken, und in dieser sein Einschreiten mit solchen Gründen zu unterstützen, dass die a. h. Sig-
nirung des Gesuches angehofft werden kann.

In allen Fällen, wo der Landesstelle die gutächtliche
Berichterstattung über ein derartiges, der a. h. Signatur ge-
würdigtes Nobilitirungsgesuch zusteht, ist dieselbe angewiesen, sich durch umfassende Erhebungen sowohl bei der
dem Bittsteller unmittelbar vorgesetzten, als auch bei den
übrigen kompetenten Behörden bezüglich seiner persönlichen
Eigenschaften, seiner dienstlichen Leistungen, sowie seines
sittlichen und politischen Verhaltens genaue Kenntniss einzuholen.

Wer keine Verdienste überhaupt aufzuweisen hat, ist
nach der Hofverordnung vom 29. September 1783, Zahl 676,
mit seinem Gesuche einfach abzuweisen, und es ist zu bemerken, dass, namentlich zur Erlangung höherer Adelsgrade
nur ausgezeichnete und unmittelbare Verdienste, keineswegs
aber die gewöhnliche, wenn auch tadellose Pflichterfüllung
berechtigen kann.

Höhere Adelsstufen mit Ueberspringung der niederen,
z. B. die Verleihung des Freiherrnstandes an einen bisher
Bürgerlichen, werden nur in ganz ausserordentlichen Fällen
verliehen.

Bezüglich des k. k. Militärs ist eine Erleichterung der
diessfalls geltenden Grundsätze insoferne zugestanden worden, als nach der Normalverordnung vom 12. Jänner 1757
jedem Offizier, wenn er dreissig Jahre gedient und von seinem Vorgesetzten ein Zeugniss seines Wohlverhaltens bei-
bringt, der Adelsstand auf Ansuchen ohne Weiteres ertheilt
werden kann.

§. 58.
Mittelbar durch Ordensverleihung.

Es gibt mehrere österreichische Ritterorden, mit deren Verleihung die Erhebung in den Adel-, rücksichtlich Ritterstand theils ipso facto verbunden ist, theils aber über Anlangen des Betreffenden ohne Weiteres erfolgt.

a) Der k. k. militärische Maria Theresia-Orden bringt den österreichischen Ritterstand, wenn ihn der Betheiligte nicht ohnedieß besitzt, eo ipso mit sich. Nach dem allerhöchsten Kabinetsschreiben vom 19. Juni 1819 und dem Hofkanzleidekrete vom 8. Juli 1819, 21290/27411, ist jeder ernannte Ritter des k. k. militärischen Maria Theresien-Ordens, welcher nicht bereits den österreichischen Ritterstand, oder eine höhere Adelsstufe besitzt, als erbländischer Ritter in den Standesbüchern einzutragen. Auch wurde an sämmtliche Landesstellen der Befehl erlassen, dass dieser Ritterstand von Jedermann anzuerkennen, und den Theresien-Ordens-Rittern demgemäss zu begegnen sei (Art. 36 der Ordens-Statuten vom 12. December 1758). Denjenigen Grosskreuzen und Rittern, sowie den erst später kreirten Commandeurs, welche es begehren, ist nach Art. 37 der Freiherrnstand zu ertheilen, und das bezügliche Diplom taxfrei auszufertigen.

Den Nachkommen jedes ernannten Maria Theresien-Ordens-Ritters soll, insoferne sie ihre Descendenz von demselben auf die allgemeine übliche, im ersten Hauptstücke dieses Buches bei der Filiationsprobe besprochenen Weise, darzuthun vermögen, auf ihr jedesmaliges Anlangen und nur gegen Entrichtung der einfachen Expeditionstaxe, das förmliche Ritterstands-Diplom ausgefertiget werden.

Durch die Hofkanzleidekrete vom 26. October 1820, Z. 31975 und 4. Jänner 1821, Z. 1819, wurde ferner verordnet, dass für die Ritter des Maria Theresien-Ordens ein eigenes Buch zu eröffnen sei, in welchem Alle, welche

nicht schon den Ritterstand oder eine höhere Adelsstufe
vor der Ordens-Verleihung besassen, einzutragen kommen.

b) Bezüglich des königlich ungarischen Sanct Stefans-
Ordens wurde bereits im zweiten Hauptstücke nach-
gewiesen, dass die Erlangung desselben den Besitz des
Adels voraussetzt.

Nach Kapitel 6 der Statuten vom Jahre 1764 können
die Commandeurs und Kleinkreuze des St. Stefans-Ordens,
welche sonach ihrem Stande nach bereits dem Adel angehören müssen, nach Beschaffenheit der Umstände, worüber sich Seine Majestät von Fall zu Fall die Beurtheilung
vorbehalten haben, auch in den Grafenstand; — in den
Freiherrnstand aber, sobald sie darum einschreiten, und
zwar taxfrei, erhoben werden.

c) Mit der Verleihung des k. k. österreichischen Leopolds-
Ordens und des Ordens der eisernen Krone ist zwar
die Erlangung des Ritterstandes eo ipso nicht verbunden.
Den Statuten gemäss werden jedoch die Commandeurs
dieser Orden, wenn sie darum anlangen, in den Freiherrnstand, die Ritter des Kleinkreuzes (III. Klasse des eisernen
Kron-Ordens), aber unter derselben Voraussetzung in den
österreichischen Ritterstand taxfrei erhoben, und ihnen das
betreffende Diplom blos gegen Entrichtung der Ausferti-
gungsgebühr expedirt.

d) Mit der Verleihung des k. k. österreichischen Franz
Josef-Ordens ist jedoch nach §. 10 des kaiserl. Patentes
vom 25. December 1850 weder ein Anspruch auf irgend
einen Adelsgrad, noch sonst eine erbliche Auszeichnung
verbunden.

Alle Gesuche, welche die Erwerbung oder Erhöhung
eines Adelsgrades in Folge der vorausgegangenen Verleihung
eines der unter a, b und c angeführten österreichischen Ritterorden bezwecken, sind entweder unmittelbar an Seine
k. k. apostolische Majestät zu richten, oder aber durch die
Landesstellen, bei k. k. Militärs aber im vorgeschriebenen
Dienstwege zur allerhöchsten Resolution vorzulegen.

§. 59.

Standeserhöhungs-Taxen.

Die für die Verleihung von Standeserhöhungen zu entrichtenden Taxen sind nach §. 137 des österreichischen Taxgesetzes vom Jahre 1840 nach Umrechnung der Ansätze auf österreichische Währung folgende:

Für den Fürstenstand 12.600 fl. ö. W.

„ „ Grafenstand 6.300 „ „

„ „ Freiherrnstand 3.150 „ „

„ „ Ritterstand 1.575 „ „

„ „ einfachen Adel 1.050 „ „

Wer mit Ueberschreitung einer oder mehrerer Adelsstufen einen höheren Grad des Adels erhält, hat nebst der für den erhaltenen Adelsgrad festgesetzten Taxe auch die für jeden überschrittenen Grad entfallende Taxe in eben dem Verhältnisse zu entrichten, in welchem er nach den Bestimmungen dieses Gesetzes die Taxe für den erhaltenen Adelsgrad zu zahlen hat (§. 138 Tax-Gesetz vom Jahre 1840).

Wenn mehrere Brüder zugleich auf eine Adelsstufe erhoben werden, so hat jeder von ihnen die ganze Standeserhöhungstaxe zu entrichten, es mag für alle Brüder zusammengenommen ein gemeinschaftliches oder für Jeden von ihnen ein besonderes Diplom ausgefertiget werden. (§. 139 a. a. O.)

Wird Jemanden die Ausdehnung des Adels auf die Kinder seines Bruders bewilliget, so stellen diese Kinder die Person ihres Vaters vor. In diesem Falle ist daher die Standeserhöhungstaxe für alle Kinder zusammen nur einfach zu erlegen. (§. 140 a. a. O.)

Wenn eine Frauensperson auf eine Adelsstufe erhoben wird, so hat sie die Standeserhöhungstaxe nur zur Hälfte zu entrichten (§. 141 a. a. O.).

Erhält eine Frauensperson für sich und ihre Kinder einen Adelsgrad, so hat sie für sich und jede ihrer Töchter

die halbe, für jeden ihrer Söhne aber die ganze Standeserhöhungstaxe zu bezahlen. (§. 142 a. a. O.)

Für die Uebertragung des den Wahlältern eigenen
Adels auf ihre Wahltöchter ist der halbe, auf ihre Wahlsöhne
aber der ganze Betrag der für die Verleihung des übertrage-
nen Adelsgrades festgesetzten Standeserhöhungstaxe so oft zu
entrichten, als Wahltöchter oder Söhne vorhanden sind, auf
welche der Adel übertragen wird. (§. 143 a. a. O. und §. 182
bürgl. G. B.)

Hiebei ist jedoch zu bemerken, dass nach dem Hofkanzleidekrete vom 14. December 1825, Z. 37252, auf die
Adelsübertragung an Wahlkinder nur dann angetragen werden soll, wenn die Wahlältern, oder nach Umständen das
Wahlkind solche Verdienste ausweisen, welche die Verleihung des Adels ex novo herbeiführen könnten.

Militär-Offiziere, welchen nach dem Normale vom
12. Jänner 1757 wegen ihrer ununterbrochenen, mit stetem
Wohlverhalten verbundenen dreissigjährigen Dienstleistung
in der Linie und mit dem Degen der einfache Adelstand
zu Theil wird, haben für diese Verleihung keine Standeserhöhungstaxe zu entrichten. In Rücksicht auf die höheren
Grade des Adels unterliegen sie jedoch den gesetzlichen
Taxen. (§. 144 a. a. O.)

§. 60.
Diploms-Erneuerung.

Es kann der Fall eintreten, dass der in einer bestimmten
Familie früherer Zeit rechtmässig erworbene Adel, sei es
durch Verlust des betreffenden Diplomes oder aus anderen
Gründen durch längere Zeit faktisch erloschen war. Wenn
demnach ein späterer Descendent sich — ohne Gefahr, einer
Adelsanmassung beschuldigt zu werden — dieses faktisch
erloschenen Adelsgrades wieder prävaliren will, so kann er,
falls er im Stande ist, anstatt des in Verlust gerathenen
Adelsdiplomes andere Beweise über die Standeserhebung
eines seiner Vorfahren beizubringen, und insoferne er gleich-

zeitig seine eigene direkte Descendenz von diesem ersten Adelserwerber darzuthun vermag, nach dem Hofkammer-dekrete vom 12. October 1840, Z. 5592, um die Erneuerung des Adelsdiplomes anlangen, womit — falls die beigebrachten Beweise für richtig anerkannt werden, die faktisch erlosche-nen Standesrechte wieder anerkannt sind.

Für eine derartige Diploms-Erneuerung ist der fünfte Theil der betreffenden Standeserhöhungsgebühr, somit:

beim Fürstenstande 2520 fl. ö. W.,

„ Grafenstande 1260 „   „

„ Freiherrnstande 630 „   „

„ Ritterstande   315 „   „

„ einfachen Adel 210 „   „

zu entrichten. (Taxgesetz vom Jahre 1840 §. 137 und 146.)

§. 61.

Prädikats-Verleihungen.

Bei Besprechung der für Standeserhöhungen bemesse-nen Taxen sind Prädikatsverleihungen zu berücksichti-gen, welche entweder in einem besonderen Namen oder in einem der Adelsstufe selbst nicht anhängenden Titel (z. B. dem Ehrenworte „Edler von" beim einfachen Adel) bestehen. Jede solche Prädikatsverleihung unterliegt einer besonderen Taxe, welche den zehnten Theil jener Taxe beträgt, die dem Adelsgrade desjenigen entspricht, welcher um die Prädikats-Verleihung ansucht (§. 148 a. a. O.), und es ist das Aus-mass und Verhältniss dieser Taxe in den angeführten Fällen der §§. 139 bis einschliessig 143 nach den dort über die Ent-richtung der Standeserhöhungstaxe selbst gegebenen Vor-schriften zu beurtheilen (§. 149 a. a. O.).

Wenn ein Adeliger bei der Erhebung auf die höhere Adelsstufe sein voriges Prädikat beibehält, so hat er dafür keine neue Prädikats-Verleihungstaxe mehr zu entrichten; vertauscht er aber sein Prädikat mit einem anderen, so wird die seinem neuen Adelsgrade entsprechende Prädikats-Ver-leihungstaxe abgenommen (§. 150 a. a. O.).

Wer sein Prädikat ändert, oder zu seinem Namen einen zweiten aufnimmt, ohne in eine höhere Adelsstufe zu treten, hat dafür jene Taxe zu bezahlen, welche nach Massgabe seines Adelsgrades für die erste Bewilligung eines Prädikats zu entrichten wäre. (§. 151 a. a. O.)

§. 62.
Namens- und Wappenvereinigung.

Der letzterwähnte Fall tritt namentlich ein, wenn Jemandem, der bereits im Besitze einer Adelsstufe ist, die Vereinigung des Namens und Wappens einer zweiten (meist ausgestorbenen) Familie mit dem seinigen gestattet wird.

Es ist nämlich Observanz, dass in jenen Fällen, wo das Vermögen einer im Mannesstamme erloschenen Familie im Wege der Succession auf einen Descendenten der weiblichen Linie gelangt, dem letzteren mit Uebertragung der Familienrechte auch die Vereinigung des betreffenden Familiennamens und Wappens mit dem seinigen über Ansuchen allergnädigst bewilliget wird. So entstanden beispielsweise die vereinigten Doppelnamen und Wappen der Familien: Clam-Gallas, Podstatzky-Liechtenstein, Khevenhüller-Metsch, Harnoncourt-Unverzagt, Hammer-Purgstall, Wattmann-Maelcamp-Beaulieu, Palffy-Daun, Lederer-Trattnern, Diller-Hess u. s. w.

Auch andere Umstände, z. B. Adoptionen mit a. h. bewilligter Uebertragung des Familienwappens und Adels nach §. 182 bgl. G. B. können eine solche Namens- und Wappenvereinigung dann bewirken, wenn sowohl die Wahlältern, als das Wahlkind bereits vor der Adoption sich im Besitze eines Adelsgrades befanden.

In solchen Fällen wird daher nach dem oben citirten §. 151 des Taxpatentes vom Jahre 1840 nicht nur die Namensvereinigung, sondern wenn gleichzeitig eine Wappenvereinigung stattfindet, auch diese abgesondert mit einer Taxe belegt.

Für die Vereinigung der Wappen, sowie für eine Wappenvermehrung oder Wappenbesserung überhaupt, wenn

solche erfolgt, ohne dass in eine höhere Adelsstufe über-
getreten wird, ist — sowie bei der Namensvereinigung —
der zehnte Theil jener Taxe zu entrichten, welche dem Adelsgrade desjenigen entspricht, der darum ansucht. (§. 153,
Taxgesetz v. J. 1840.)

§. 63.
Diploms-Ausfertigungs-Gebühren.

Es ist übrigens zu bemerken, dass alle in den vorhergehenden §§. 59 bis 62 aufgeführten Taxbeträge längstens
binnen Jahresfrist nach ihrer Bemessung bei sonstiger Er-
löschung der betreffenden Verleihung zu entrichten kommen,
wie auch, dass in diesen Taxbeträgen die Ausfertigungs-
gebühren der betreffenden Diplome nicht inbegriffen sind.

Diese letzteren müssen abgesondert erlegt werden, und
betragen nach dem Hofkanzleidekrete vom 21. Februar 1822
Z. 4716/10236 nach vorgenommener Umrechnung in österreichische Währung:

A. Für den Fürstenstand.

1. Schreibgebühr . . . . 210 fl. — kr.
2. Collationirungsgebühr . 1104 „ 60 „
3. an Sigillirungsgebühr . 28 „ 35 „
4. für den Wappencensor . 56 „ 70 „
5. für den Wappenmaler . 37 „ 80 „

B. Für den Grafen- und Herrenstand.

1. Schreibgebühr . . . . 26 fl. 46 kr.
2. Collationirungsgebühr . 36 „ 75 „
3. Sigillirungsgebühr . . 2 „ 52 „
4. für den Wappencensor . 22 „ 5 „
5. für den Wappenmaler . 25 „ 20 „

C. Für den Ritterstand.

1. Schreibgebühr . . . . 17 fl. 64 kr.
2. Collationirungsgebühr . 32 „ 4 „
3. Sigillirungsgebühr . . 2 „ 52 „

5*

4. für den Wappencensor . 15 fl. 75 kr.

5. für den Wappenmaler . 16 „ 80 „

D. Für den Adelsstand.

1. Schreibgebühr . . . . 13 fl. 14 kr.

2. Collationirungsgebühr . 32 „ 3 „

3. Sigillirungsgebühr . . 2 „ 52 „

4. für den Wappencensor . 12 „ 60 „

5. für den Wappenmaler . 12 „ 60 „

E. Für Wappenbriefe.

1. Schreibgebühr . . . . 2 fl. 10 kr.

2. Collationirungsgebühr . 2 „ 10 „

3. Sigillirungsgebühr . . 2 „ 52 „

4. für den Wappencensor . 12 „ 60 „

5. für den Wappenmaler . 6 „ 30 „

Diess sind die fixen Kanzleigebühren, ausser welchen jedoch noch verschiedene andere, von Fall zu Fall veränderliche Auslagen verbunden sind, so namentlich die Expeditstaxe, die nach dem Umfange des Diplomes wandelbaren Stempelgebühren, die nach demselben Verhältnisse veränderlichen Kosten der verwendeten Pergamentblätter, endlich die Gebühr für allfällige Wappenprojekte, deren Vorlage zwar der Partei selbst obliegt, die jedoch zuweilen in einer heraldisch so unzulässigen Form eingereicht werden, dass dem Gesuche häufig ein neues, zur Censurirung geeignetes und nach den Vorschriften der Heraldik abgefasstes Wappenprojekt beigegeben werden muss.

Ausserdem sind noch die Kosten der Kapseln und Schnüre für die anzuhängenden Siegel, des Sammts, der Bänder und sonstigen Buchbinderarbeit, endlich der blechernen Büchsen zu vergüten, sowie allfällige Emballage und Versendungsauslagen.

§. 64.

Anerkennung und Bestätigung eines fremden Adels.

Bezüglich der Anerkennung und Bestätigung des ausländischen Adels muss vor Allem der Adel jener dermaligen
Provinzen des österreichischen Kaiserstaates ausgeschieden
werden, welche früher unter fremden Scepter gestanden, durch
die Zeitverhältnisse aber der österreichischen Monarchie zu-
gewachsen oder aber von ihr wieder erlangt worden waren.

Bezüglich des Adels dieser Länder nun bestehen besondere Bestimmungen, welche bereits im ersten Hauptstücke
dieses Werkes §. 9 ausdrücklich angeführt, ihrem vollen
Texte nach aber in den Beilagen II bis VIII aufgenommen
erscheinen.

Es wird daher hier genügen, die wesentlichsten Bedingungen hervorzuheben, unter denen der unter den früheren
Regierungen dieser Länder verliehene Adel auch in der
österr. Monarchie zur vollen Geltung und Gleichstellung
mit dem eigentlich erbländischen Adel gelangen konnte.

a) In Galizien und Lodomerien wurde durch
a. h. Patent vom 13. Juni 1775 allen jenen vornehmen Geschlechtern, die bis zum Jahre 1775 den Fürsten- oder Grafentitel geführt hatten, dieser Stand taxfrei blos gegen die einzige Bedingung bestätiget, dass sie sich diessfalls bittlich verwendeten. Jenen von ansehnlicherem Adel, welche wirkliche
Kronchargen bekleideten, z. B. Woywoden, Palatine, Starosten mit Jurisdiction oder sogenannte Kastellans waren, wurde
der Grafenstand, und Denjenigen, welche Distrikts-Dig-
nitarien gewesen, der Freiherrnstand gegen Erlag des
vierten Theils der Taxe verliehen, wenn sie binnen Jahresfrist darum angesucht hatten, und ihren Adel wenigstens vom
Grossvater an ausweisen konnten.

Bei Einverleibung der Bukowina mit Galizien wurden
mit Patent vom 14. März 1787 alle früher dort üblichen
Adelsgrade abgeschafft und der dortige Adel in den Herren-
und Ritterstand eingetheilt.

b) Für Tirol wurde nicht nur durch die a. h. Entschliessung vom 28. Juni 1819 der alte, von der österreichischen Regierung in früheren Zeiten ertheilte Adel ohne besondere Bestätigung als fortbestehend anerkannt, sondern auch der von der bairischen Regierung verliehene Adel, dann der Trientiner- und Brixner-, der reichsständische und Reichsvikariats-, dann der Mailänder- und Mantuaner-Adel der allerhöchsten Bestätigung gewürdigt, wenn das Ansuchen hierum unter Vorlegung der betreffenden Adels- und Wappenbeweise binnen Jahresfrist erfolgte.

c) In ähnlicher Weise erfolgte in Gemässheit der a. h. Entschliessung vom 5. Mai 1829 auch die Bestätigung des früher in dem S a l z b u r g e r - und I n n k r e i s e , dann einigen P a r z e l l e n des H a u s r u c k v i e r t e l s verliehenen königlich bairischen und Salzburger fürsterzbischöflichen und churfürstlichen Adels gegen vorläufiges unter Vorlegung der Familienwappen und Adelsbriefe binnen Jahresfrist einzubringendes Ansuchen.

d) In der L o m b a r d i e wurde zu Folge Kundmachung vom 14. December 1814 nicht nur der altösterreichische, sondern auch der von der aufgelösten italienischen Regierung eingeführte neue Adel, letzterer jedoch strenge innerhalb der Bestimmungen seiner Ernennung und Verleihung aufrechterhalten; übrigens wurden die Prärogativen, Privilegien und Gerechtsame des alten und neuen Adels vollkommen gleichgestellt, zur Untersuchung der diessfälligen Ansprüche aber eine eigene Prüfungskommission in Mailand niedergesetzt.

Gleiche Grundsätze wurden mit Bekanntmachung vom 28. December 1815 auch für V e n e d i g aufgestellt, und hier insbesondere allen Jenen, die im „libro d'oro" eingetragen waren, jeder fernere Adelsbeweis erlassen.

e) Der Adel in D a l m a t i e n wurde durch die Hofkanzlei - Verordnung vom 12. Juli 1816 in folgende vier Klassen eingetheilt:

1. der vom Senate von Venedig;
2. der vom ehemaligen Souverain Dalmatiens;
3. der von der vormaligen Republik Ragusa; endlich
4. der von der französischen Herrschaft herrührende Adel;
   und es wurde bestimmt, dass die erste Art wie der vene-
   tianische Adel zu behandeln sei; dass bezüglich des zweiten und vierten die Betreffenden ihre Ansprüche bei der
   Prüfungskommission in Zara auszuweisen hatten, und dass
   endlich der Adel der dritten Art nach erlangter l. f.
   Bestätigung dem übrigen österreichischen Adel gleichgestellt sei.

Die näheren Bestimmungen über die bei diesen Adels-
bestätigungen zu beobachtenden Formalitäten u. s. w. sind
aus dem Texte der Beilagen II bis VII zu entnehmen.

§. 65.
Anerkennung des eigentlich ausländischen Adels.

Bei der Frage um Anerkennung und Bestätigung eines
eigentlich ausländischen Adels ist wieder zu unterscheiden,
ob solcher Adel von einem fremden oder von einem österreichischen Unterthan geltend gemacht werden will. Der
förmlich erwiesene ausländische Adel eines Fremden wird in
den österreichischen Staaten jederzeit beachtet und anerkannt,
kann jedoch da, wo es sich um Theilnahme an den dem inländischen Adel eigens vorbehaltenen Rechten handelt, nicht
geltend gemacht, sondern in diesem Falle müsste der letztere
angesucht werden.

Ueber die Frage, welcher Adel als fremder zu betrachten sei, wurde die a. h. Weisung ertheilt, dass jener Adel,
den Regierer ordentlicher Staaten ertheilen, oder der von
Churfürsten oder einem mit der Comitiva majore versehenen
Reichsstande verliehene Adel als solcher anerkannt werden
müsse.

Oesterreichische Unterthanen hingegen dürfen bei fremden Regierungen um keine Standeserhöhung ansuchen, —
noch solche ohne a. h. Bewilligung Seiner Majestät des Kai-

sers von Oesterreich annehmen, und sich daher derselben in den k. k. Staaten nicht bedienen.

Es könnte sich somit höchstens um die Anerkennung eines ausländischen Adels handeln, welcher von österreichischen Unterthanen oder deren Vorfahren erworben wurde, als sie noch Ausländer waren.

In dieser Beziehung ist natürlich die a. h. Bestätigung einzuholen, und werden hiebei die allgemeinen Grundsätze über die Beurtheilung und Anerkennung eines fremden Adels überhaupt in Anwendung kommen.

Die näheren diessfälligen Bestimmungen enthält das als Beilage XVIII aufgenommene Dekret vom 12. Juni 1838.

§. 66.
Incolat und Indigenat.

Mit dem Adelsstande in inniger Verbindung steht das Incolat und Indigenat.

Es dürfte sonach die kurze Erwähnung der über die Erlangung desselben in den verschiedenen Provinzen Oesterreichs geltenden Grundsätze gerechtfertiget erscheinen.

In Nieder-Oesterreich verleihen die Stände kraft des Privilegiums Kaiser Max II. vom 10. Februar 1572 und des Hofdekretes vom 9. December 1765 die Landmannschaft; — seit dem Hofdekrete vom 19. April 1753 beschränkt.

In Oesterreich ob der Enns verleihen die Stände kraft des Privilegiums Kaiser Ferdinand's III. vom 21. November 1628 und Hofdekrets vom 9. December 1765 die Landmannschaft; — beschränkt durch das Hofdekret vom 19. April 1753 und 18. März 1769.

In Böhmen, Mähren und Schlesien haben Seine Majestät Sich die Verleihung des Incolats vorbehalten, und zwar in Böhmen nach der Landesordnung vom Jahre 1627, Absatz A XX; in Mähren nach der Landesordnung vom Jahre 1628, Folio XI und XII, und in Schlesien nach den Pragmatikal-Vorschriften vom 10. April 1713 und 9. September 1726.

Ferner ist hierüber in dem Falle wegen des Herrschafts-
besitzers Neuwall mit a. h. Kabinetsschreiben vom 7. November 1827 eine analoge a. h. Bestimmung herabgelangt.

In G a l i z i e n haben die Stände nach dem Hofdekrete
vom 12. Jänner 1781, nach dem Patente vom 27. Jänner
1782, §. 27, und nach dem Patente vom 13. April 1817 das
Recht zur Ertheilung des Indigenats, jedoch nur an Individuen, die einen ausländischen Standesgrad besitzen und wenigstens vom rittermässigen Adel sind. Sie müssen aber nach
§. 16 des letzteren Patentes auch jenen das Indigenatsdiplom
ausfertigen, die ihnen von Seiner Majestät namhaft gemacht
werden.

In T i r o l geniesst die landmannschaftlichen Rechte
derjenige, welcher in die Landesmatrikel aufgenommen ist,
Hofdekret vom 16. November 1765; laut Hofdekretes vom
14. März 1767 musste der zu Immatrikulirende wenigstens
den erblichen Ritterstand oder den Reichsritterstand besitzen.

Durch das Patent vom 24. März 1816 wurde verordnet,
dass die Aufnahme in die Matrikel Seiner Majestät vorbehalten ist, und alle Adeligen bei dem Ritterstand immatrikulirt werden. Einfach Adelige, welchen Seine Majestät
diese Begünstigung gewährten, wurden laut Hofkanzleidekret
vom 6. September 1838, Z. 22933 und 11. März 1840,
Z. 1505, dadurch nicht Ritter, sondern blieben blos dem Adel
angehörig.

In S t e i e r m a r k verleihen die Stände ohne a. h. Kon-
sens seit den ältesten Zeiten verfassungsmässig die Landmannschaft und wurden in dieser Freiheit durch das Hofdekret vom 9. December 1765 erhalten. Sie wurden durch
die Hofdekrete vom 19. April 1753, 27. April 1768 und
18. März 1769 beschränkt.

In K ä r n t h e n ist kein besonderes Privilegium bekannt
— doch übten die Stände dieses Recht seit undenklichen
Zeiten aus, und wurden hierin durch das Hofdekret vom
9. December 1765 erhalten. — Beschränkt durch Hofdekret
vom 19. April 1753 und 18. März 1769.

In Krain haben die Stände ebenfalls in früheren Zeiten laut der Hofdekrete vom 3. August 1754 und 9. December 1765 das Incolat selbstständig verliehen.

Durch das Patent vom 29. August 1818 ist diese Verleihung Seiner Majestät vorbehalten. *)

Für die Verleihung des Incolats oder Indigenats ist in jenen Ländern, wo diese Verleihung dem Landesfürsten vorbehalten ist, nach §. 175 des Taxgesetzes vom Jahre 1840 im Herrenstande eine Taxe von . . . . . 1575 fl. ö. W. und im Ritterstande von . . . . 105 „ „ zu entrichten.

Ausserdem sind für die Ausfertigung des betreffenden Diplomes folgende Kanzleigebühren zu erlegen.

A. Im Fürstenstande:

1. An Schreibgebühr . . . . 105 fl. — kr. ö. W.
2. „ Collationirungsgebühr . 509 „ 72 „ „
3. „ Sigillirungsgebühr . . . 11 „ 2 „ „

B. Im Grafen-, Herren- oder Ritterstande:

1. Schreibgebühr . . . . . 2 fl. 10 kr. ö. W.
2. Collationirungsgebühr . . . 2 „ 10 „ „
3. Sigillirungsgebühr . . . . 2 „ 52 „ „

nebst den bereits oben (§. 63) erwähnten Auslagen für Kapseln und Schnüre, Pergamentblätter, Buchbinderarbeit, Stempel u. s. w.

---

*) Als nicht uninteressanten Beitrag über die Rangsverhältnisse und Titulaturen des österreichischen Adels, sowie über dessen Aufnahme in die ständischen Consortien, enthält die Beilage XIX ein aus authentischer Quelle geschöpftes. von der k. k. Hofkanzlei-Archivs-Direction im Jahre 1835 zusammengestelltes Verzeichniss aller diessbezüglichen, im dortigen Archive befindlichen a. h. Patente und sonstigen Verordnungen.

Verlust des Adels und Adelsanmassungen.

Der Adel in Oesterreich erlischt:

1. Durch Absterben des Mannesstammes eines adeligen Geschlechtes, da der väterliche Adel der Töchter nicht auf
ihre Nachkommenschaft übergeht.

2. Durch Verehelichung einer Adeligen mit einem Unadeligen, da die Gattin dem Stande des Mannes folgt.

Sollte jedoch eine mit einem Unadeligen vermälte
Adelige nach dem Ableben des ersten Gatten sich mit
einem Adeligen wieder vermälen, so lebt ihr eigener
Geburtsadel wieder auf, und sind daher ihre in der zweiten
Ehe erzeugten Kinder fähig, in jeder Filiations- und Adelsprobe als vom Vater und der Mutter adelig Geborne zu
zählen.

3. Durch unbefugte Auswanderung in Gemässheit der politischen Gesetze, insbesondere des §. 10 des Auswanderungs-
patentes vom 24. März 1832, indem es daselbst heisst, dass
die ohne Bewilligung Ausgewanderten den Rang und die
Vorzüge verlieren, in deren Besitz sie sich in den betreffenden österreichischen Staaten befinden, und dass sie aus den
s t ä n d i s c h e n oder Universitäts- und Lyceal-Matrikeln
gestrichen werden.

4. Endlich in Folge strafgerichtlicher Verurtheilung zum Tode
oder zur schweren Kerkerstrafe (§. 27 lit. *a* des Straf-
gesetzbuches vom 27. Mai 1852); jedoch trifft dieser Verlust nur den Verbrecher allein, daher weder seine Gattin,
noch die vor dem Strafurtheile erzeugten Kinder.

Eine A d e l s a n m a s s u n g kann erfolgen:

1. Durch die von einem Unadeligen geschehene Prävalirung
des Adels oder eines adeligen Wappens.

2. Durch die von einem Adeligen geschehene unrechtmässige
Prävalirung eines ihm nicht gebührenden höheren Adelsgrades oder Wappens.

Nach dem Hofkanzleidekrete vom 2. November 1827, Nr. 2316 J. G. O., ist eine, nicht in b e t r ü g l i c h e r Absicht geschehene Adelsanmassung (in welchem Falle sie unter §. 201 lit. *d* des Strafgesetzes vom 27. Mai 1852 zu subsummiren wäre) blos mit einer Geldstrafe von den politischen Behörden zu belegen.

Die Vorschriften über das diessbezügliche Untersuchungs- und Strafverfahren sind in der Beilage XX zusammengestellt.

Beilage I.

Patent

Ihrer Majestät der Kaiserin

Maria Theresia

vom 31. Mai 1766, womit die Ahnen- und Adelsproben für die adeligen Damenstifte zu P r a g und I n n s b r u c k festgestellt wurden.

Wir Maria Theresia etc. etc. etc. Entbieten allen und jeden Unsren getreuen Vasallen, Landsinwohnern und Unterthanen, was Würden, Standes, Amtes und Wesens die in Unsren gesammten Erbkönigreichen, Fürstenthümern und Landen sind, Unsre kais. königl. und landesfürstliche Gnade, und alles Gute, und geben zu vernehmen, dass Wir zum Nutzen, Glanze und Aufnahme der adelichen Familien in Unsren Erbländern, zwei weltliche Damenstifte zu Prag, und zu Innsbruck errichtet haben. Gleichwie Wir aber zugleich gerechtest entschlossend sind, in so einem, als dem anderen dieser adelichen Damenstifte nur jene Supplikantinnen an- und aufzunehmen, welche zuförderst ihre Ahnenproben ordentlich werden abgelegt haben, die wahre Art aber solche zu verfassen, vielen unbekannt sein mag; als haben Wir zum Behufe aller, um eine dergleichen Stiftsdamenstelle supplizirenden Candidatinnen gegenwärtiges Schema, oder Modum probandi, nebst sämmtlichen nachstehenden Punkten zur genauesten Befolgung durch öffentlichen Druck bekannt machen lassen, nach welchem sich denn sowohl die probirenden Parteien, als auch die von Uns ad revidendum et approbandum allergnädigst ernannte Commissarii auf das genaueste zu achten haben werden.

§. 1.

Weil nun die Stammbäume der Grundsatz aller Adels-proben sind, Wir auch schon vorlängst anbefohlen haben, nach erfolgter deren Approbirung solche nebst allen Beilagen in Unsren eigends darzu errichteten Damenstifts - Archiven sorgfältigst zu verwahren, daher, und zu längerer Dauer sothaner den adelichen Geschlechtern so vortheilhaften Doku-menten soll

1. jeder Stammbaum auf Pergament verfertiget und gemalet, dann

2. alle Wappen in jedem Quartiere, oder Grade, mit Schilde, Helme, Kleinodien und Helmdecken auch Abthei-lung der Farben, wie sie von jeder Familie geführt werden, entworfen sein.

3. Aber sollen aller Orten die Tauf-, Geschlechts- oder Zunamen, wie auch die zum Unterschiede der Stammäste oder Zweige hervorkommenden Geschlechtsbeinahmen mit ihrer wahren Ortographie, oder Buchstaben angezeiget oder beigesetzet werden;

4. Wollen Wir ferner, dass wo der Stämpel in Unsren Erb-ländern eingeführt ist, der Stammbaum mit einem zwei Gul-denstämpel gezeichnet, auch alle Documenta probatoria nach der Stämpelordnung versehen sein sollen *). Endlich muss

5. Der Stammbaum von vier aus den ersten des Adels jenes Landes, wo das Geschlecht der Candidatinn begütert ist, sub fide nobili, und an Eides Statt attestiret, unter-schrieben, und mit ihren angebornen Insiegeln gefertigt sein, welche letztere zu desto längerer Dauer sich in angehängten hölzernen Kapseln in Siegelwachs eingedrücket, und ver-wahret befinden sollen, aus der in fine beigebogenen Stamm-baumstabelle wird des mehreren zu ersehen sein, in was für Ausdrückungen dieses Attestatum verfasset sein müsse, wel-ches Wir anstatt der in andern adelichen Stiftern sonst gewöhnlichen solennen Aufschwörung für gültig, und zu-

---

*) Der Stammbaum erhält jetzt blos den Beilagenstempel.

reichend angesehen haben wollen, doch mit der ausdrück
lichen Ausnahme, dass unter den Unterfertigten sich keiner
befinde, welcher der Candidatinn in linea recta anver-
wandt wäre.

§. 2.

Nachdem nun der Stammbaum auf oben beschriebene
Art in vollkommene Richtigkeit gesetzet worden; so kömmt
es weiter auf die Filiationsproben an, mittelst welchen eine
jede Candidatinn zu beweisen hat, dass sie von sechszehn
ritterbürtigen und stiftsmässigen Ahnen, nämlich acht von
väterlicher, acht von mütterlicher Seite als eine Rittergenos-
sinn wahrhaftig abstamme, und herkomme, auch kein anderes, oder unrechtes Geschlecht angegeben habe; zu diesem
Ende hat dieselbe die zu ihrem Stammbaume benöthigten
Documenta probatoria nebst einer kurzen Deduction oder
Anweisung beizulegen, in welcher sie kürzlich zeiget, wie
die wahre Descendenz von einer Generation zur andern
gegründet und bewiesen werde; zu dessen bessern Begriffe
sich hierunten ein Formulare hierüber befindet.

Diese Documenta probatoria der richtigen Descendenz
oder Filiation können bestehen in beglaubigten Taufscheinen,
worinnen der Getauften, und deren Vater, und Mutter
Tauf- und Geschlechtsnamen, auch Jahr und Tag der Geburt,
oder der Taufe gemeldet worden, item in legalisirten Extracten und Attestaten aus Ehe-, Sterb- und anderen Kirchenbüchern, dann in Heirathsverschreibungen, Testamenten,
Erbserklärungen, Theilungslibellen, Lehen- und Bestallungsbriefen über vertretene adeliche Aemter, Familiencontrakte,
Prozessen und gerichtliche Vergleiche, oder andere gerichtliche Handlungen, als da sind, Gerhabhaftsantretungen etc.
Endlich auch in Ermanglung dergleichen gerichtlichen Urkunden alten authentischen Haus- und Familienschriften:
z. E. wenn die Aeltern aufgezeichnet, wie viel sie Kinder
erzeuget, wie selbe sich genennet, wann, mit was für einem
Ehegatten, wer ihre Voreltern waren etc., woraus nochmalen
die richtige Descendenz ersehen werden mag.

Sollte nun sich fügen (wie es öfters geschiehet) weilen durch Feuersbrünste, Kriege, Verheerungen und dergleichen Unglücksfälle viele adeliche Schlösser, Kirchen sammt den Archiven, und Schriften zerstöret, und verbrennet worden sind, dass einige Generationen durch Documenta literaria nicht erwiesen werden könnten, sondern solche allein per Testimonia fide digna beglaubiget werden müssen: so ist vor allen nothwendig, dass solche oben gedachte Unglücksfälle angeführet, und erprobet werden, nicht minder, dass die Attestanten (deren drei, und zwar eben dieses Geschlechts, in dessen Verehelichung und Abstammung die Probe abgehet, sein müssen) unter ihren adelichen Ehren, wahren Worten, Treuen und an Eides Statt ex causa ipsorum scientiae bekräftigen, dass die in dem Stammbaume durch Documenta nicht zu belegen gewesene Filiatio N. N. mit Ausdrückung der Tauf- und Geschlechtsnamen wirklich die rechte und wahre Abstammung der Candidatinn sei, dass ein solches ihnen unter ihrer Familie wohl bekannt, sie es auch jederzeit also vernommen, und dass dieses in dem Lande eine Notorietät sei.

Wenn aber dieser Abgang der schriftlichen Urkunden ein adeliches Geschlecht beträfe, welches bereits schon gänzlich erloschen wäre; so wird auch in diesem Falle ein auf obige Art verfasstes von drei der dieses erloschenen Geschlechtes nächsten Anverwandten gefertigtes Attestatum für zureichend anzuerkennen sein.

Und da man übrigens den Candidatinnen nicht zumuthen kann, dass selbe die benöthigten und oben erwähnten Probationsdokumente oder andere Familienschriften in Originali beibringen oder vorzeigen sollten; so erklären Wir hiemit, dass allen von Unsren allseitigen Landesstellen gefertigten Vidimus, und Attestaten vollkommener Glauben beigemessen, und selbe ohne Ausnahme als Dokumenta probatoria werden anerkannt werden.

Jene von den Notariis publicis vidimirten Acta aber, und die von dem Pfarrherrn aus den Kirchenbüchern ertheil-

ten Attestata müssen von ihrer weltlichen und geistlichen
Obrigkeit quod sint tales, legalisirt werden, ehe und bevor
ihre Unterschriften fidem publicam erlangen können.

§. 3.

Nach den Filiations- und Abstammungsproben kömmt
die tournier- und ritterbürtige Stiftsmässigkeit bei den sechszehn obersten Ahnen zu erweisen, von welchen Wir alle
primos acquirentes, oder erste Geadelte gänzlich ausgeschlossen haben wollen, und so fern Unsere zur Erörterung der
Adelsproben bestellte Commissarii einen Zweifel über ein
oder anderes Geschlecht dieserwegen hätten, so soll der
probirende Theil allerdings gehalten sein, einen dergleichen
Anstand durch Aufsteckung einer Gabel zu beheben, und
durch glaubwürdige Urkunden zu beweisen, dass die in
diesem Quartiere benannte Person sowohl väterlicher als
mütterlicher Seits schon adelig geboren worden. Uebrigens
kann die tournier-ritterliche Stiftsmässigkeit der sechszehn
obersten Ahnen durch folgende Attestata erprobet werden:
als von dem Herrn- und Ritterstande aller Unserer Erbländer,
von den sämmtlichen Reichsritterschaften, von den Malthes er-
ordens-Provinzialkapiteln, von den deutschen Ordens-Balleien, von den Komitaten im Königreiche Ungarn, von den
Dom- und übrigen Reichsstiftern, alten Grabsteinen, Kirchenfenstern und dergleichen sicheren Urkunden, woraus der
adeliche Ritterstand zu Genügen dargethan werden kann.

§. 4.

Eine gleiche Bewandtniss hat es mit den Wappenhelm-
und Kleinodienproben, über welche die Probantinnen sich
mit einem glaubwürdigen Attestato von den hieroben angeführten Landesstellen, und Ritterschaften, Reichsstiftern etc.
zu versehen haben, welchem das probiren kommende Wappen gemalen beigefüget sein muss, womit Unsere bestellte
Commissarii in Stand gesetzt werden, dessen Richtigkeit zu
erkennen.

Es ereignet sich zuweilen, dass die adeligen Geschlechter bei zuwachsenden Gütern und sonstigen Ursachen ihre
Wappen verändern, woraus leicht entstehen kann, dass in
einem Stammbaume über einerlei Geschlecht sich zweierlei
Wappen zeigen; in diesem Falle hat die Candidatinn die
Ursache hiervon in unten bemerkter Deduction sogleich mit
anzuführen, damit nicht solches bei der Untersuchung erst
ausgestellet, und doch hernach die Ursache mit unangenehmen Zeitverluste beigebracht werden müsse.

§. 5.

Sollte nun nach beigebrachten solchen Proben von Seiten Unsrer verordneten Commissarien ein oder anderes ausgestellet, und deren Ersetzung und Verbesserung anverlangt
werden, so hat eine Candidatinn solches nicht mit Unglimpfe
zu empfinden, sondern vielmehr die anverlangte Erläuterung
und Verbesserung mit Bescheidenheit zu bewerkstelligen.

§. 6.

Wie nun diese vorgeschriebenen Punkten, lauter unum-
gänglich nöthige Requisiten in sich enthalten, ohne deren
Erfüllung (wie schon oben erwähnt worden) Wir nicht gesin-
net sind, jemanden in Unsre adeliche Damenstifte an- und
aufzunehmen; als wird eine jede Candidatinn solche vorher
wohl überlegen und einsehen, wie sie mit denselben aufzukommen sich getrauet, um sich keinen unangenehmen
Ausstellungen auszusetzen, mit welchen Wir eine jede gern
verschont wissen möchten.

§. 7.

Folget weiter das Formular, wie die Deduction oder
Anweisung über die Stammbaums-Proben eingerichtet sein
solle:

Kurzer Beweis der sechszehn Ahnen der Candidatinn
N. A. adelig geboren erweiset der Taufschein Nr. 1, woraus
den zu ersehen, dass sie von ihrem Vater X. B. und ihrer

Mutter N. C. abstamme, und während der Ehe erzeuget worden.

Der Extractus vidimatus der Ehepakten sub Nro. 2 zeiget, dass der Candidatin Grossvater N. D. und die Grossmutter N. E. väterlicher Seits gewesen seien, denn

Erweiset Nro. 4 der Nro. 3 D des Ehepaktes, oder des Theilungslibells, oder Lehenbriefs, oder dieses Akkords, oder Vergleichs, dass der Candidatinn väterlicher Urgrossvater und Urgrossmutter sich genannt haben N. F. und N. G. denn

dass der Candidatinn Grossmutter N. E. von N. H. und J. abstamme, und diese aus dieser Ehe entsprossen sei, ergibt sich aus Nro. 4, dass nun weiter, und der Candidatinn väterlicher Ururgrossvater N. K. und die Ururgrossmutter N. L. sich genennet, und dessen Urgrossvater N. F. erzeuget haben, beglaubiget die Anlage sub Nro. 5 ingleichen

dass der Candidatinn Urgrossmutter N. G. Aeltern gewesen seien N. M. und N. N., ergibt sich zur Genüge aus dem Nro. 6, denn

dass der N. H. von N. O. und N. P. abstamme, zeiget sich aus Nro. 7.

Auch dass die N. J. von N. Q. und N. R. erzeuget worden, beweiset Nro. 8. Wodurch denn die wahre Descendenz, und gerechte Filiation väterlicherseits hoffentlich zur Genüge dokumentiret sein wird.

Mütterlicher Seits nun, da ist von dem schon oben produzirten Taufscheine sub Nro. 1 erwiesen, dass der Candidatinn Mutter gewesen, oder sei N. C. dass nun

der Aeltern gewesen sind N. S. und T., das zeiget Extract Ehepakts sub Nro. 9, und gleichwie die Probation in Linea paterna angemerkt worden, also muss auch so ferner auf der mütterlichen Seite fortgefahren, und eine jede Generation mit authentischen Dokumenten und Urkunden beleget, klar erwiesen werden, und gleichwie der Schluss abermalen dahin gemacht wird, dass damit gleichfalls die mütterlicher

Seits angegebene Descendenz bewiesen sein, als wird als denn fortgefahren.

Adelstand.

Was die Ritterbürtigkeit und Stiftmässigkeit der vorgestellten Agnaten anbelanget, da wird solcher beiderseits, wenn nämlich das produzirende Attestatum, oder Attestata auf beiden Seiten eingerichtet sind, und solches dokumentiren sollen, durch Numero — erwiesen, dass es alle adeliche Familien sind. Was hingegen die Wappenstellungen anbetrifft, beurkundet das Documentum, oder die Documenta sub Nris. Nris., dass solche, wie sie von den Familien jederzeit geführet worden, mit Helme, Schilde, Kleinodien und Farben ganz richtig vorgestellet, sofort erwähnten Familien angeborne eigentliche Wappen seien.

Notandum. Damit nun desto leichter begriffen werden möge, was man in dieser Deduction mit den Lit. A. B. etc. sequentibus haben will, so erweiset sich solches von dem beigeschlossenen väter- und mütterlichen Stammbaume, und wie in diesem Formulari anstatt der Namen jedesmal ein N. und Lit. gesetzet worden; so müssen in der übergebenen Deduction jedesmal die Tauf- und Zunamen gesetzet werden, wie dieses der Verfasser von selbst einzurichten, auch die in Händen habende Documenta nach ihrer Beschaffenheit zu numeriren, oder wenn eines öfter vorkömmt, solcher Numerum auch öfter andeuten, nicht weniger dasjenige zu beobachten wissen wird, was wegen Veränderung der Wappen angeführet worden ist.

Hieran geschiehet Unser gnädigster Willen und Meinung. Gegeben in Unserer Haupt- und Residenzstadt Wien den 31. Monatstag Mai im siebenzehnhundert sechs und sechzigsten, Unserer Reiche im sechs und zwanzigsten Jahre.

Zu §. 7. gehörig (S. 82).

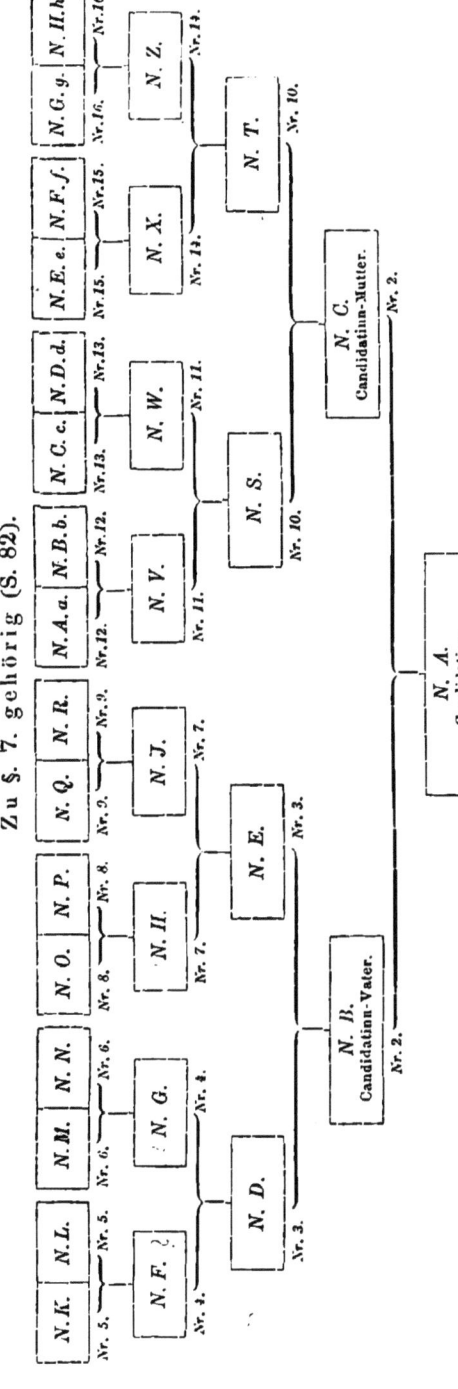

Dass obstehende Ahnen, sowohl väter- als mütterlicherseits der Candidatinn *N. A.*, derselben Stammfolge, Wappen, Schild und Helm, in Farben und Stellung, auch in der Filiation, oder Descendenz ihre vollkommene Richtigkeit haben, unnebst alle obbenannten Familien eines altadeligen Herkommens sind, wie solches ist uns zum Theile wohl bekannt, und aus den uns vorgezeigten authentischen Dokumenten das Mehrere erwiesen worden. Welches alle wir hiemit *sub fide nobili*, und an Eidesstatt der Wahrheit zur Steuer bezeugen. Datum etc. etc. etc.

Beilage II.

Patente

bezüglich des galizischen Adels:

- *a)* vom 13. Juni 1775,
- *b)* „ 20. Jänner 1782,
- *c)* „ 31. Mai 1782,
- *d)* „ 16. October 1800.

a) Patent vom 13. Juni 1775.

In allen von dem Zepter beherrschten Reichen und Landschaften wird der Adel von den übrigen Insassen immerhin unterschieden, und selbem verschiedene Vorzüge, wie auch das Vertrauen zugewendet, dass aus seiner Schaar die Väter des Vaterlandes erwählet werden mögen, denen es gestattet ist, der gemeinsamen Landesangelegenheiten sich anzunehmen und zum Behufe derselben gegründete Vorstellungen durch die geordneten Wege vor den Thron zu bringen. So wird diese Gutthat und Befugniss nicht minder dem Adel der Königreiche Galizien und Lodomerien auf die nämliche Art eingeräumet, somit gestattet und erlaubet, dass in diesen erst genannten Reichen eine ständische Versammlung oder das Corpus statuum eben so eingeführet, und ausgeübet werde, als es in andern Erblanden bestehet und gewöhnlich ist. Um aber hierzu einen solchen Grund zu legen, worauf das Gebäude der ständischen Versammlung unerschüttert stehen möge, wird vor Allem nothwendig befunden, dass der Adel selbst in ein anständiges Verhältniss gesetzet, der Ansehnlichere vor dem Minderen betrachtet, und zu dessen besserer Unterscheidung die eben in anderen kais. königl. Ländern festgesetzte Ordnung des Herren- und Ritterstandes angenommen werde. Es wird daher verordnet und

1. erkläret: allen jenen vornehmern Geschlechtern, so bis itzt den Fürsten- oder Grafentitel geführt haben, oder sich zu dieser Ehrenbenennung rechtfertigen würden, wird solcher Stand ohne die mindeste Taxe bloss gegen einzige Bedingniss bestättiget, dass sie sich dieserwegen durch ein unmittelbar an den Hof gestelltes Anbringen, jedoch an die Landesstelle, bittlich melden.

2. Jenen von dem ansehnlicheren Adel, welche wirkliche Kronchargen begleiten, oder des Titels eines Woiwoden, Palatins, Kastelans sich zu rühmen hatten, oder ein Staroste mit Jurisdiktion waren, diesen wird nach beigebrachten Adelsproben durchaus der Grafenstand mit dem Vorbehalte verliehen, dass jeder in Zeit von einem Jahre sich dieserwegen selbst hervorthue, und nur den vierten Theil der für solche Standeserhebung zu entrichtenden Taxe bezahle. Auf die nämliche Weise

3. dürfen alle diejenigen, welche Districts-Dignitarien gewesen, den Freiherrnstand ebenfalls bloss gegen Erlag des vierten Theils der Taxe ganz sicher hoffen, sobald sie nach Maassgabe des vorstehenden zweiten Absatzes in Zeit von Einem Jahre darum das gehörige Gesuch gestellt haben, und über die Richtigkeit ihres wenigstens vom Grossvater an fortdauernden Adels sich ausweisen werden.

4. Wird in der gnädigsten Zuversicht gelebet, dass der gallizische Adel das volle Maass der gegen selben hegenden allerhöchsten Gnade von selbst pflichtschuldigst erkennen, und genuegsam einsehen werde, wie reichlich man ihm die vormal gehabten, und nun abgestellten Titel und Würden in der Gleichhaltung mit dem sämmtlichen in den übrigen Reichen befindlichen betitelten Adel zu vergelten, sich herbeigelassen, da man ihn zugleich in eben dem Augenblicke, als er solchen Ehrentitel erlanget, aller damit verbundenen Prärogativen, Hoheiten und Vorzüge, wie sie ein anderer Fürst, Graf oder Freiherr, aus den gesammten Staaten hoffen, und fordern kann, auf einmal theilhaftig macht, wie nicht minder den Anspruch auf alle Chargen und Hofdienste

eröffnet. Daher wird auch gar nicht gezweifelt, es werde jeder den offenstehenden Weg der Ehren bei Zeiten eintreten, und die Bereitwilligkeit der Huldbezeigung nicht versäumen. Sollte aber

5. eine oder andere obbesagtermassen qualifizirte Familie mit Ansuchung des ihr nach Maass der vormaligen getragenen Würde zugedachten Ehrentitels hinlänglich verweilen, und die hierzu bestimmte Zeit nicht in Acht nehmen, sondern fruchtlos verstreichen lassen, so würde sie bei einer etwa nach der Hand dennoch verlangten Standeserhebung nicht allein, statt der bis auf den vierten Theil eingestandenen Taxebefreiung, die ganze zu entrichten, sondern auch sich der Willfahrung ihres Gesuchs nicht so leicht zu getrösten, ja wohl gar wegen der nicht undeutlich hervorleuchtenden Vernachlässigung der allerhöchsten Freigebigkeit eine solche Standeserhöhung nicht mehr zu gewarten haben, folglich unter die mindere Ordnung des Adels gezählet, und lediglich als Ritter angesehen, sohin aus eigener Schuld der höheren Vorzüge des Herrenstandes verlustiget werden. Es sind alsdann

6. zwo Ordnungen der Klassen des Adels, benanntlich der Herrn und Ritterstand, bestimmet. Unter die erste sollen alle Fürsten, Grafen und Freiherren, unter die zweite alle Edelleute überhaupt gerechnet werden, die entweder um einen höheren Titel aus eigener Versäumniss nicht angesuchet, oder die keine von obberührten Qualifikationen für sich, folglich auch auf eine weitere Erhebung keinen Anspruch gehabt haben. Als solche Edelleute von der zweiten Ordnung, oder Väter, werden sie ohne den Ritterstand besonders nehmen, oder hierwegen einkommen zu dürfen, ebenfalls geachtet, und vorgenommen werden, auch wird gestattet, dass es mit der Truchsesswürde in Galizien so, wie in den übrigen Erblanden gehalten werde.

7. Aus erstbesagten beiden Ordnungen des Adels wird auch die Versammlung der Stände bestehen; ohne dass die Geistlichkeit eine besondere Ordnung auszumachen hat, und

wird gestattet, die Nobilitarwürde unter vorberührten beiden
Ordnungen ohnehin, und also zwar einzuräumen, dass die
sämmtlichen Erzbischöfe, und Bischöfe utriusque ritus tam
latini quam graeci catholici, dann infulirte Prälaten dem
statui magnatum, die minderen Prälaten, und Canonici einer
in diesem Reiche befindlichen Kathedralkirche aber, wo
nämlich ein Bischof sesshaft ist, dem statui equestri bei-
gezählet werden.

8. Wird verordnet, dass überhaupt aus dem Herren-
und Ritterstande nur jene den Landtagshandlungen beitreten
mögen, und sollen, welche nach dem dermaligen Contribu-
tionsausmaasse zu zwölf Prozent jährlich, fünf und siebenzig
Gulden rheinisch, oder dreihundert Gulden polnisch, zu den
Kreiskassen entrichten, alle übrigen, deren Contributions-
abgabe erstbesagte Zahl nicht erreichet, müssen von den
ständischen Zusammenkünften ausgeschlossen bleiben, da es
auch in anderen Ländern eingeführt ist, dass nicht alle min-
dern Edelleute, sondern jene hierzu erscheinen dürfen, welche
ein gewisses Vermögen an Landgütern besitzen.

Würden jedoch

9. derlei adeliche Personen ihr Vermögen in der An-
sässigkeit dahin verbessern, dass sie die vorausgesetzte Con-
tributionszahl wirklich abtragen, so ist ihnen von solcher
Stunde an der Zutritt bei den Landtagen gegen aldort vorläufig geziemend angesuchte, und, wie gewöhnlich, durch
den Landeschef erfolgte Einführung nicht verwehret, gleichwie sie denn auch im Uibrigen alle dem Adel zukommenden
Vortheile auch in der Zeit, als sie das geringe Maass ihrer
Besitzung von den Landtagen abhält, zu geniessen haben,
und in allen Stücken den übrigen ihres Gleichen gleich zu
achten sind.

Wenn sonach

10. auf erst vorgebrachte Weise Landesstände bestimmet
sind, und alsdann auf allerhöchsten Befehl die Versammlung
der Stände durch die gallizische Landesstelle ausgeschrieben
wird; so haben jene Stände, so hierzu zu erscheinen befugt

sind, in eigener Person sich einzufinden, und Sitz und
Stimme zu nehmen, keineswegs aber statt ihrer Jemanden
abzuordnen, welches ein- für allemal als unerlaubt und unzulässig, auch wider alle gutständische Verfassung laufend
hiermit verworfen und verboten, somit Niemanden, der sich
nicht selbst bei dem Landtage einstellet, gestattet wird, seinen
Platz durch einen Deputirten zu besetzen.

Eine andere Beschaffenheit

11. hat es bei den Städten, welche als unbewegliche
Corpora jedwede zween hierzu eigens bevollmächtigte Deputirte absenden können, die ihre Vollmachten gebührend aufzuweisen haben, und alsdann den Landtagen beiwohnen
können. Indessen wird einer andern, als der Hauptstadt
Lemberg, das Recht eines Mitstandes in so lange nicht eingeräumet, bis nicht mehrere sich dessfalls melden, und darthun werden, dass sie eines solchen Rechts würdig sind, wo
sofort kein Anstand genommen werden wird, auch andern
der grösseren und ansehnlicheren landesfürstlichen Städte
einen gleichen Vorzug zu verleihen.

In Bezug

12. auf die Landtagshandlungen selbst werden die versammelten Stände über die ihnen eröffnet werdenden allerhöchsten Befehle bei der Frage: ob? sich niemals zu verweilen, sondern bloss über die Frage: auf welche Art? zu
berathschlagen haben. Jedoch wird ihnen erlaubt, bittliche
Einwendungen und alleruntertänigste Vorstellungen zu
machen, welche aber, gleichwie all übriges, so sie, Stände,
an den Hof gelangen lassen wollen, allemal an die Landesstelle abzugeben, und von dieser mit beigefügtem Gutachten
an die gallizische Hofkanzlei einzubegleiten ist.

Damit

13. ausser den jährlich einmal, oder wie es befunden
wird, öfters auszuschreibenden Landtagen auch in manchen
Umständen unter der Zeit von den Ständen Auskünfte oder
Gutmeinungen durch die Landesstelle unverweilt eingezogen
werden können, wird in Lemberg ein ständischer Ausschuss,

oder verordnetes Collegium für beständig zu verweilen haben,
welchem Ausschusse sowohl, wie auch bei der ganzen ständischen Versammlung, der jeweilige Gubernator in Gallizien
als Chef vorzusitzen, in dessen Abwesenheit aber der älteste
Deputirte des Herrenstandes seine Stelle zu vertreten hat.

Sothaner ständische Ausschuss, oder verordnetes Collegium in Lemberg soll

14. aus sechs Deputirten, nämlich dreien des Herren-
und dreien des Ritterstandes bestehen; deren jedwedern ohne
Unterschied wird ein jährlicher Gehalt von zweitausend Gulden rheinisch, oder 8000 Fl. pol. festgesetzet, und die Zeit
derselben Dauer auf sechs Jahre jedoch dergestalt, bestimmet, dass anfänglich auf dem ersten Landtage nur zween auf
zwei Jahre, die künftigen Verordneten hingegen jeder auf
sechs Jahre, mittels sogenannter Ballotirung zu wählen sei,
nach welcher ein jeder der Stände den Namen desjenigen,
dem er seine Stimme zuwenden will, auf ein Zettelchen auf-
schreibet, und zusammengerollt in den vor dem Chef hierzu
eigens stehenden Topf leget; diese eingelegten Zettelchen
werden sodann von dem Chef ausgehoben, von ihm jeder auf
dem Zettel stehende Name abgelesen, und die Vormerkung,
welche die meisten Stimmen haben, bewirket. Würde aber
unter der Zeit, bevor die Jahre verflossen sind, ein Deputir-
ter sterben oder aus einer anderen Ursache austreten, ist die
Wahl eines andern auf dem künftig darauf folgenden Landtage vorzunehmen.

15. Zu den bei diesem verordneten Collegium vorfallen-
den Ausarbeitungen wird anfänglich ein Sekretär mit 1000 fl.
Gehalt und 200 fl. Quartiergeld, zusammen 1200 fl. rheinl.
und 4800 fl. pol. dann ein Archivar mit 850 Gulden Gehalt,
150 Gulden Quartiergeld, oder zusammen 1000 fl. rheinl.,
mithin in polnischer Währung 4000 fl. zugestanden, welche
zween Beamte ebenfalls von den Ständen auf dem Landtage
nach vorgeschriebener Art, jedoch nicht auf sechs Jahre,
sondern für beständig zu erwählen sind; wo hingegen die
Aufname zweener Kopisten lediglich dem verordneten Kolle-

gium anheim gegeben, und für jeden vierhundert Gulden
rhein. oder 1600 fl. poln. bewilliget wird.

Gleichwie

16. die geschehene Wahl der ständischen Deputirten
jederzeit einzuberichten, und deren Bestättigung vor ihrer
wirklichen Einsetzung abzuwarten ist; so verstehet sich
dieses Nämliche auf vorgedachten Sekretär und Archivar,
dann alle übrige höhere Beamte, so, nach Bestimmung eines
Fonds für die Domestikalkasse, noch weiters zu bewilligen,
sich der Hof vorbehält.

Um dann

17. die künftigen Wahlen der Verordneten sowohl, als
der denselben bewilligten höheren Beamten zu erleichtern,
wird hiemit zur Richtschnur derjenigen, so derlei erledigte
Plätze zu erlangen wünschen, ausdrücklich verordnet, dass
sie bei den wirklich in Aktivität Stehenden, unter der Auf-
schrift der gesammten Landtagsversammlung, solche offene
Stellen ansuchen müssen.

Im übrigen

18. hat das Geschäft des Verordneten Kollegium vor-
züglich in dem zu bestehen, dass solches in allen jenen Vor-
fallenheiten, worüber die dortige Landesstelle es zu vernehmen nothwendig erachten wird, Bericht erstatten soll. Wobei
aber demselben erlaubet wird, bei den das allgemeine Beste
betreffenden Gegenständen seine geziemenden Vorstellungen
zu machen. Insbesondere aber hat es die Beantwortung und
den Vollzug der von der Hofstelle jährlich an den Landtag
zu stellenden Aufforderungen, den Repartitionsvorschlag des
Contributionals, die Einleitung des Rektifikatorium, und die
Anhandlassung der zu Abwendung diessfälliger Beschwer-
den diensamen Mittel, die Lieferungen und deren Berech-
nungen, die Ausschreibung der von der Hofstelle anverlang-
ten Naturalroboten, oder sonstige Beiträge zu dem Strassen-
wesen, und überhaupt die Vorschläge von allem demjenigen,
was es zur Aufname und zum Vortheile des Landes vorträg-
lich zu sein erachtet, zu besorgen, auch bei der ersten Zu-

sammentretung einen Fond ausfindig zu machen, und ohne
harte Empfindung des Landes vorzuschlagen, welcher für
die Auslagen an die Deputirten, und das ständische Personale
hinreichend ist, wobei demselben zugleich verstattet wird,
für das Künftige auf eigene Kosten ein eigenes Haus in
Lemberg zu den landschaftlichen Versammlungen errichten
zu dürfen.

Endlich und

19. wird bewilliget, auch zur besonderen Aneiferung
des höheren Adels, dass neue Landeserzämter, nämlich für
den Herrenstand:

Ein Oberstlandhofmeister;

Ein Oberstlandmarschall;

Ein Oberstlandkämmerer;

Ein Oberstlandküchenmeister;

Ein Oberstlandjägermeister;

Ein Oberstlandstallmeister;

Ein Oberstlandfalkenmeister;

Ein Oberstlandmundschenk;

Ein Oberstlandsilberkämmerer;

dann für den Ritterstand:

Ein Stabelmeister, oder Erztruchsess;

Ein Landuntermarschall;

Ein Landunterkämmerer;

Ein Schwertträger;

Ein Schatz- oder Zahlmeister;

Ein Untersilberkämmerer;

Ein Vorschneider, und

Ein Pannier

errichtet werden können.

Welche Erzämter jedoch bloss zur Ehre, ohne Gehalt,
oder Jurisdiction, und auf Lebenslang dessen, so dazu vor-
gezogen wird, keineswegs aber erblich gemeint sind, sondern
nach der allerhöchsten Gesinnung nur den ansehnlichsten
Familien des Herrn- und Ritterstandes, welche darum bei
Hofe bittlich einkommen werden, zu verbleiben haben.

Wogegen aber zu allen Ständen überhaupt und gegen jeden insbesondere das Zutrauen gefasset wird, dass sie, dieser so gnädigst geordneten, als ihnen zum besonderen Merkmale der huldreichsten Gewogenheit gedeihenden Einrichtung einer dauerhaften ständischen Verfassung nach allen ihren Kräften die erwünschliche Vollkommenheit zu geben, sich mit schuldigstem Eifer bestreben werden. Derowegen wird der diessfällige ganze Plan mittelst dieses öffentlichen Patentes im Voraus bedeutet, sohin Jedem Zeit verschaffet, sich mittlerweile in den Grad eines wichtigen Landstandes zu setzen. Wornach dann Jeder vom Adel diese allermildeste Gesinnung in gehöriger Zeit zu benützen wissen wird.

b) Patent vom 20. Jänner 1782.

Der geist- und weltliche Adel dieser Königreiche Gallizien und Lodomerien, dann der Fürstenthümer Auschwitz und Zator soll eben so, wie es in den übrigen Erbreichen üblich ist, in ein Corpus Statuum zusammen gezogen werden, dessen wesentliche Pflicht und Beschäftigung sein soll, der gemeinsamen Landesangelegenheiten sich anzunehmen, und zum Behuf derselben und zur Aufname dieser Reiche nützliche Entwürfe und gegründete Vorstellungen durch die angeordneten Wege vor den allerhöchsten Thron zu bringen.

c) Patent vom 31. Mai 1782.

1. Jedermann der gallizischen Edelleute, geist- und weltlichen Standes, hat sich, um in die Hauptmatrikel der gallizischen Landesstände einverleibt zu werden, so gewiss in Zeit von 6 Monaten bei der k. k. Landtafel zu legitimiren, als im widrigen nach Verlauf dieses Termines selber, wenn er keine hinreichende Entschuldigung beibrächte, als ein Fremder angesehen, und nur gegen Erlangung des Indigenats, und des gallizischen Ritterstandes, und Bezahlung der Indigenats- und Ritterstandtaxen, den gallizischen Landständen beigesellet

werden würde. 2. In einer Zeitfrist von einem Monat nach
Verlauf des ersten Termines haben jene gallizische geist- und
weltliche erbliche Güterbesitzer sich nach Weisung des §. 2
des unterm 20. Jänner d. J. ergangenen Patents, um in die
zweite Matrikel jener Landesstände, welche des Sitzes und
Stimmen auf den Landtagen fähig sind, sich einverleiben zu
lassen, bei der k. k. Landtafel ebenfalls zu legitimiren, widrigens sie zu keinem Landtage eingeladen werden würden.
3. Haben nach dem §. 4 obgedachten Patentes alle jene Fürsten und Grafen oder Freiherren mit dem erlangten oder anerkannten höheren Stande sich ebenfalls in dieser bestimmten
Zeit, nebst dem Zeugnisse, dass sie der ersten oder Hauptmatrikel oder beiden schon bereits einverleibt worden, zu
legitimiren, widrigens sie bei den Landtagsverhandlungen
sich des höheren Standes nicht prävaliren können. 4. Ebenso
haben die geistlichen Dignitarii nach dem §. 5 ihre Legitimation in unbestimmter Zeitfrist einzureichen.

d) Patent vom 16. October 1800.

Wir Franz der Zweite etc. etc.

Um das Vorrecht des Adels in unserem Erbkönigreiche
Westgallizien einerseits auf überzeugende und unzweifelhafte
Beweismittel zu gründen, und den Genuss desselben den
rechtmässigen Besitzern mit beruhigender Gewissheit zu versichern, andererseits aber alle Anmassungen dieses Rechtes
zu verhindern, und diejenigen, welche sich dasselbe unbefugt
zugeeignet haben, in die Klassen der Staatsbürger zurückzuweisen, worin sie den allgemeinen Bedürfnissen des Landes
und ihrer eigenen Wohlfahrt nützlicher sein können, haben
Wir beschlossen, eine allgemeine Adelsmatrikel eröffnen, in
solche die Adelsproben aller zu dem Adelstande dieses Unseres Erbkönigreiches Westgallizien gehörigen Personen ein-
tragen zu lassen, und zu diesem Ende folgende Grundsätze
zur allgemeinen und unabweichlichen Richtschnur zu bestimmen:

§. 1.

Die zu eröffnende Adelsmatrikel wird den öffentlichen und einzigen Beweis der Adelsgerechtsame aller zu dem Adel des Erbkönigreiches Westgallizien gehörigen Personen für sie und ihre ehelichen Nachkommen beiderlei Geschlechts, auf immerwährende Zeiten enthalten.

§. 2.

Diese Adelsmatrikel wird aus einem allgemeinen Namensverzeichnisse aller Personen, welche sich als Adelige angemeldet, und ihren Adel gesetzmässig dargethan haben, nach alfabetischer Ordnung und aus den sogenannten Majestäts-Quaternen bestehen, worin die für giltig anerkannten Beweisurkunden aller Adelichen eingetragen werden, und wovon das erstere mit dem letzteren in eine leichte Beziehung und Verbindung gesetzt werden wird.

§. 3.

Als giltige und annehmbare Beweismittel zur Erprobung des Adels setzen Wir hiemit fest:

a) Adelsdiplome, welche entweder derjenige, der seinen Adel anmeldet, oder einer seiner Vorfahren in aufsteigender Linie und von väterlicher Seite von der vormaligen höchsten Gewalt des Landes erhalten hat.

b) Glaubwürdige Beweisurkunden, dass der sich Legitimirende oder seine Vorfahren, von deren männlichen Stamme er seine Abkunft hat, jemals mit der Würde eines Palatins, Castellans, Starosten mit Gerichtsbarkeit, Unterkämmerers, Terrestral-Richters, Landtagsboten, Kämmerers oder überhaupt mit einer von denjenigen Würden oder Aemtern bekleidet gewesen, welche nach der Verfassung des Königreichs Polen ausschliessend bloss adeligen Personen verliehen werden konnten. Bei dieser Art der Beweisführung wollen Wir jedoch Zeugnisse eines Privaten von adelicher oder unadelicher Herkunft als unzulässige Beweisurkunden erklärt und gänzlich ausgeschlossen haben.

c) Gesetzmässige Beweisurkunden, dass der sich Legitimirende derselbe sei, welcher auf einem oder mehreren
Reichstagen als Adelicher benannt wird, oder dass er von
einem solchen abstammt, der auf einem Reichstage geadelt
worden ist.

d) Genealogische, mit den Auszügen der Taufbücher belegte
Deductionen, dass der sich Legitimirende von einer jener
Familien in gerader Linie abstamme, die in dem von
Kaspar Nisiecki zu Lemberg im Jahre 1728 in zwei
Sprachen herausgegebenen Werke unter dem Titel: Ko-
rona Polska, — Poloniae Diadema, — Herby i familie
Rycerskie tak i w W. Xiestwie Litewskim zebrane, —
Stemmata ac Prosapiae Equitum tam in Regno Poloniae,
quam in M. Ducatu Lithuaniae collectae als adelige Ge-
schlechter aufgeführt sind.

e) Erwerbsurkunden über einen unbezweifelt adeligen Besitz,
in welchen jedoch der Erwerber ausdrücklich als ein Adelicher benannt sein, und der sich Legitimirende von ihm in
gerader männlicher Linie abstammen muss.

§. 4.

Gleichwie Wir nun bei Erlassung dieser allgemeinen
Vorschrift Unsere landesväterliche Absicht deutlich zu erkennen gegeben haben, so versehen Wir uns zu den guten
Gesinnungen Unserer getreuen westgalizischen Unterthanen,
dass alle, welche dergleichen Beweise zu führen oder dazu
beizutragen haben, dabei mit der redlichen Offenheit zu
Werke gehen werden, welche der Wichtigkeit des Gegen-
standes, und der Ernstlichkeit Unserer höchsten Gesinnung
zusaget.

§. 5.

Damit den Landes-Insassen zur Beibringung ihrer
Adels-Proben eine solche Zeitfrist gegönnet werde, welche
mit den mancherlei Schwierigkeiten, die in der Beischaffung
der gesetzlichen Beweismittel in den Weg treten dürften, in
einem billigen Verhältnisse stehe; so verordnen Wir hiermit,

dass die Erprobung des Adels binnen einem Zeitraume von drei Jahren, vom 1. Jänner 1801 anzufangen, mithin bis zum letzten Dezember 1803 zu geschehen habe.

§. 6.

Da die Hindernisse in Beibringung der Adelsproben nur den kleineren Theil der Landes-Insassen treffen, hingegen der grössere Theil entweder schon itzt mit den nöthigen Beweismitteln versehen, oder doch wenigstens in der Lage ist, solche ohne viele Weitläufigkeiten erlangen zu können; so versehen Wir Uns zu diesem Letzteren, dass sie nicht erst den nahen Ausgang des Termins abwarten, sondern die entweder schon in ihren Händen befindlichen, oder von ihnen leicht zu erlangenden Adelsproben, sobald nur immer möglich, auf die im siebenten Paragraphe ausgedrückte Art einreichen werden. Wer aber bis dahin seine Adelsgerechtsame nicht dargethan hat, und der Adelsmatrikel nicht eingeschaltet worden ist, wird als zu der bürgerlichen Klasse gehörig angesehen und behandelt werden.

§. 7.

Alle Landes-Insassen, welche ihren Adel zu erproben und sich der Adelsmatrikel einschalten zu lassen gedenken, haben ihre Gesuche bei dem Kreisamte ihres Wohnsitzes einzureichen, und demselben die Beweisurkunden entweder im Originale oder in öffentlich beglaubigten Abschriften, ausserdem aber auch eine genaue Zeichnung ihres Familienwappens mit einer dasselbe beschreibenden Erklärung beizulegen.

§. 8.

Die Kreisämter haben diese Eingaben, wenn selbige mit Urkunden belegt sind, an Unsere bevollmächtigte westgalizische Landeseinrichtungs-Hofcommission einzusenden, im widrigen Falle aber unmittelbar zurückzuweisen.

§. 9.

Die Prüfung und Beurtheilung der einkommenden Adelsproben, sowie die Verfassung der Adelsmatrikel haben Wir als ein Geschäft von bloss politischer Beziehung Unserer bevollmächtigten Einrichtungs-Hofcommission als der politischen Landesstelle des Königreichs Westgalizien übertragen, und zur schnelleren Behandlung eine eigene, unter ihrer Leitung stehende Commission aufgestellet.

§. 10.

Ob es gleich aus der Natur der Sache fliesst, dass die Urkunden, welche zu dem angedeuteten Zwecke der Adelsprobe beigebracht worden, der klassenmässigen Stempelbezeichnung nach der Vorschrift Unserer hierüber bestehenden Gesetze und Anordnungen unterliegen müssen, so haben Wir doch Unserer Landesstelle das Befugniss eingeräumt, solche Parteien, die ihr Unvermögen zur Bezahlung der Stämpelgebühr durch kreisämtliche Zeugnisse bewähren werden, von Beibringung der Beweisurkunden auf gestämpeltem Papier zu entheben.

Hiernach haben sich Unsere getreuen westgalizischen Insassen auf das Genaueste zu achten, indem Wir Unserer Landesstelle und den ihr untergeordneten Behörden zur Pflicht machen, auf die Befolgung gegenwärtiger Anordnung feste Hand zu halten.

7 *

Beilage III.

Patent
bezüglich des Adels in der Bukowina
vom 14. März 1787.

Um den Endzweck, welcher bei Einverleibung der Bukowina mit Galizien genommen worden, desto sicherer zu erreichen, und beide Länder unter sich desto mehr zu vereinigen, wurde zuträglich befunden, auch dem Adel der Bukowina eine mit dem galizischen gleichförmige Gestalt zu geben.

In welcher Absicht Folgendes festgesetzt wird:

§. 1.

Es haben künftig die Titel Bojar, Masil u. s. w. ganz aufzuhören, und. wird der sämmtliche Adel der Bukowina in Herrn- und Ritterstand eingetheilt.

§. 2.

Der Herrnstand begreift unter sich den Grafen- und Freiherrnstand, den alle Familien erhalten, welche in der Moldau eines der zwölf grossen Landesämter bekleidet zu haben, und 3000 fl. jährliche Einkünfte aus den k. k. Staaten ausweisen.

Für den Grafenstand haben diese Familien die ganze, für den Freiherrnstand keine Taxe zu entrichten.

§. 3.

Die taxfreie Erhebung in den Freiherrnstand ist binnen zwei Jahren anzusuchen. Nach Verlauf dieser Zeit kann derselbe nur gegen Entrichtung der ganzen Taxe erhalten werden.

§. 4.

Der Bischof der Bukowina gehört, wie die galizischen Bischöfe, zum Herrnstande.

§. 5.

Der Ritterstand mit dem Rechte zur Immatrikulirung, wird allen Bojaren und Masilen, ohne denselben ansuchen zu müssen hiemit eben so, wie den polnischen Edelleuten, durch das Patent vom 13. Juni 1775 zugestanden.

§. 6.

Als Bojaren werden alle diejenigen angesehen, welche diesen Titel gegenwärtig führen, als Masilen aber nur diejenigen anerkannt, welche in dem von der Moldau mitgetheilten Verzeichnisse enthalten sind.

Diejenigen, welche in diesem Verzeichnisse nicht stehen, und diesen Rang anzusprechen sich berechtigt halten, haben ihre Beweise aus unverwerflichen Urkunden zu führen, und wenigstens darzuthun, dass ihnen der Titel eines Masilen in Rechtsstreitigkeiten, oder bei einem andern öffentlichen Vorfalle beigelegt worden.

§. 7.

Jeder immatrikulirte Landstand, welcher 75 fl. Contribution entrichtet, hat das Recht, dem Landtage mit Sitz und Stimme beizuwohnen; um sich hiezu zu erklären, wird eine Frist von sechs Monaten bewilliget.

§. 8.

Die sogenannten sujets mixtes, welche ihr Recht, dem Landtage beizuwohnen, darthun, und dieses Recht geniessen wollen, haben jährlich entweder durch sechs volle Monate im Lande zu wohnen, oder die Contribution doppelt zu entrichten.

§. 9.

Den Ruptaschen endlich wird die Besitzfähigkeit sowohl in Ansehen ihrer vorigen Güter, als neuer Erwerbungen zugestanden.

Die Obrigkeit der Ruptaschen ist bei Realklagen über landtätliche Güter das Landrecht, in allen übrigen Personal- und Realklagen aber das Ortsgericht.

Beilage IV.

Circulare

bezüglich des Tiroler Adels vom 21. Jänner 1820.

Seine Majestät haben mit allerhöchster Entschliessung vom 28. Juni v. J. (Hofkanzlei-Dekret vom 29. Dezember 1819, Z. 40411) über den von der hochlöblichen k. k. Hofkanzlei erstatteten alleruntertänigsten Vortrag in Ansehung der Adelsbestättigungen in Tirol folgende Grundsätze allergnädigst zu genehmigen geruhet:

I.

Der alte von der österreichischen Regierung in früheren Zeiten verliehene, oder anerkannte Adel wird an und für sich, die Besitzer desselben mögen sich in dem ehemals italienischen, illyrischen, oder bairischen Antheile von Tirol, und für den letzten Fall in oder ausser der königl. bairischen Reichsmatrikel befinden, ohne erst einer besondern allerhöchsten Bestättigung zu bedürfen, als fortbestehend anerkannt.

II.

Auch der von der königlich baierischen Regierung sich herschreibende Adel, er mag sich auf eine neue Verleihung, oder die Bestättigung eines von der österreichischen Regierung entweder gar nicht, oder nur als auswärtig anerkannten Adels gründen, wird beibehalten.

III.

Ebenso wird der Trienter und Brixner, ferner der Reichsständische und Reichsvikariats-, dann der Mailänder und Mantuaner Adel, wenn gleich diese Adelsgattungen unter der königlich baierischen Regierung nicht immatrikulirt, folglich von dieser Regierung nicht bestättiget worden sind, aufrecht erhalten; jedoch hat

IV.

Der Fortbestand der in II und III benannten Adelsgattungen nur gegen dem Statt zu finden, dass hierüber die Bestättigung Seiner k. k. Majestät angesucht und erwirket wird.

V.

Der Besitzer der unter II und III erwähnten Adelsgattungen haben daher innerhalb eines Jahres ihre Adelsbeweise und Familienwappen nebst Anführung sämmtlicher Familienglieder in beglaubigter Form dem Gubernium vorzulegen, und um die Erlangung des österreichisch-erbländischen Adels zu bitten, wogegen alle jene, welche sich diesem Vorrufe in der bestimmten Frist nicht fügen werden, in so ferne sie sich lediglich eines Trientner oder Brixner Adels erfreuen, künftighin als unadelig anzusehen, und zu behandeln, folglich auch des adeligen Gerichtsstandes als verlustig zu erklären, die von einem Reichsstande oder den Reichsvikarien, oder endlich von den Herzogen von Mailand und Mantua Geadelten aber mit keinem andern Vorzuge mehr, als dem adeligen Gerichtsstande, wie ein anderer auswärtiger Adel zu betheilen sind.

VI.

In Anschung der Taxen, welche jene Adelsparteien, die erst einer allergnädigsten Bestättigung bedürfen, zu entrichten haben, wird

a) der neu-baierische Adel von einer neuen Taxenentrichtung ganz losgezält;

b) der unter Baiern nicht immatrikulirte Trientner, Brixner, Mailänder und Mantuaner, dann der Reichsständische und Reichsvikariats-Adel hingegen ist für die Bestättigung, oder eigentlich für die Ertheilung des erbländischen Adels aus besonderer Gnade nur einem Drittheil der sonst gewöhnlichen Taxe zu unterziehen.

Beilage V.

Gubernial - Verordnungen

bezüglich der im Salzburger- und Innkreise, dann in
den Parzellen des Hausruckkreises ansässigen im
Besitze von Adelstiteln versehenen Personen

a) vom 28. Mai 1829,
b) „ 24. August 1830.

a) Kundmachung vom 28. Mai 1829 der k. k. ob der ennsischen Landesregierung.

Zufolge einer allerhöchsten Entschliessung vom 5. Mai
d. J. sind mit hoher Hofkanzlei - Verordnung vom 9. Mai
diess Jahrs, Zahl 10823, der Regierung nachstehende Grundsätze für die Behandlung der in dem Salzburger und Innkreise, dann in den Parzellen des Hausruckkreises ansässigen, im Besitze von Adelstiteln befindlichen Personen zur
allgemeinen Kundmachung und Darnachachtung mitgetheilt
worden.

I.

Der alte von der k. k. österreichischen Regierung in
früheren Zeiten verliehene oder anerkannte Adel wird an
und für sich, die Besitzer desselben mögen sich in oder
ausser der bairischen Reichsmatrikel befinden, ohne erst
einer besondern allerhöchsten Bestättigung zu bedürfen, als
fortbestehend anerkannt.

II.

Auch der von der königl. baierischen Regierung sich
herschreibende Adel, er mag sich auf eine neue Verleihung
oder auf die Bestättigung der österreichischen Regierung
eines auswärtigen Adels, dieser mag im Allgemeinen von

der österreichischen Regierung anerkannt worden sein oder nicht, gründen, wird beibehalten.

III.

Ebenso wird der fürsterzbischöfliche oder churfürstlich salzburgische Adel, in so weit die Besitzer dieser Adelsgattungen mit den an den österreichischen Kaiserstaat abgetretenen Landestheilen österreichische Unterthanen wurden, wenn gleich dieselben unter der baierischen Regierung nicht immatrikulirt, folglich von dieser Regierung nicht bestättiget worden sind, aufrecht erhalten; jedoch hat

IV.

der Fortbestand der in III benannten Adelsgattungen nur dergestalt Statt zu finden, dass hierüber die Bestättigung Seiner Majestät angesucht und erwirkt werden muss.

V.

Die Besitzer der unter III erwähnten Adelsgattungen haben daher über vorläufige Aufforderung innerhalb eines Jahres ihre Adelsbriefe und Familienwappen, nebst Anführung der Familienglieder, in beglaubter Form der Regierung vorzulegen, und um die Erlangung des österreichischen Adels zu bitten, wogegen alle jene, welche sich diesem Vorrufe in der bestimmten Frist nicht fügen, mit keinem andern Vorzuge mehr, als dem adeligen Gerichtsstande, wie ein auswärtiger Adeliger, zu betheilen sind.

VI.

Diese österreichischen Adelsverleihungen haben taxfrei Statt zu finden.

VII.

Was hingegen den reichsfürstlichen und Reichs-Vikariats-Adel betrifft, welchen Personen besitzen, die in den bezeichneten Bezirken in die österreichische Unterthanschaft getreten sind, so hat das Verfahren des §. IV. und V. auch auf sie gegen dem Anwendung zu finden, dass sie für die Ertheilung des österreichischen Adels ein Drittheil der sonst gewöhnlichen Taxen zu entrichten haben.

b) Kundmachung ddto. Linz den 24. August 1830.

(Ueber die Evidenzstellung des königl. baierischen von der kaiserl. österreichischen Regierung anerkannten Adels in dem Salzburger, dem Innkreise und den Parzellen des Hausruckkreises.)

Nach dem Absatze II der Regierungskundmachung vom 28. Mai 1829, Zahl 14036, über die Grundsätze für die Behandlung der in dem Salzburger und Innkreise, dann in den Parzellen des Hausruckkreises ansässigen, in dem Besitze von Adelstiteln befindlichen Personen wird der von der königl. baier. Regierung sich herschreibende Adel, er mag sich auf eine neue Verleihung oder auf die Bestättigung der österreichischen Regierung eines auswärtigen Adels gründen, dieser mag im Allgemeinen von der österreichischen Regierung anerkannt worden sein oder nicht, beibehalten.

Die Adeligen dieser Classe sind daher, ohne dass sie eine neue Bestättigung der österreichischen Regierung in Beziehung auf ihren Adel ansuchen dürfen, als österreichische Adelige anzusehen.

Da jedoch die Evidenzhaltung dieser Adeligen nothwendig ist, so werden in Folge hohen Hofkanzlei-Dekretes vom 5. August dieses Jahres, Zahl 17991, alle Adeligen dieser Classe, welche in dem Salzburger und dem Innkreise, dann in den Parzellen des Hausruckkreises ansässig sind, und die österreichische Staatsbürgerschaft auf eine in den österr. bürgerl. Gesetzen angezeigte Art wirklich erhalten haben, hiemit aufgefordert, bis Ende October 1831 sich bei dieser Landesstelle über den Besitz der obgedachten Gattung des Adels mit Beilegung der die Abstammung von dem zuerst Geadelten beweisenden legalen Documente auszuweisen, damit sie sodann in die österreichische Adels-Matrikel eingetragen werden können.

Beilage VI.

Patente
bezüglich des lombardischen und venetianischen
Adels.

a) Edict vom 20. November 1769.
b) „ „ 29. April 1771.
c) Kundmachung vom 14. Dezember 1814.
Gubernial-Cirkularien:
d) vom 28. Dezember 1815,
e) „ 13. Jänner 1816,
f) „ 25. Juni 1825.

a) Edict vom 20. November 1769.

Maria Theresia etc. etc.

Francesco Duca di Modena etc. etc.

Quando ci promettevamo, che in esecuzione de' precedenti Editti, e massimamente di quello de' 14. Settembre 1750, fosse posto freno all' ambizione delle Persone, anche più abbiette le quali si fanno lecito attribuirsi Titoli, Predicati d'Onore, Arme Gentilizie, e Decorazioni esterne riserbate a' soli Nobili: Usurpazione tanto meno soffribile, quanto più ne discende un manifesto sconvolgimento del fine, a cui quelle sono dirette, e d'ogni buon ordine, istituito, per rendere non meno perfetta, che tranquilla la Civile Società; e' restata intesa Sua Maestà, che anzi siasi più inoltrato un cosi riprovabile abuso: E volendo, che in niun modo questo si tolleri in pregiudizio non meno de' Diritti del Principe, dal quale solo dimanano simili Decorazioni, che della stessa genuina Nobilità, per essere le medesime introdotte dall' uso di tutte le colte e Nazioni per rimunerazione della Virtù, e per distinzione delle Famiglie, e Persone benemerite, ha stimato necessario la Maestà Sua spiegarci la Sovrana sua Mente col Reale suo Dispaccio de' 12. Giugno di quest' anno, inerendo all' antecedente 7. Gennajo 1768.

Noi dunque intesi de' Sovrani Voleri, abbiamo ordinato, che dal Tribunale Araldico, istituito in questa Città col primo de' suddetti due Reali Rescritti, venissero conciliate le opportune Massime, e Regole, le quali riconosciute dal Senato, e successivamente da Noi, approvate indi con qualche modificazione dalla stessa Maestà Sua sotto li 12. Giugno suddetto, ordiniamo, e commandiamo, che, ritenute le precedenti Prammatiche, emanate in tale materia per questo Stato sotto i giorni 3. Maggio 1727, 31. Agosto 1750 e 19. Aprile 1753, come anche l'Editto suddetto de' 14. Settembre 1750, in quanto non resta altrimenti provveduto col presente abbiano inalterabilmente ad osservarsi in tutta la Lombardia Austriaca le sequenti Regole, derogando a qualunque abuso, tolleranza, consuetudine, e preteso, privilegio, e possesso in contrario.

Capo I.
Persone, che saranno considerate Nobili.

I.

Quelli, che da Sua Maestà saranno ammessi agli Ordini, e Ranghi, che richiedono prove di Nobiltà Generosa, come sono gl'Imperiali Regj Ciamberlani, o simili, a che dalle proprie Città, e Corpi pubblici della Lombardia Austriaca, che sono in possesso di tale prerogativa, saranno riportati ne' Cataloghi de' Corpi Nobili delle medesime Città, semprecchè l'Istituto di essi esiga la necessità di provare una vera, e positiva Nobiltà.

II.

Quelli, che, dopo l'Esame de' Documenti, veranno dal Tribunale Araldico riconosciuti, e dichiarati essere d'una Famiglia antica, o veramente Nobile, perché i loro Ascendenti Paterni siansi ritrovati avere acquistata una vera, e positiva Nobiltà, secondo i principj, che sono stabiliti, e osservati nel Collegio de' Giurisperiti Nobili di Milano; ben inteso che al suddetto fine non s'avrà alcun riguardo nè alle Arme Gentilizie, nè a' Predicati Nobili, posti in qualunque Atto pubblico, o privato, dopo l'anno 1640.

III.

I Titolati da Sua Maestà, o da suoi Gloriosi Predecessori, quando provino d'aver adempiute le condizioni apposte agli stessi Titoli nella Reale Concessione de' medesimi. Percio dovranno questi tali produrre negli Atti della Camera Araldica le stesse Concessioni di Titoli, e le giustificazioni d'aver eseguito le condizioni ai Titoli annesse: e ciò nel termine di mesi tre dal giorno della pubblicazione di questo Editto; al che essi mancando, sarà eccitato il Fisco contro i medesimi, qualor continuassero a prevalersi de' Titoli, loro concessi sotto tali condizioni.

IV.

Gl' Investiti di Feudo con Giurisdizione, che sia almeno di cinquanta Fuocolari, quando anche essi non fossero per altro ammessi agli Ordini Nobili, purché tale Feudo sia stato da Sua Maestà conferito ai medesimi per meriti personali o de' loro maggiori, e coll' espresso fine di nobilitarli; ciò, che essi dovranno giustificare con opportuni Documenti innanzi alla Camera Araldica. Rispetto agli altri, mancanti del suddetto requisito, vuole Sua Maestà, che non possano acquistare un Feudo Nobile, e con Giurisdizione, se prima non siano o ammessi agli Ordini Nobili, come sopra, o abilitati colla previa, ovvero contemporanea loro Nobilitazione, da concedersi dal Principe, all' acquisto di tale Feudo.

V.

Quelli, che avranno riportato da Sua Maestà Privilegio di essere annoverati fra Nobili, colla speciale dichiarazione, ch'essi debbano godere delle Prerogative degli Ordini Nobili.

VI.

Saranno riputati Nobili i Regj Ministri, che sedono ne' Tribunali Supremi, quali sono in Milano il Senato, il Consiglio di Economia pubblica, e il Magistrato Camerale; in

Mantova la Giunta del Vice-Governo, il Consiglio di Giustizia, e il Magistrato Camerale; la Nobiltà loro però diverrà
Ereditaria nella Famiglia, e sarà trasmessa come tale, a tutta
la posterità, solamente nel caso, che una delle suddette Dignità, o Cariche si ritroverà anche nella Persona del Figlio,
o di altro de' Discendenti dal primo rivestito di tale Carica.

VII.

Goderanno pure delle distinzioni di Nobili gli Avvocati,
e Sindaci Fiscali; li Regj Capitani di Giustizia delle Città di
Milano, e di Mantova, li Segretarj del Governo e de' Tribunali Supremi, li Vicarj generali dello Stato di Milano, e il
Vicario di Giustizia di Milano, l'Ispettore generale delle Cac-
cie; i Regj Delegati, e li Podestà Regj; con che la Nobiltà
loro, come meramente personale, e annessa all' esercizio del
loro Offizio, non sarà transitoria a' loro Discendenti, quando
una delle Cariche riferite nel presente Articolo non sarà stata
continuata nella stessa Famiglia per tre generazioni, cioè
nelle Persone del Padre, del Figlio e del Nipote.

VIII.

Le Moglj, e le Vedove delle Persone de' Nobili, come
anche de' Regj Ministri di sopra riferiti nell'Articolo VI goderanno anch' esse delle distinzioni de' Nobili, purchè le medesime sieno o di nascita Nobile, o distinta fra' Cittadini, e abbiano ristorato colle proprie sostanze la Nobile Famiglia del
Marito, a condizione però, che esse non sieno del tutto plebee.
Le Moglj poi, e Sorelle de' Nobili, collocandosi in Matrimonio, seguiranno la condizione de' Mariti.

IX.

I Discendenti legittimi da' Figlj naturali nati da Padre
Nobile, come sopra, e libero, e da Madre libera, qualora i
detti Figlj naturali siano stati legittimati o per susseguente
Matrimonio, o almeno per Rescritto del proprio Sovrano, e
che questi ultimi sieno stati allevati da' loro Padri nobil-
mente, e che nè essi, nè i loro Discendenti abbiano degenerato.

X.

Qualunque Sudditto di Sua Maestà nella Lombardia Austriaca, che si fosse fatto dichiarar Nobile, o avese riportato da qualunque Principe, sia Ecclesiastico sia Secolare, Titolo d'Onore, non sara considerato per tale, quando non provi una antica Nobiltà, o d'esserne in possesso prima dell' anno 1640, o ne abbia da Sua Maestà riportata la Confermazione, e questa fatta insinuare negli Atti del Tribunale. I Figlj, e Discendenti de' Nobili, come sopra, se avranno degenerato dalla Nobiltà de' loro Maggiori, non potranno essere considerati Nobili, e capaci delle distinzioni permesse col presente Editto : che se il difetto sarà sopra dell' Avo, e non oltrepassi due Generazioni, oppure se questi Figlj, e Discendenti avranno riportato da Sua Maestà il Privilegio di respristinazione, anche questi saranno considerati capaci delle distinzioni, portate col presente Editto.

XI.

Ad ogni Persona, in cui non concorra alcuna delle sopra riferite qualità, resta proibito l'uso degli Onori, e delle Prerogative, contenute nell' Editto presente, unicamente riservate a soli Nobili; e se questi tali si faranno con atti replicati trattare, o considerare Nobili in voce, o in iscritto, e negli Instrumenti, o altri Atti pubblici anche una sola volta, incorreranno nelle pene imposte a quelli, che si usurpano tali prerogative, come ne' Capi seguenti.

XII.

Dichiariamo, che alle prove di Nobiltà non sarà opponibile l'aver commerciato all' ingrosso in Lana, o in Seta, entro gli Stati della Lombardia Austriaca dopo le Sovrane Determinazioni, manifestate col Reale Dispaccio de' 29. Maggio 1760, e son altri precedenti Diplomi.

XIII.

Vogliamo inoltre, che qualunque preventiva cognizione del Tribunale Araldico rispetto a quelle Famiglie, che aspirano ad essere annesse agli onori degli Ordini Patrizj, tale ricognizione non sarà stato da se sola per l'ammissione a Corpi Nobili, giusta il loro Istituto, e rispetto agli Onori della Corte, dispenderà dell' arbitrio di Sua Maestà il prescrivere quel Sistema, che più alla medesima sarà in grado.

XIV.

Tutti i Nobili faranno descrivere nel Codice Araldico i loro Figlj prima che giungano, rispetto alle Femmine, all' età d'anni 14, e rispetto de' Maschj, a quella di dicciotto, acciò in avvenire non siegnano confusioni nelle Famiglie.

Capo II.

Delle Arme Gentilizie, e loro ornati.

I.

Non sarà nella Lombardia Austriaca lecito veruna Persona l'usare Arme Gentilizie, cioè Stemmi, ed Insegne onorifiche, si in pubblico, che in privato, ed anche nelle Chiese, e sopra i Sepolcri, ed in occasione de Funerali, ne' tampoco ne' Sigilli Famigliari, Annelli e sopra le Carrozze, quale non sia veramente Nobile, come resta prescritto nel Capo precedente o cui non sia stata con ispecial Privilegio concessa questa Distinzione da' Nostri Sovrani, o finalmente, che non provi d'esserne in possesso prima dell' anno 1640, sotto pena di scudi cinquanta.

II.

Sarà proibito l'attribuirsi lo Stema, o Cognome d'altra Famiglia, sebbene estinta, quando, chi pretende d'usarne, non provi d'essere dell' Agnazione rigorosa della Nobile Famiglia mancata, ed essere pur esso dell' Ordine de' Nobili, sotto la suddetta pena.

III.

Non sarà parimenti sotto la stessa pena lecito d'ora in avanti l'usare dello Stemma d'altra casa Nobile per Titolo di Adozione, Cessione, od altro Contratto, quando non sia Nobile anche l'Adottato, il cessionario, il che dovranno questi tali aver provato negli Atti del Tribunale Araldico, per riportarne dal medesimo la Dichiarazzione. Il Titolo di Eredità però, benchè in Persona Nobile, non basterà per assumersi l'uso dello Stemma del Defunto, o della Famiglia estinta, da cui deriva l'Eredità, a meno che l'erede non ne abbia riportato da Sua Maestà la permissione, o approvazione, la quale dovrà provarsi entro due mesi negli Atti. In tutti i suddetti casi sarà necessario farne registrare la memoria nel Codice del Re d'Arme.

IV.

Non sarà pure lecito, come sopra, ad alcuno, benchè Nobile, l'ornare lo Scudo delle proprie Arme con Motti, Divise, Padiglioni, Mantelli, Tenenti, o Sostegni, meno usare dell' Aquila Imperiale, nè pure per ornato, se non ne avrà ottenuta la Concessione da Sua Maestà, o da Sovrani Predecessori, da prodursi al Tribunale Araldico.

V.

Sarà proibita la mutazione, o variazione delle suddette Arme Onorifiche anche negli esterni loro ornamenti, qualora non sopravenga nuovo Titolo, il quale dovrà essere riconosciuto, et approvato dal Tribunale Araldico, e registrato negli Atti del Re d'Arme, sotto la pena, come sopra.

VI.

Alle Persone dichiarate Nobili nel primo Capo sarà permesso l'uso del Cimiero aperto sopra il loro Stemma, e se saranno Titolate, o Caratterizzate con supreme Dignità, sarà lecito l'apporvi anche la Corona, osservando però in tutti i casi le Regole del Blasone, che assegna delle Corone differenti a Marchesi, Conti, Baroni, e Cavalieri, seconto la diversità de' Gradi.

VII.

Sotto nome d'Insegne Gentilizie non saranno comprese quelle semplici Marche, o que' Segni, che sono un solo Indicativo del Possessore, o della sua Famiglia, oppure della sua Arte, o Negozio, però senza Corona, o Cimiero, o verun altro Ornamento, o nota di Nobiltà, ma contornate semplice-

mente da un succinto circolo, altrimenti incorreranno nella
pena di cento scudi.

VIII.

Tutti quelli, a' quali, come sopra, é permesso l'uso delle
Arme Gentilizie, nel termine di tre mesi dovranno produrre,
al Tribunale Araldico la Figura delle loro Arme colorite,
e ben blasonate, e quando vengano approvate devranno averle
fatte delineare nel Codice Araldico presso del Re d'Arme, altrimenti non potranno di quello usare, sotto lapena di scudi
cento: Ed il Tribunale farà levare quelle, che ritrovansi già
esposte, o verranno esposte in avvenire contro il prescritto col
presente Proclama, e cosi si praticherà rispetto alle Iscrizioni.

IX.

Saranno tenuti gli Anziani rispettivamente, e li Consoli,
e Sindaci a denunciare à loro Giusdicenti, Regj, e Feudali
tutte le Arme, ed Iscrizioni, che nelle rispettive Parocchie,
e Comunità fossero già esposte al pubblico, e nelle Chiese
dal Principio di questo secolo sino a questa parte, tanto sopra
Pareti, quanto sopra Sepolcri, e Panche, come anche quelle,
che venissero in avvenire ad esporsi, sotto la pena, in caso
di ommissione, di scudi dieci, ed anche della sospensione dall'
Officio. I Giusdicenti poi, avuta tale denunzia, ne faranno di
tutto relazione al Tribunale, e questo penserà a gratificare
l'opera de' detti Anziani, e Consoli.

X.

Nella stessa pena di scudi dieci incorreranno anche gli
Scultori, Pittori, Incisori, Ricamatori, ed altri Artefici, i quali
contro la Legge di questa Pramatica dispingeranno, incide-
ranno, scolpiranno, o ricameranno sopra Pareti, Arazzi, o Sup-
pellettili Insegne Gentilizie, senza la previa esibizione dell'
Attestatto che dovrà darsi alle Parti dal Tribunale Araldico.

XI.

Finalmente dichiariamo, che le suddette Insigne, Arme
Gentilizie, e Stemmi dipinti, affissi, o scolpiti anche prima
dell' anno 1640 nelle Case Private, nelle Chiese, e né Luoghi

8*

Pubblici, non facciano da se soli prova, e se sono posteriori all' anno 1640, nemmeno presenzione alcuna di Nobiltà, cosicchè non possano giammai allegarsi, nè attendersi per questo fine, se nell' uno e l'altro caso non concorrano le altre qualificazioni, le quali bastino per dichiarare la Persona Nobile, a tenore del prescritto nell' Articolo secondo del Capo primo.

Capo III.

De' Titoli, e Predicati d'Onore.

I.

Nessuna Persono della Lombardia Austriaca, la quale non sia compresa nell' Elenco de' Titolati, da comunicarsi da' Magistrati Camerali, e che non abbia adempiute le condizioni volute dalle Nostre Leggi, e Prammatiche, potrà nominarsi, o farsi nominare in voce, od in iscritto Duca, Principe, Marchese, Conte, Barone, nè usare di questi Titoli, o attribuirsi qualche altra Distinzione, e Grado, sotto pena di scudi cento.

II.

Quelli, che, dopo comunicato l'Elenco suddetto, otterranno da Sua Maestà simili Titoli, dovranno presentarli al Tribunale Araldico, e dare le prove negli Atti del Segretario Cancelliere d'aver adempiute le condizioni prescritte dalle Nuove Costituzioni, ed Ordini veglianti nella Lombardia Austriaca, a volute nello stesso Diploma, e dopo la ricognizione per parte del Tribunale averle fatte successivamente entro un mese registrare presso dello stesso Segretario Cancelliere, e del Re d'Arme, altrimenti, se si arrogheranno tali Titoli, o qualunque altra Distinzione annessa ai medesimi, incorreranno nella detta pena di scudi cento.

III.

I soli Primogeniti di quelli, che avranno riportato Privilegj, e Titoli, dopo la Regia Prammatica dell' anno 1601, confermata con altra de' 2. Giugno 1609, potranno usare de' suddetti Titoli d'Onore, e i Secundogeniti dovranno da questi astenersi sotto la pena di scudi cento, qualora non sieno anche ai Secondogeniti estesi i Titoli, e siasi in ispezie derogato agli Ordini suddetti.

IV.

Qualunque Persona sudditta di Sua Maestà, nessuna eccettuata, la quale abbia ottenuto Titoli, o qualsivoglia altra prerogativa d'Onore, o di Nobiltà da qualche Principe Estero Secolare, od Ecclesiastico, non potrà usare di tali Titoli, e Prerogative, se non avrà riportato da Sua Maestà, o da' suoi Gloriosi Predecessori la devuta Confermazione, da prodursi al Tribunale Araldico, sotto pena di scudi cento.

V.

I non Sudditi di Sua Maestà, i quali accidentalmente si troveranno nella Lombardia Austriaca, potranno usare de' Titoli a' medesimi conferiti da' loro Principi Naturali.

VI.

Nessuno potrà nominarsi col Titolo di qualunque Feudo, o Signoria, che non ne sia nell' attuale possesso, sotto la pena di scudi duecento.

VII.

Sotto la stessa pena non sarà lecito ad alcun Discendente da Femmine usare del Titolo della Signoria, o del Feudo, che possederasi da' loro Ascendenti, qualora questi non fossero stati compresi nelle prime Concessioni, o non abbiano ottenuta la grazia dell' Ampliazione.

VIII.

Nessuna Persona di un sesso, o dell' altro potrà attribuirsi il Predicato di Nobile, Cavaliere, Dama, nè quello d'Illustrissimo, Don o Donna, che non sia dell' Ordine Nobile, come resta spiegato nel Capo primo, sotto pena di scudi cinquanta.

IX.

Sarà molto più vietato a chiunque l'usare del Predicato d'Altezza, o di Eccellenza, qualora non fosse stato da Sua Maestà elevato a grado, che lo porti, e non ne abbia date le

prove al Tribunale Araldico, sotto la pena di scudi trecento
rispetto al Predicato d'Altezza, e di duecento rispetto a quello
di Eccellenza.

X.

I Causidici, Notari, Scrivani, Stampatori, ed altri, qualora apponessero negli Atti pubblici, e privati, Titoli, o Predicato d'Onore a quelle Persone, alle quali non compete in
virtù del presente Editto, incorreranno nella pena di venticinque scudi, e se ritroveransi d'avere trasgredito rispetto
alla stessa Persona più volte, saranno condannati in duplum,
o in triplum, secondo le circostanze de' casi. I Segretarj,
Cancellieri, Notari ed Attuarj, che in avvenire ritroveranno
opposti tali indebiti Titoli, li dovranno onniamente cancellare
dagli Atti, e gli Abati de Collegj de Notari, e Causidici in occasione delle ricognizioni, che si fanno delle Abbreviature,
avranno la cura di farli depennare, altrimenti ne renderanno
rigoroso conto al Tribunale Araldico, che in riserba di far
procedere alle pene contro de' Contravventori. Perchè poi
i Segretarj, Cancellieri, Atuarj, ed Abati de' Collegj de' Notari
restino intesi delle qualità, e condizioni de' Soggetti, si faranno
loro comunicare gli Elenchi, ossieno Cataloghi, come pure se
gli rimetteranno i Nomi di quelli, i quali d'anno in anno verranno dichiarati Nobili.

XI.

Dichiariamo altresi, che in ogni tempo non si avrà alcun
riguardo de' Titoli, e Predicati d'Onore, che si ritroveranno
opposti ne' Libri di Battesimo, Matrimonj, e Morti esistenti
presso i Parochi.

XII.

Alle Persone impiegate in abbietti Esercizj, non potrà
darsi ne' anche il semplice Predicato di Signore sotto pena di
cinquanta scudi, il qual Predicato sarà permesso unicamente
a chi vive civilmente, oppure esercita qualche arte, o impiego
Civile ed a questi sarà pure lecito di usare d'altri Predicati
inferiori alli di sopra enunziati, massimamente se abbiano relazione al loro Esercizio.

XIII.

Potranno però i Notari apporre negli Atti, o Scritture, che per le Persone non Nobili attesteranno o rogheranno, l'Ufficio, o l'Arte che ciascun de' Contraenti esercita.

XIV.

Per fine dovrà prontamente formarsi da' Magistrati Camerali, ed altri simili Uffizj, o Tribunali della Lombardia Austriaca un diligente Catalogo di tutti i Feudatarj, e Titolati, e lo stesso dovranno fare i Corpi pubblici delle rispettive Città, e Collegj, che professano vera, e positiva Nobiltà per gl' Individui ascritti al loro Ordine, i quali Cataloghi dovranno entro tre mesi dalla pubblicazione del presente Editto rimettersi al Tribunale Araldico, il quale, riconosciute le Costituzioni de' suddetti Corpi pubblici, e Collegj, ne farà disporre per Alfabeto i Nomi, e saranno esposti al Pubblico presso del Segretario Cancelliere del Tribunale, e del Re d'Arme, acciocchè ognuno possa restarne inteso, e formarne i loro rispettivi Registri.

Capo IV.
Della Pompa Esterna Onorifica.

I.

Sarà proibito a chicchessia l'uso de' Sgabelletti, Cassette d'Argento, o inargentate, e Borse pei Libri nelle Chiese, ed in altri Luoghi pubblici, a riserva, delle sole Moglj, Vedove, Figlie e Sorelle de' Nobili nominati nel Capo primo, non però mai alla presenza del Sovrano: o chi contravverrà oltre alla perdita delle Robe, incorrerà nella pena di scudi cinquanta, alla quale saranno tenuti in sussidio anche i rispettivi loro Mariti, o Padri, quando vi concorra loro connivenza, o dissimulazione.

II.

Sotto la stessa pena, e nel modo, detto di sopra, non sarà permesso ad alcuna Persona di sesso femminile, a riserva delle nominate di sopra nel Capo primo, l'uso del Guardinfante alla moda della Corte, detto Corico, e il farsi sostenere lo Strascino, ossiano Code agli Abiti, come pure il servirsi delle Torchie nell' ingresso, ed uscita del Teatro.

III.

A' soli Consiglieri Intimi Attuali di Stato, e Grandi di Spagna, agli Imperiali Regj Ciamberlani, ed a' Capi de' Tribunali Supremi, e delle Milizie Nazionali, a' Senatori, ed agli Individui, che constituiscono il Tribunale Araldico, così ancora alle loro rispettive Moglj, se sono della condizione accennata nel Capo I., Articolo VIII., ed alle Dame di Nobiltà antica, e maritate in Famiglie parimenti di Nobiltà antica, e cospicua, sarà permesso l'uso de' Cuscini, come pure l'apporre, e tenere appesi alle teste de' Cavalli Fiocchi di Seta, s'intende però limitato quest' uso al tempo che non risieda in Paese un Principe, o Principessa dell' Augusta Casa, dovendo allora essere regolato la Pompa Esterna de' Particolari in questo genere conforme a quello si pratica nella stessa Imperiale Regia Corte, dove l'uso de' Fiocchi è permesso a' soli Cardinali, e Principi dell' Impero. Tutte le altre Persone non riferite di sopra, che si ritroveranno con Cuscini, Strati, e Fiocchi alle teste de' Cavalli, incorreranno fino d'ora nella pena di scudi cento: E rispetto alle Donne, i loro Mariti e Padri saranno in sussidio tenuti a subire la pena, concorrendovi loro connivenza, o dissimulazione.

IV.

A tutti li Nobili, dichiarati nel Capo I. di questo Editto, compresi i Regj Ministri, che sono riferiti come tali nell' Articolo VI. del medesimo, tanto di un sesso, che dell' altro, sarà permesso di vestire i loro Domestici con Livree a più colori, e di guarnirle con Passamani, e Nastri d'Oro, e d'Argento. Agli altri poi, che sono d'un grado inferiore a' Regj Ministri, e riferiti nell' Articolo VII. del Capo I., saranno lecite pure le Livree di diverso colore con guarnizione di casi detti Lavorini di semplice Lana, o Sete. A tutti gli altri sarà proibito l'uso delle Livree guarnite, come sopra, sotto la pena di scudi cinquanta, oltre la perdita di esse Livree.

V.

Sarà permesso a' soli Nobili l'adornare i Carri delle Carrozze con Oro fino, permesso però l'uso dell' Oro falso, e far dipingere sulle Carrozze Insigne o Armi Gentilizie, e se altre Persone ne usceranno, sebbene per Vettura dopo un mezz' anno dal giorno della pubblicazione di questo Editto, soccomberanno alla pena di scudi cinquanta. I Vetturali poi, ed altri, i quali, dopo un mezz' anno dalla pubblicazione di questo Editto, si troveranno usare Carrozze con Carri, o altri Fornimenti indorati, come sopra, incorreranno nella pena di scudi venticinque.

VI.

Sarà pure proibito a tutte le Persone di un sesso, e dell' altro sotto pena di scudi cinquanta il condurre seco per Città più di due Staffieri, a riserva de' Nobili, de' quali si parla nel Capo I. di questo Editto, a' quali sarà lecito condurre anche un Laché, e rispetto delle Persone di sopra nominate sotto l'Articolo III. del presente Capo, sarà lecito condurre anche maggior numero.

VII.

Rispetto a' tempi, e modi del Lutto, ed alle Materie Funerarie, si osserverà l'Editto de 10. Maggio 1748, riservandosi Sua Maestà a darne le ulteriori provvidenza, e fara cura del Tribunale Araldico il fare, che vengano in ogni sua parte eseguite.

VIII.

I soli Nobili, come sopra, potranno in occasione di Matrimonio, di Funerali, o d'Inviti a qualunque Adunanza permessa, mandare circolarmente Avvisi in istampa, che in tali occasioni si distribuiscono, e perciò se qualcuno, che non sia del rango Nobile, si farà lecito di farli circolare, incorrerà nella pena di scudi cinquanta. I stampatori poi, che li liceveranno per stamparli, dovranno presentarsi al Tribunale Araldico per l'opportuna permissione, sotto pena di scudi dodci, e la permissione si darà gratis.

IX.

Sarà pure proibito a tutti quelli, che non restano compresi nel Capo I. di questo editto, l'intervenire alle pubbliche Assemblee, si per Ordine del Sovrano, che del Governo, come pure a' Ridotti, ed altri Inviti Nobili.

X.

A tutte le Persone, che professano Arti, o Esercizj meramente Meranici, e vili, fara proibito l'uso della Spada, o Palosso in Città e chiunque contravverà incorrerà nella pena di scudi quindici, oltre la perdita della Spada o Palosso: E si riserva il Tribunale a dichiarare, secondo le circostanze, quali sieno le Arte meccaniche, e vili, ed a dicidere le controversie delle cose di sopra disposte.

Capo V.

I.

Chiunque della Lombardia Austriaca, o d'altri Stati d'Italia creda di poter aspirare ad essere annoverato fra il Ceto de' Gentiluomini di Camera di Sua Maestà ed all'Onore della Chiave d'Oro della di Lei Augustissima Casa, dovrà secondo il prescritto coll'Imperiale Regio Dispaccio de' 7. Gennaja 1768, d'ora in avanti presentare al Tribunale Araldico le sue prove di Nobiltà, le quali dovranno essere in tutto equali a quelle, che la Religione Gerosolimitana richiede nella qualificazione de' suoi Candidati, o Petenti per essere ricevuti fra Cavalieri di Giustizia della Lingua Italiana, restando soltanto esentuati dall'obbligo di dover per mezzo di Testimonj nel Luogo della loro nascita dare le prove, e dall'altro obbligo di produrre, e far esaminare i Documenti Originali, sempre però rispetto a quest'ultima Dispensa, che non vi sia circostanza, che a giudizio del Tribunale esiga il contrario.

Capo VI.

Tutte le pene imposte colla presente Grida s'intenderanno replicate ogni volta, che si sarà contravvenuto chiunque denunzierà, o notificherà Contravvenzioni, avrà in

premio la terza parte della pena, o multa e del valore delle
robe invenzionate, e sarà, volendo, tenuto segreto.

Qualora taluno si opponesse a quelle Persone, che dal
Tribunale vengono deputate a vegliare sull' osservanza del
presente Editto, usando violenze in fatti, in iscritto, o con
parole, i Giudici del Luogo, a richiesta di tali Persone, ne
faranno prendere le Informazioni, e queste si rimetteranno al
Tribunale per quella risoluzione, che giudicherà del caso.

Il Governo, il Senato, e Giudici daranno il braccio forte,
acciò i Commissionati, come sopra, possano eseguire il Co-
mandato col presente Editto.

Resta incaricato il Governo di mantenere, e sostenere,
colla Superiore sua Autorità il Tribunale Araldico, e se vi
saranno riclami contro le procedure di esso, vi provvederà
secondo il caso.

Acciò nessuno possa allegare ignoranza del presente
Editto, ordiniamo, e comandiamo, che' questo venga nelle
solite forme pubblicato in tutte le Città della Lombardia
Austriaca, ed altri Luoghi, che si crederanno opportuni.

Dato in Milano li 20. Novembre 1769.

---

b) Edict vom 29. April 1771.

M a r i a T h e r e s i a etc. etc.

F r a n c e s c o Duca di Modena etc. etc.

Il Capo del Tribunale Araldico con savie rappresenta-
zioni avendo portato alla notizia, e decisione di Sua Maestà
alcuni dubbj, che nel maneggio di questa nuova, vasta,
e scabrosa materia sono allo stesso Tribunale insorti, ed
avendo Sua Maestà dato a quelli le opportune Determinazioni con più Reali Dispacci, e con spiegarci la Sovrana sua
Mente, Ritroviamo del Reale Servigio, che di queste prov-
videnze se ne faccia inteso il Pubblico, acciò resa sempre più
chiara, e' facile la Legge, sappia questo come regolarsi, ed il
Tribunale come proseguire con la lodevole, ed incessante sua
applicazione al disimpegno delle incombenze incaricategli.

E perciò siamo venuti nel sentimento, che in seguito alla Pramminatica d'Erezione del Tribunale delli 7. Gennajo 1768, dell' Editto, e Piano delli 20. Novembre 1769, si pubblichi quest' altro, col quale comandiamo.

Articolo I.

P r i m o. Che per dichiarare una Famiglia di vera, e generosa Nobilità dovrandi presentare al Tribunale le pruove d'essersi la medesima almeno per duecento anni trattata in figura di Nobile, locché si dedurra da' Predicati d'Onore, secondo le Età, da' Matrimonj qualificati, da Cariche e Impieghi, che ordinariamente non si appoggiano se non a Persone Nobili, da' Patronati, dalle Dovizie, da' Titoli, Feudi cospicui, Fabbriche magnifiche, ed antiche, state però sempre possedute da Maggiori della medesima Famiglia, e da altre simili Decorazioni, che gli Ascendenti del Petente non abbiano esercitato Arti Mecaniche, a riserva della grande Mercatura.

S e c o n d o. Fra queste Decorazioni si conterà anche il Decurionato, sebbene non fosse di Città, quali a tal fine non esinghino rigorosa pruova di Nobilta di Famiglia, purchè continuato ne' Maggiori del Petente per anni 150, e che per anni almeno 200 concorrino altre qualificazioni come sopra.

T e r z o. Fra le qualificazioni, che debbono come sopra provarsi pel corso delli 200 anni, si valuteranno, uniti però ad altre, anche i Predicati d'Onore continuati per anni 100, quantunque dopo l'anno 1640.

Q u a r t o. Le pruove da darsi, per giustificare i suddetti requisiti, anche per essere ammessi all' onore della Chiave d'Oro, dovranno farsi avanti del Tribunale con Diplomi Originali, ed Instromenti, o con loro Copie autentiche, e legalizzate, qualora trattisi d'Instromenti rogati da Notari esteri, e perciò fuori di quest' ultimo caso, e nell' altro di poter positivamente provare essere periti, o dispersi fra Famiglie in oggi abitanti fuori Stato i Diplomi e Instromenti originali, non si valuteranno né li così detti Concordat, nè li Patent.

Quinto. Le narrative corse ne' Diplomi tanto emanati ne' passati tempi, quanto ne' successivi, semprecchè in questi ultimi non si alleghino specificamente i fondi autentici, da' quali siano state tirate, non si attenderanno per le giustificazioni di Nobiltà antica, se non al caso, che al Tribunale saranno date le pruove delle medesime.

Sesto. Qualora si rittrovasse, che qualche Famiglia Nobile avesse degradato, e volesse essere ciononostante riconosciuta per Nobile, il Tribunale si regolerà colle pratiche, che tengosi dall Colleggio de' Giureperiti di Milano.

Settimo. Al quaranta per cento, di cui si parla nella Tariffa unita al Piano; per le retrotrazioni, non saranno tenuti quelli, che in vista delle pruove, come sopra, dal Tribunale verranno dichiarati Nobili, ma solo quelli, che vorranno riportare dal Principe Diploma, che li qualifichi tali.

Ottavo. E siccome abbiamo riconosciuto, che alcuni de' Collegj de' Dottori, ed Ordini Decurionali delle Città dello Stato di Milano o non hanno Statuti, che prescrivino norma per ammettere a' loro Cetti li Petenti, o se li hanno, non sono bastanti a giudicare della Nobiltà degli Arrolati per solo titolo d'essere questi Dottori di Collegio, o Decurioni, perciò se tali Ordini de' Decurioni, e Dottori vorranno essere per questo solo titolo dichiarati Nobili, e riconosciuto in tutto lo Stato di Milano, dovranno formare, o riformare i loro Statuti a norma di quelli della Città di Milano, offrendosi Sua Maestà, avuto il sentimento del Tribunale, confermargli, e dargli quelli Privilegj, e Distinzioni, che troverà convenienti.

Nono. Rispetto a quelle Città della Lombardia, che anticamente si reggevano in forma di Repubblica, e alcune delle quali costituivano successivamente una parte dello Stato di Milano, tal quale in oggi sono smembrate colle loro Provincie, le Persone aggregate al Ceto Patrizio, o al Collegio de' Nobili Dottori di antica istituzione delle medesime, saranno reputate Nobili anche presentemente nello Stato suddetto, purchè l'Ordine Patrizio, o il Collegio de' Dottori di simili Città, abbia, e osservi uno Statuto particolare, che nella

Persona del Petente prescriva per la sua Aggregazione pruove di genuina Nobiltà, corrispondenti alle regole, che sono prescritte dallo Statuto del Collegio di questa Città.

Articolo II.

Quantunque si fossimo già spiegati quanto basta coll' Editto delli 20. Novembre 1769, rapporto all' uso delle Arme, e loro Ornamenti, per maggior chiarezza dichiariamo:

Primo. Che tutti li Nobili compresi nel Capo I. dell' Editto non sieno tenuti a dare le pruove d'avere usato dell' Arme pel tempo stabilito col Capo II. del precedente Editto Articolo I., dovranno però essi giustificare l'uso delle Arme, di cui attualmente si servono, o con una positiva Concessione del Sovrano, o col possesso delle medesime per il corso d'anni settanta addietro, o con altro legittimo titolo, rimanendo alle altre Persone non riferite nello stesso Capo primo dell' Editto, come sono quelle, che pretendono d'essere considerate in possesso dell' Armi, o di quelle, che addimandano d'essere dichiarate Nobili, l'obbligo di dar le pruove dell' uso delle Arme immemorarabile, ossia almeno per cento anni. In difetto però di tali pruove, e non avendo Concessione speciale del Sovrano, nè altro legittimo titolo, dovranno simili Persone, e Famiglie dimettere l'uso delle Armi, o ricorrere al Sovrano medesimo per ottenerlo da Esso, il quale lo concederà con Patente.

Secondo. Gli Eredi se vogliono unire al proprio Stemma quello, nella cui Eredità sieno succeduti, o che, abbandonato il suo, vogliono servirsi di quello, nella cui Eredità, sono subentrati, tanto se per mera loro elezione, come se per volontà de' Testatori, dovranno avere riportato da Sua Maestà il Privilegio, con cui venghino abilitati a poterne usare.

Terzo. Lo stesso dichiariamo rispetto anche a chiunque altro, il quale per qualsisia Titolo, Contratto, o Convenzione, ed anche dissimulazione vorrà assumere lo Stemma d'altra Famiglia, ritenute però le condizioni apposte col detto Capo II. dell Editto 20. Novembre 1769, Articolo II. e III.

Quarto. Li Cadetti de' Titolati potranno bensi portare le Arme de' Primogeniti, ma col solo Elmo, e Pennachj, accompagnamenti della Nobiltà generosa, qualora il Titolato sia di Famiglia Nobile, o questa sia da Sua Maestà dichiarata tale.

Quinto. Gli Ecclesiastici, sebbene Titolati Marchesi, Conti, e simili, ed anche della maggior Sfera, o possedino Signorie, e Feudi cospicui, non potranno apporre alla loro Arma Corona di qualunque sorta, se non fosse o di nascita tale, o che il Titolo sia congiunto col diritto Territoriale; dovendosi contentare essi, e così pure i sopradetti Figlj Cadetti de' Titolati, degli Ornamenti spettanti come sopra a' Nobili senza Titolo.

Sesto. Per togliere il tropo intollerabile arbitrio, con cui alcuni Notaj, o altre Persone di questo Stato, si fanno lecito di dispensare, a chi a loro ricorre, delle Arme, o inventate a proprio talento, o ritrovate in Libri, e Codici antichi, dove sono registrate le Famiglie estinte, o ancora esistenti, con appropriarne l'uso al Ricorrente per suo Stemma gentilizio, sarà proibito a chiunque d'intraprendere, o continuare questa usurpazione, sotto pena di scudi cento al Distribuente per l'uso suddetto in cadaun caso di contravvenzione.

Articolo III.

L'inconveniente riprovato dalle Nuove Costituzioni, ed Ordini dello Stato d'impetrare da' Principi Esteri Titoli di Marchese, Conte, Barone, o simili, ed anche di Sfera maggiore, e così pure qualche arbitrio introdotto nella estensione dell' uso delli Diplomi Imperiali, avendo meritato riparo, o dichiarazione; perciò comandiamo:

Primo. Che dei Diplomi riportati dalla Cancellaria dell' Imperò dal 1640 in avanti si debba ottenere dal Senato l'Interinazione, e quella avere presentata al Tribunale, altrimenti non si potrá di quelli fare uso.

Secondo. Che li Titoli conceduti con Imperiali Diplomi, per rispetto singolare alla Maestà dell' Imperatore abbraccino bensi tutti i Discendenti Maschj senza ordine di stretta Primogenitura, non però le Femmine maritate in altre Famiglie, e molto meno i loro Discendenti.

Terzo. Gli Onorati con simili Titoli dalla Cancelleria dell' Impero non saranno tenuti appoggiare i Titoli a' Feudi, come prescrivono le Leggi Provinciali dello Stato.

Quarto. Quelli, che avranno impetrato da' Principi Esteri Titoli di Marchese, Conte, Barone, ed altre simili Onorificenze prima del Decreto 19. Marzo 1718, pubblicato colli successivi Editti del 29. suddetto mese di Marzo e 21. Gennajo 1720, se si saranno valsi dell' indulgenza fattagli col detto Decreto, medianti Transazioni approvate dal Governo, potranno usare di tali Titoli, purchè abbino entro tre mesi dopo pubblicato l'Editto presente date al Tribunale le pruove d'averli fatti interinare dal Senato, e d'avere entro due anni acquistato il Feudo corrispondente alla qualità del Titolo, beninteso però, che l'uso di tali Titoli sarà ristretto a' soli Primogeniti.

Quinto. Quelli, che avranno impetrati simili Titoli da' Principi Esteri dopo il suddetto Decreto del 1718, o che non avranno in virtù del' medesimo Decreto transatto, non solo non potranno usare di tali Titoli, ma si dichiarano incorsi nelle pene comminate dalle Nuove Costituzioni, ed Ordini.

Sesto. Nelle suddette pene, delle quali si è parlato di sopra, si dichiarono non incorsi quelli, i quali, possedendo Stabili ne' Dominj de' Principi Esteri, avranno da' medesimi ottenuti simili Titoli, conchè però abbino ad acquistare un Feudo corrispondente nello Stato di Milano, e che del Titolo possano usarne i soli Primogeniti.

Settimo. Essendovi molti, quali colle Concessioni de' Sovrani dello Stato di Milano sono stati graziati di dilazione ad acquistare un Feudo corrispondente, sia questa ristretta a tempo, sia indeterminata, vogliamo, che quando non sieno assolutamente dispensati dall' acquisto del Feudo, che entro il corso d'anni due debbano averlo acquistato, e date di ciò le pruove al Tribunale, altrimenti, che passati i suddetti anni due non possano usarne in modo veruno.

Ottavo. Quelli, che avranno ottenuti da' Sovrani dello Stato simili Titoli prima del 1640, s'intenderanno dispensati dall' obbligo imposto coll' Articolo I. del Capo III. di dare le pruove al Tribunale d'avere adempite le condizioni annesse alle Concessioni, o volute dalle Nuove Costituzioni, ed Ordini dello Stato: All' opposto quelli, che avranno riportato simili Titoli dopo il suddetto anno 1640, dovranno entro il prossimo mese, dopo pubblicato questo Editto avere date le pruove come sopra, altrimenti non potranno usare di simili Titoli, e lo stesso si prescrive rapporto a quelli, che avranno acquistati Feudi giusta il prescritto col presente, e con l'antecedente Editto.

Articolo IV.

Per abilitare poi il Tribunale a prestarsi colla maggior sollecitudine, e cura all' esecuzione di questo Editto, e dell' antecedente, come pure di qualunque altra provvidenza, che faremo per dare, comandiamo.

Primo. Che tutti i Titolati, e Feudatarj, ed i Corpi Pubblici, i quali non avessero sino ad ora presentato al Tribunale le rispettive Concessioni, e gli Elenchi incaricatigli coll' Editto delli 20. Novembre 1769, debbano quelli avere presentati onninamente entro il prossimo mese dopo la pubblicazione del presente Editto.

Secondo. Avvisiamo pure il Pubblico, che la Tariffa delle Sportole da corrispondersi per le Spedizione del Tribunale, e che ritrovasi negli Atti del medesimo approvata dal Governo, abbia ad onninamente, e senza riclamo ad osservarsi da tutti.

Terzo. Vogliamo pure, che il Pubblico resti avvertito, che attese le particolari circostanze si sono ristrette le Sospizioni degl' Individui del Tribunale per titolo di consanguinità, od affinità al grado terzo rispetto alla consanguinità, ed al secondo rispetto all' affinità.

Portate in tal modo al Pubblico le Sovrane Determinazioni, e facilità date da Sua Maestà, si promettiamo la più

pronta, ed esatta esecuzione si di questa, come dell' antecedente Editto, altrimenti il Tribunale procederà contro de'
Contravventori ad esigere le Pene, e Multe, che avrà prima
ritrovate giustificate, lo che però non impedirà, che pendente
la cognizione non si assicurino i Corpi di Delitto presso de'
Commissarj, o de' Giudici Locali.

Acciò nessuno possa allegare ignoranza del presente
Editto, ordiniamo, e comandiamo, che questo venga nelle
solite forme pubblicato in tutte le Città della Lombardia
Austriaca, ed altri Luoghi, che si crederanno opportuni.

Dat. in Milano 29. Aprile 1771.

----

c)

Milano 14. Dicembre 1814.

Noi Enrico conte di
Bellegarde,

Ciambellano, consigliere intimo attuale di stato di S. M. I. R. A.,
commendatore dell' ordine militare di Maria Theresa, gran croce
dell' ordine di Leopoldo, colonello proprietario di un regimento
di cavalleggieri, feldmaresciallo, governatore e generale in capo
dell' armata austriaca in Italia, ecc. ecc. ecc.

Essendosi S. M. l'augusto nostro sovrano degnata di
stabilire le norme che devono regolare l'esistenza' dell'antica
e della nuova nobiltà, rendiamo note al pubblico le relative
sovrano determinazioni.

Art. 1. L'antica nobiltà concessa o riconosciuta di governo austriaco di Lombardia, e così pure nobiltà nuova istituita dal cessato governo italiano sono coservate.

Art. 2. La nobiltà nuova è ritenuta ne' termini rigorosi
della sua concessione, cosicché pel caso in cui sia conceduta
alla sola persona, non é trasmissibile per successione; se però,
a norma delle patenti già emanate, la nobiltà fosse ereditaria
a titolo di primo genitura nella discendenza legittima mascolina, continuerà ad esserlo sotto le limitazioni medesime, ed
in caso di adozione dovrà impetrarsi la speciale sovrana appro-

vazione. Nei casi nondimeno di meriti particolari verso l'augustissima sua persona e verso lo stato per parte dei membri della nobiltà nuova, S. M. é propensa ad accordare in via di grazia speciale la successione in linea legittima mascolina e emminina.

Art. 3. I maggioraschi della nuova nobiltà già esistenti conservano per ora la forma che ad essi venne attribuita dagli statuti del regno d'Italia; ma quando negli stati italiani soggetti al dominio di S. M. avrà luogo la nuova legislazione civile e giudiziaria, si prescriveranno il modo e la forma con cui assicurare la sussistenza dei maggioraschi per l'avvenire, e così pure le discipline per l'onorazione dei beni soggetti ai maggioraschi e per la surroga di una fondazione pecuniaria ai beni stabili, secondo le norme vigenti negli stati austriaci riguardo ai fedecommessi.

Art. 4. Le prerogative, i privilegi ed i diritti si dell' antica che della nuova nobiltà corrisponderanno a quelli generalmente accordati ai nobili negli stati tedeschi di S. M.

Art. 5. Per la validità così dell' antica, come della nuova nobiltà si rende necessario nei singoli casi l'intervento della sovrana approvazione.

Art. 6. Gl' individui dell' antica nobiltà, che dal cessato governo non vennero rivestiti della nobiltà nuova, possono far valere i loro precedenti diritti di nobiltà; quegl' individui all' incontro, che si trovano nel caso opposto, possono in via di massima soltanto chiedere la conferma della loro nobiltà nuova, restando nondimeno ad essi conceduto, d'implorare da S. M. la grazia speciale di far rivivere l'antica loro nobiltà.

Art. 7. Verrà perciò stabilità in Milano una commissione, alla quale si dirigeranno tutti quegl' individui, che crederanno aver diritto alla nobiltà.

I membri si dell' antica che della nuova nobiltà presenteranno nei rispettivi casi le prove di legittimo ed antico possesso dalla medesima, ovvero le relative patenti rilasciate del cessato governo italiano.

9*

La commissione esamina la forza dei documenti giustificativi, confrontando le patenti della nobiltà nuova coi registri del cessato senato del regno d'Italia, sui quali si dovevano inscrivere le concessioni di nobiltà, e sottopone in seguito il suo parere alla regia cesarea reggenza, acciò sia rassegnato a S. M.

d) Notificazione 28. Dicembre 1815.

Nro. 49059 Prot.

Massime sulla conservazione dell'antica ed acquisto della nuova nobiltà.

Essendosi Sua Maestà degnata clementemente di accordare che resti conservata tanto l'antica nobiltà conferita dalla Repubblica Veneta, quanto la nuova instituita dal cessato Governo Italico, in conformità della graziosa Sovrana risoluzione si rendono pubbliche le seguenti massime, e prescrizioni.

Art. 1. Riguardo alla nuova nobiltà, creata dal passato Governo Italico sono da osservarsi tutte quelle misure che S. M. ha prescritto per la Lombardia. E perciò questa nuova nobiltà e' ritenuta nei termini rigorosi stabiliti dal cessato regime. Quindi se la nobiltà è personale non può divenire ereditaria, e se la Patente d'istituzione ne limita la successione in ordine di primogenitura, continuerà la medesima in quest' ordine stesso, e nei casi di adozione potrà soltanto essere propagata dietro speziale sovrana approvazione. Per lo stesso principio i maggioraschi della nuova nobiltà non potranno sussistere che in que' soli casi ne' quali il regime Italiano gli avesse già conferiti con apposite Patenti agl' individui nobilitati.

Tuttavia nei casi di meriti particolari per parte dei membri della nuova nobiltà verso l'Augustissima sua persona, o verso lo Stato, S. M. è propensa ad accordarne in via di grazia speciale la successione nella discendenza legittima mascolina, e femminina.

Art. II. I maggioraschi sussistenti della nuova nobiltà ritengono per ora la forma che venne loro attribuita dalle leggi Italiche; ma quando sarà introdotta in queste Provincie la nuova sistemazione giudiziaria, ed ipotecaria, emaneranno le nuove determinazioni di legge sul modo, e forma di assicurarne la continuata esistenza; e si riserva la pubblica amministrazione dello stato di attivare le legge vigenti negli altri stati austriaci sopra i fedecommessi per aggravarne i maggioraschi, o trasmutare l'immobile in capitale pecuniario.

Art. III. Le prerogative, i privilegj, ed i diritti della antica, e della nuova nobiltà saranno quei medesimi de' quali gode in generale la nobiltà negli stati Tedeschi di Sua Maestà.

Art. IV. Per la validità tanto della nobiltà riconosciuta dalla Repubblica Veneta, quanto di quella del cessato Governo Italico in tutti i singoli casi si richiede la Sovrana conferma.

Art. V. Siccome presso l'imperial regio Governo di Milano esistono i registri non suscettibili di separazione di cessato senato con tutti gli atti relativi, e dietro ai quali soltanto giudicare si possono i titoli della nuova nobiltà, così tutti quelli che aspirano alla conservazione dei titoli derivanti dal passato Regime, insinuare devonsi al Governo di Milano, e precisamente alla commissione colà istituita per l'approvazione della nobiltà di Lombardia.

Art. VI. Rapporto alla nobiltà che sotto il Governo della Repubblica di Venezia esisteva negli stati di sua attinenza, vuole Sua Maestà che non si faccia alcuna differenza fra la nobiltà patria, e quella delle città di terra-ferma; accorda tuttavia l'Augustissimo Sovrano a quelli che sono inscritti nel Libro d'Oro, avuto riflesso alle anteriori circostanze proprie di tale nobiltà, la prerogativa che nei casi avvenibili, ove dovrebbero far prove di nobiltà, bastar debba il documento che il petente era iscritto nel Libro d'Oro, e che questa prova abbia da esser sufficiente anche pe' suoi discendenti, purchè siano state adempite le condizioni fissate per conservare la purità di sangue.

Art. VII. La nobiltà dell' Impero Germanico sparsa in Venezia, e nella terra-ferma, qualora sia stata conferita nelle differenti epoche degli Imperatori di Germania alle singole famiglie, sarà sopra apposite istanze considerata per nazionale come nelle altre provincie austriache.

Art. VIII. Per l'esame de' titoli dell' antica nobiltà è instituita in Venezia un' apposita Commissione Araldica. Tutti gl'individui che appartengono all' una, ed all' altra classe della nobiltà Veneta dovranno pel loro riconoscimento produrre a questa Commissione le loro petizioni munite degli occorrenti documenti. Non volendo poi essere nominati, e riconosciuti per simplici nobili, potranno individualmente chiedere il titolo di cavaliere, di barone, di conte, o di principe, per il qual oggetto presenteranno tutti que' titoli, e documenti, coi quali credono di poter convalidare i loro aspiri. La Commissione esaminate tutte le circostanze, e documenti sottopone all' eccelsa aulica commissione d'organizzazione il suo informativo parere pel conseguimento della sovrana decisione.

Art. IX. Quelli che si contentano della semplice ricognizione dell' antica loro nobiltà, ne riporteranno un decreto, per cui non avranno a soddisfare altra tassa che la competenza del bollo.

Art. X. Quelli che conseguiranno inoltre un titolo particolare, ne riceveranno il relativo diploma, e non soddisfaranno alcuna tassa all' erario, ma soltanto le competenze di spedizione.

Art. XI. Siccome poi le provincie di Bergamo, Brescia e Crema in avanti appartenenti alla Repubblica Veneta sono in presente incorporate nel Governo di Lombardia, e durante il regno d'Italia molti individui delle classi della nobiltà Veneta possono avere fissato il loro domicilio in Lombardia: così tutti quelli che deducessero i loro diritti pel riconoscimento della nobiltà circostanza di avere per l'addietro posseduta la nobiltà die patrizio Veneto, o di nobile delle Città di Terra-ferma, dovranno rivolgersi alla Commissione eretta in Venezia in qualunque luogo del Regno Lombardo - Veneto essi dimorassero; e così quelli che ripetessero i loro titoli dal possesso dell' anteriore nobiltà Lombarda, o della nuova nobiltà Italica si dovranno insinuare alla commissione instituita in Milano.

e) Imperiale Regio Governo di Milano.

Notificazione 13. gennajo 1816.

In forza di sovrana determinazione 7. Novembre po. po., stata comunicata dalla C. R. commissione aulica di organizzazione centrale, si è dichiarato anche per le provincie dipendenti dal governo di Venezia che viene conservata la nobiltà vecchia concessa dal cessato governo veneto, siccome la nuova concessa dal cessato governo italiano, disponendosi chi riguardo a quest' ultima debbano sussistere tutte le prescrizioni già stabilite per la Lombardia, rese pubbliche con decreto 14. dicembre 1814.

Per riconoscere quindi ed esaminare i titoli e le pretese dell' antica nobiltà venne ordinato che sia istituita presso il governo di Venezia una commissione speciale, prescrivendosi nel tempo stesso che tutti gl' individui i quali cercano d'essere riconosciuti nobili pel motivo d'aver appartenuto prima allo stato de' patrizj di Venezia ed alla nobiltà delle città veneziane, debbano indistintamente, tuttoché domiciliati nel territorio di Lombardia o soggetti a questo governo, dirigere a tale oggetto le loro domande alla stessa commissione in Venezia, e che all' incontro tutti gl'individui indistintamente, quantunque domiciliati nel territorio veneto o soggetti a quel governo, i quali vorranno far valere i titoli alla nobiltà nuova ovvero alla nobiltà lombardia conferita anteriormente, debbano dirigere le loro domande alla commissione araldica di Milano.

Si recano pertanto a pubblica notizia queste sovrane disposizioni, affinchè servano di norma a chiunque possa aver interesse nelle medesime, si rende pure noto essere mente di S. M. che non abbia a sussistere alcuna differenza tra la nobiltà de' patrizj e quella delle città della terra-ferma di Venezia, concedendo però S. M. ai patrizj stessi già inscritti sul libro d'oro, in vista delle anteriori particolari prerogative di tale nobiltà, il privilegio che anche nei casi, in cui per altri fosse necessario, essi non siano obbligati ai processi delle prove di nobiltà, e che quindi l'unica prova d'essere stati inscritti in detto libro d'oro debba servire per essi anche come prova di nobiltà generosa, e così valere anche pei loro discendenti, ogni qual volta però siano state osservate le condizioni volute per la conservazione di detta nobiltà a senso delle massime, sulla base delle quali venne la nobiltà stessa istituita.

Il termine alla presentazione dei titoli comprovanti il legittimo possesso della nobiltà, il di cui esame è affidato salla commissione araldica in Milano, è fissato a tutto il prossimo venturo mese di Marzo.

Chi non si trovasse in grado di produrre per tal epoca i suoi titoli potrà domandare entro l'indicato termine una proroga a presentarli.

Trascorso il termine prescritto, non saranno più ammesse ulteriori presentazioni nè di documenti, nè di domande per proroga.

_____

Nr. 12039.

f) Circolare dell' Imp. Reg. Governo del Litorale Illirico.

Concernente la ricognizione della Nobiltà o dei titoli conferiti dalla cessata Repubblica Veneta.

Sua Maestà Imperiale Reale, a più destinta e precisa dichiarazione della sua mente espressa nella Sovrana Risoluzione del 7. Novembre 1815 relativamente alla ricognizione della Nobiltà e dei titoli nelle provincie che appartenevano alla cessata Republica di Venezia e che ora fanno parte degli Stati Austriaci, si è degnata d'ordinare con Sovrana determinazione 26. Novembre 1824:

1. Che la Nobiltà ovvero i titoli conferiti dalla cessata Republica Veneta secondo le leggi e prescrizioni allora vigenti, e quindi regolarmente acquistati siano qualificati per la conferma, in quella stessa guisa come furono conferiti ed acquistati, sempre che tale conferma venga ricercata nelle vie regolari in termine d'un anno dalla pubblicazione della presente Notificazione, e che il possesso della suddetta Nobiltà, e dei suddetti titoli venga pienamente comprovato.

2. Che parimenti la Nobiltà ovvero i titoli conferiti da Potenze e Sovrani esteri ed acquistati col consenso del legittimo Governo delle Provinzie già Venete ovvero dal medesimo riconosciuti siano qualificati per la conferma sotto le condizioni prescritte al §. 1mo.

Sua Maestà si è degnata altresì d'accordare,

3. Che siffatte conforme di Nobiltà o titoli siano conferite senza pagamento di tasse, qualora le relative petizioni siano presentate nel termine sopra stabilito.

Si recano pertanto a pubblica notizia queste Sovrane disposizioni affinche servano di norma a chiunque possa aver interesse nelle medesime, ed in adempimento degli ordini abassati dall' I. R. Cancellaria Aulica riunita con ossequiato dispaccio 10 corrente Nro. 18108—824.

Milano il 25. Giugno 1825.

Il Conte Strassoldo,
Presidente.

Guicciardi, Vicepresidente.

Pararigini, Consigliere.

Beilage VII.

Circulare

bezüglich der Adelsverhältnisse in Dalmatien

vom 16. August 1816.

Circolare dell' Imperiale Regio Governo di tutta la Dalmazia.

Sua Maestà Imperiale Reale, l'Augustissimo Nostro Sovrano si e degnata di risolvere, que non abbiano più da riverere le Corporazioni de' Nobili delle Città, Borghi ed altre Comuni della Provincia, sopresse dalla decessa Regenza sin dall' anno 1806, essendo le medesime essenzialmente differenti dalla Nobiltà delle Città dello stato veneto, ed affatto inconciliabile l'ulteriore loro conservazione colla nuova Organizzazione della Provincia, che la prelodata Maestà Sua vuole possibilmente uniforme a quella delli rimanenti suoi felicissimi Stati.

Incio poi que riguarda le altre differenti cattegorie di Nobiltà essistenti in Dalmazia, vengono desse classificate nella medesima Sovrana risoluzione, come seque:

1. La Nobiltà concessa dal Senato Veneto.
2. Quella, que ripete la sua origine da concessioni de' Sovrani della Dalmazia dell' epoche anteriori alla veneta dominazione.
3. Quella di Ragusa, basata sopra la Sovranità della passata Repubblica dell' istesso nome; e conferita dalla Repubblica medesima, e finalmente
4. Quella di concessione della Regenza Francese ultimamente estinta.

Dietro a tale classificazione ordina Sua Maestà:

a) Che in primi abbiano ad essere trattati in piena conformità dei principj, decredati per la Nobiltà veneta, e volendo essi in conseguenza far valere i proprj titoli, abbiano da rivogliersi alla Commissione, que a tal uopo venne istituita in Venezia, ed inanzi alla medesima far conoscere i proprj aspici ad ottenere la conferma della semplice Nobiltà, oppure qualque titolo, come per esempio, di Cavaliere, Barone, Conte o Principe, rassegnando pure i motivi, que militano in loro favore. Perchè poi ciascuno conosca, in cosa consistano i suaccenati principi, sancionati della sapienza sovrana, si porta a pubblica notizia, che Sua Maestà vuole riconosciuta la Nobiltà, que sussistiva sotto il Regime della Repubblica Veneta ne' Stati di Sua Sovranità, cioe che non si faccia distinzione di sorte tralla Nobiltà Patrizia e quella della Citta della Terra-ferma.

In riguardo però della differenza, che passava fralli Patrizj, iscritti nel cosi detto libro d'Oro, e la rimanente nobiltà vienne accordato clementissimamente ai primi il favore, che, provando essi dovutamente di essere compresi nella categoria premessa, non saranno più obligati a dimostrare, que le loro famiglie non abbiano degenerato dall'avita Nobiltà, ogni qual volta occorresse ai medesimi tale prova, per conseguire taluno dei sovrani favori, pe' quali è la stessa prescritta coll'ulteriore aggiunta, che tale prova sarà valida anche pella loro discendenza, semprechè questa osservi la condizione, di conservare la purezza de' proprj natali:

Coloro, i quali si limiteranno a chiedere la sola conferma dell'antica loro Nobiltà riceveranno i correspondenti decreti, franchi di ogni tassa particolare, e verso la corrisponsione del solo diritto di bollo. A quelli poi, i quali avranno chiesto, ed ottenuto qualche titolo più elevato, saranno rilasciati dei Diplomi egualmente franchi di ogni tassa erariale, e non pagheranno, che quella della spedizione.

b) Che sia istituita in Zara una Commissione, composta di membri del Governo, e dell'Imperiale Regio Tribunale di Appello coll intervento del Procuratore camerale, e che questa commissione prenda in dissamina i documenti, ed i titoli che saranno per produrre gl' Individui indicati sub b, c, della presente Circolare, avvertendo però, che per i Nobili di Ragusa debbono essere le norme, stabilite dalla cessata Repubblica.

c) Che li Nobili delle suaccennate tre cattegorie, dopo ottenuta la conferma di Sua Maestà siano considerati ne' diritti, e prerogative in parità di grado di quelli delle altre Provincie Austriache; e finalmente

d) Che la Nobiltà conferita dalla Regenza Francese resti conservata, in quanto la Dalmazia avesse formato effettivamente parte dell' Impero Francese, e fosse stata concessa in epoca della di lui dominazione in provincia, ma che non possano i Nobili di questa classe aspirare a diritti maggiori di quelli, che furono loro accordati dalla notivata Reggenza Francese, e volendo essere ulteriormente riconosciuti, abbiano anche essi da produrre alla commissione, che verrà istituita come sopra, i titoli comprovanti l'ottenuta Nobiltà.

Tutto ciò si rende ad universale notizia in conseguenza dell' Aulico venerato rescritto 12. Luglio ultimo decorso Nro. 31566 perchè serva di correspondente norma a chiunque vi può aver parte, od interesse.

Zara li 16. Agosto 1816.

Di Sua Sacra I. R. Maestà effettivo T. M. ecc. ecc.
Barone de Tomassich.

Car. di Recheron,
C. R. E. Cons. di Governo.

Beilage VIII.

A. h. Kabinetschreiben

bezüglich des Titels und Ranges der mediatisirten, vormals reichsständischen fürstlichen und gräflichen Familien

a) vom **9.** September 1825 (Circulare der k. k. n. ö. Landesregierung ddto. Wien den 20. October 1825),

b) vom **21.** September 1829 (Circulare der k. k. n. ö. Landesregierung ddto. Wien am 24. October 1829).

a) Circulare der k. k. n. ö. Landesregierung ddto. Wien, den 20. October 1825.

Seine k. k. Majestät haben mittelst allerhöchsten Cabinetschreibens vom 9. September dieses Jahres, den, auf Höchst ihren Antrag in der Sitzung des deutschen Bundestages vom 18. August dieses Jahres, einstimmig gefassten Beschluss zu eröffnen geruhet: dass den, in Folge der Auflösung des deutschen Reiches mittelbar gewordenen, vormals reichsständischen Familien ein ihrer Ebenbürtigkeit mit den souveränen Häusern angemessener Rang und Titel gewähret, und den Fürsten das Prädikat „Durchlaucht" ertheilet werde.

Zugleich haben Seine Majestät das nachstehende Verzeichniss derjenigen Fürsten-Familien, auf deren jedesmahligen Chef dieser Bundesbeschluss seine Wirksamkeit zu äussern haben wird, herab zu geben und zu befehlen geruhet, dass, um mit dieser Bestimmung auch ein angemessenes Kanzlei-Ceremoniel in Verbindung zu setzen, so wie den souveränen Fürsten in der Anrede der Ausdruck: „Durchlauchtiger Fürst" zustehet, den mediatisirten Fürsten von den Stellen in den Ausfertigungen, und zwar in der Anrede

der Ausdruck: „Durchlauchtig Hochgeborner Fürst"
und im Contexte der Titel „Durchlaucht" gegeben
werden soll.

Verzeichniss der mittelbar gewordenen ehemals
reichsständischen fürstlichen Häuser.

I. Mediatisirte Fürsten, welche i.: der österreichischen
Monarchie domizilirt sind:

Auersperg.
Colloredo-Mannsfeld.
Dietrichstein.
Esterhazy.
Kaunitz-Rietberg.
Khevenhüller.
Lobkowitz.
Metternich.
Rosenberg.
Schwarzenberg.
Schönburg.
Starhemberg.
Trauttmannsdorff.
Windischgrätz.

II. Mediatisirte Fürsten, welche ausserhalb der österreichischen Monarchie domizilirt sind:

Aremberg (Herzog).
Bentheim-Steinfurt.
  „ Teklenburg oder Rheda.
Croy (Herzog).
Fugger-Babenhausen.
Fürstenberg.
Hohenlohe-Langenburg-Langenburg.
  „ Langenburg-Oehringen.
  „ Langenburg-Kirchberg.
  „ Waldenburg-Bartenstein.
  „ Waldenburg-Bartenstein-Jaxtberg.
  „ Waldenburg-Schillingsfürst.

Isenburg-Offenbach-Birstein.

Leyen.

Leiningen.

Lorz-Coswarem (Herzog).

Löwenstein-Wertheim-Rosenberg.

„ Wertheim-Freudenberg.

Oettingen-Spielberg.

„ Wallerstein.

Salm-Salm.

„ Kyrburg.

„ Reiferscheid-Krautheim.

„ Horstmar.

Sayn-Wittgenstein-Berleburg.

„ Wittgenstein-Hohenstein.

Solms-Braunfels.

„ Lich und Hohensolms.

Waldburg-Wolfegg-Waldsee.

„ Zeil-Trauchburg.

„ Zeil-Wurzach.

Wied.

Thurn und Taxis.

In Folge allerh. Entschliessung vom 27. April 1827, kundgemacht durch n. ö. Regierungs-Cirkulär vom 11. Juni 1827, gehört auch hieher Carl Fürst und Altgraf zu Salm-Reifferscheid.

----

b) Circulare der k. k. n. ö. Landesregierung ddto. Wien, am 24. October 1829.

Da es der Billigkeit angemessen ist, dass den mediatisirten vormaligen reichsgräflichen Häusern aus denselben Rücksichten, welche bereits hinsichtlich der mittelbar gewordenen vormaligen Reichsfürsten anerkannt worden sind, ein ihrer Ebenbürtigkeit mit den regierenden Häusern angemessener Rang und Titel gewährt werde, so ist, in Folge eines allerhöchsten Cabinets-Schreibens vom 21. September dieses

Jahres, laut öffentlichen Protokolles der siebenten Bundes-
tagsitzung vom 12. März 1829, der einstimmige Beschluss
sämmtlicher Bundesglieder dahin gefasst worden, dass nunmehr den Häuptern der vormals reichsständischen gräflichen
Familien die Verleihung des Prädikates „Erlaucht" zu
gewähren sei. Das hiernach Statt habende neue Kanzlei-
Ceremoniel hat in der Art in Anwendung zu kommen, dass
den Häusern der mediatisirten reichsständischen gräflichen
Familien von den k. k. Behörden in deren Ausfertigungen,
und zwar in der Anrede der Ausdruck: „Erlauchtig Hoch-
und Wohlgeborner Graf" gebraucht, und im Contexte
der Titel „Erlaucht" gegeben werde.

Nachstehend folgt das Verzeichniss der mittelbar gewordenen ehemals reichsständischen gräflichen Häuser, welche
in der österreichischen Monarchie domicilirt sind, und auf
deren Chef diese Anordnung ihre Wirksamkeit zu äussern
haben wird:

>Harrach.
>Kuefstein.
>Schönborn-Buchheim.
>Stadion.
>Sternberg-Manderscheid.
>Wurmbrand.

Mit der Ausfertigung des Verzeichnisses der ausserhalb
der österreichischen Monarchie domicilirenden Häuser dieser
Kathegorie ist die Bundesversammlung noch dermal beschäftiget.

Beilage IX.

Deduction

über die Filiations- und Adelsproben von sechszehn
ritterbürtig stiftsmässigen Ahnen zur Aufnahme in den hohen
souveränen Johanniter-Orden.

Aspirant:

Ottomar Prokop Josef Graf von Meraviglia-Crivelli.

I. Filiation.

A. Väterlicherseits.

Aeltern.

Laut Taufschein sub Nr. 1 wird beurkundet, dass Probant ein ehelicher Sohn des Ladislaus Grafen von
Meraviglia-Crivelli und der Maria Anna gebornen Freiin Ubelli von Siegburg ist, deren eheliche
Verbindung aus dem Trauungsscheine sub. Nr. 2 hervorgeht.

Grossältern.

Mit dem Taufscheine sub Nr. 3 wird bewiesen, dass der
Vater des Probanten von Anton Grafen von Meraviglia-Crivelli und von Eleonora gebornen Gräfin
von Abensperg und Traun ehelich erzeuget worden ist.

I. Urgrossältern.

Dass der Grossvater des Probanten von Johann Ste-
phan Grafen von Meraviglia und von Anna Maria
gebornen Gräfin von Molarth aus rechtmässiger Ehe
abstamme, geht aus dem Taufscheine Nr. 4 und Ehevertrag
Nr. 5 hervor.

II. Urgrossältern.

Dass die diessseitige Grossmutter von Franz Josef Gabriel Grafen von Abensperg und Traun mit Maria Eleonora gebornen Gräfin von Kollonitz ehelich erzeuget worden, geht aus dem Taufscheine Nr. 6 hervor.

I. Ur-Urgrossältern.

Dass der erste Urgrossvater des Probanten von Don Pius Antonius von Meraviglia-Crivelli und von Donna Anna Theresia gebornen von Longhi ehelich entsprossen, geht aus dem Taufschein Nr. 7 und Trauscheine Nr. 8 hervor.

II. Ur-Urgrossältern.

Dass die erste diesssitige Urgrossmutter des Probanten von Josef Anton Grafen von Molarth und von Maria Aloisia gebornen Gräfin von Lamberg aus rechtmässiger Ehe abstamme, wird durch den Landtafel-extract Nr. 9 bewiesen.

III. Ur-Urgrossältern.

Dass der zweite Urgrossvater des Probanten von Franz Grafen von Abensperg und Traun mit Katharina Gabriela gebornen Gräfin von Erdödy ehelich erzeugt; und endlich

IV. Ur-Urgrossältern.

dass die zweite diesssitige Urgrossmutter von Ladislaus Grafen von Kollonitz und Kollograd und von Maria Eleonora gebornen Gräfin von Kollonitz in rechtmässiger Ehe erzeugt worden ist, wird mit dem sub Nr. 10 angeschlossenen beglaubigten Auszuge aus dem authentischen Original-Stammbaume vom 12. Dezember 1824, womit die Theresia Gräfin von Meraviglia-Crivelli in das hochadelige herzoglich Savoy'sche Damenstift in Wien im Jahre 1825 aufgenommen worden ist, glaubwürdig erprobt.

In der Beglaubigungsklausel dieses Stammbaumes ist bestättigt, dass Theresia Gräfin von Crivelli, welche laut

Taufscheines Nr. 11 eine leibliche Schwester des Vaters des Probanten war, sechszehn Ahnen vorschriftmässig probirt habe, woraus erhellt, dass damals um einen Grad höher probirt wurde, als es gegenwärtig erforderlich ist, dass also die stiftmässige Geburt der auf dem Stammbaume des Probanten in der obersten Reihe väterlicherseits erscheinenden acht Ahnen bereits damals urkundlich nachgewiesen wurde, und demnach hier keiner wiederholten Probirung bedürfe.

Es wird ferners bemerkt, dass die laut Taufscheines Nr. 12 von denselben Aeltern abstammende leibliche Schwester der väterlichen Grossmutter, Namens Maria Anna Gräfin von Abensperg-Traun laut der auf diesem Taufscheine befindlichen Anmerkung Stiftsdame zu Prag war, dass daher auch aus diesem Grunde eine neuerliche Probirung der diessfälligen Quartiere nicht mehr nothwendig scheine.

B. Mütterlicherseits.

Dass die Mutter des Probanten Maria Anna geborne Freiin Ubelli von Siegburg ist, wurde bereits mit dem Taufscheine Nr. 1 erprobt.

Grossältern.

Der Taufschein sub Nr. 13 beurkundet, dass die Mutter des Probanten von Wenzl Freiherrn Ubelli von Siegburg und von Gabriela gebornen Gräfin Wratislaw von Mitrowitz in rechtmässiger Ehe erzeugt worden ist.

I. Urgrossältern.

Die eheliche Abstammung des Grossvaters des Probanten von Ignaz (später Freiherrn) Ubelli von Siegburg und dessen Gemalin Maria Anna gebornen Freiin von Freyenfels wird mit dem Taufscheine sub Nr. 14 nachgewiesen.

II. Urgrossältern.

Dass des Probanten Grossmutter Gabriele Gräfin Wratislaw eine eheliche Tochter des Anton Grafen Wratislaw von Mitrowitz und der Anna Maria gebornen Gräfin von Goltz gewesen ist, geht nicht nur aus der landtäflich eingetragenen Erbserklärung sub Nr. 15 des Anton Grafen Wratislaw von Mitrowitz vom 9. April 1790, worin er sich Namens seiner Kinder zum Nachlasse seiner Gattin erbserklärt, sondern auch aus dem Intabulationsgesuche der Gabriele Freiin von Ubelli gebornen Gräfin Wratislaw sub Nr. 16 vom 11. Mai 1810 hervor, worin sie um landtäfliche Eintragung der Einantwortung ihrer väterlichen Verlassenschaft bittet.

I. Ur-Urgrossältern.

Laut Taufschein sub Nr. 17 wird nachgewiesen, dass der erste Urgrossvater des Probanten von Ignaz Andreas Ubelli von Siegburg und Rosina Barbara gebornen von Reitzenstein ehelich abstammt.

II. Ur-Urgrossältern.

Mittelst Taufschein sub Nr. 18 wird bezeugt, dass die diessseitige erste Urgrossmutter des Probanten eine eheliche Tochter des Johann Christoph Freiherrn von Freyenfels und dessen Ehegemalin Maria Josefa gebornen Gräfin von Hartig gewesen ist.

III. Ur-Urgrossältern.

Mit dem Landtafelextract sub Nr. 19 wird nachgewiesen, dass der zweite Urgrossvater des Probanten von Johann Josef Grafen Wratislaw von Mitrowitz und von Josefa Sylvia gebornen Markwarth von Hradek ehelich erzeugt worden.

IV. Ur-Urgrossältern.

Dass die diessseitige zweite Urgrossmutter des Probanten eine in rechtmässiger Ehe erzeugte Tochter des Johann Ernst Wenzl Grafen von Goltz und der Maria Theresia gebornen Gräfin von Hartig gewesen ist, wird sowol aus dem landtäflich eingetragenen Testamente des Johann Ernst Wenzl Grafen von Goltz sub Nr. 20 vom 23. October 1755, worin er seiner Tochter Maria Anna und seiner Gattin Maria Theresia gebornen Gräfin Hartig ausdrücklich erwähnt, als auch aus der Erbtheilungsurkunde Nr. 21 vom 1. August 1769 erwiesen.

II. Ritterbürtige Stiftsmässigkeit und Geschlechtswappen.

A. Väterlicherseits.

1. Meraviglia - Crivelli;
2. Longhi;
3. Molarth;
4. Lamberg;
5. Abensperg und Traun;
6. Erdödy;
7. Kollonitz und Kollograd;
8. Kollonitz.

Zum Beweise der ritterbürtigen Stiftsmässigkeit dieser acht Ahnen väterlicherseits und deren Wappen, wird sich wiederholt auf den sub Nr. 10 angezogenen und ämtlich bestättigten Auszug aus dem gehörig dokumentirten Original-stammbaume von sechszehn Ahnen, womit die zweibändige Schwester des Vaters des Probanten (laut Taufscheines Nr. 11) Theresia Gräfin von Meraviglia - Crivelli bei ihrer Aufname in das hochadelige herzoglich Savoy'sche Damenstift zu Wien, aufgeschworen hat, bezogen.

Ausserdem aber wird bezüglich der adeligen Geburt dieser obersten acht Ahnen bemerkt:

dass Pius Antonius von Meraviglia-Crivelli laut Taufscheines Nr. 22 ein ehelicher Sohn des Stefan von Meraviglia und der Anna Teresa Molteni war;

ferners, dass Maria Theresia Longhi laut Tauf-scheines Nr. 23 eine eheliche Tochter des Ferdinand Longhi und der Camilla Folli war;

dann, dass Josef Anton Graf von Molarth laut des obigen Landtafelextraktes Nr. 9 ein Sohn des Peter Ernst Grafen von Molarth und der Ludmilla Freiin von Kaiserstein war;

ferners, dass Maria Aloisia Gräfin Lamberg laut Taufscheines Nr. 24 eine Tochter des Franz Sigmund

Grafen Lamberg und der Francisca Theresia Gräfin Lamberg war, deren Heirathsvertrag sub Nr. 25 vorliegt.

Ueber den alten Adel der väterlichen Ahnen, werden ferners folgende Dokumente vorgelegt, als:

Ein Lehenbrief an Johann von Meraviglia vom Jahre 1441 sub Nr. 26, dann das österreichische Grafendiplom des Johann Stefan Grafen Meraviglia vom Jahre 1761 sub Nr. 27, in welchem ausdrücklich jenes alten Lehens und auch des Umstandes Erwähnung geschieht, dass schon dessen Grossvater und Vater Johann Stefan und Pius Anton Meraviglia in das aus lauter uralten und stiftsmässigen Membris bestehende adelige Collegium zu Mayland aufgenommen wurden.

Ferners das Kämmerersdekret des Vaters des Probanten sub Nr. 28; — dann das authentische Zeugniss über den alten Adel der Familien Longhi, Molteni und Folli und die Wappenbestättigung derselben sub Nr. 29 und Nr. 30.

Bezüglich der Familien Abensperg-Traun, Erdödy und Kollonitz wird sich auf die Notorietät und auf den Stammbaum Nr. 10 berufen, und gleichzeitig darauf hingewiesen, dass die Grossmutter Eleonora Gräfin Abensperg und Traun laut des Trauungsscheines Nr. 2 Sternkreuzordensdame war; dann dass der zweite Urgrossvater Franz Eugen Josef Graf Abensperg und Traun laut Taufscheines Nr. 3 gleichfalls k. k. Kämmerer war; wornach die stiftsmässige Abstammung und der alte Adel der Familie von Meraviglia-Crivelli, und der übrigen damit verzweigten Geschlechter auch in den höheren Quartieren schon mehrfach erprobt worden ist, nachdem auch Anton Graf Meraviglia, Grossvater des Probanten laut Taufscheines Nr. 2 und Trauscheines Nr. 3 k. k. Kämmerer war.

B. Mütterlicherseits.

9. Ubelli von Siegburg.

Mit dem sub Nr. 31 in beglaubigter Abschrift beigelegten Diplome der Kaiserin Maria Theresia vom Jahre **1772** wird bewiesen, dass dem ersten Urgrossvater mütterlicherseits des Probanten Ignaz Freiherrn Ubelli von Siegburg, der Freiherrnstand verliehen worden ist, zugleich wird mit demselben die altadelige Abstammung sowohl, als auch das Wappen der Familie Ubelli von Siegburg bestättiget.

Dann wird zur mehreren Beglaubigung des alten Herkommens dieser Familie sub Nr. 32 eine vidimirte Abschrift des Dekretes vorgelegt, mittelst welchem dem Grossvater mütterlicherseits des Probanten Wenzl Freiherrn Ubelli von Siegburg die k. k. Kämmerers-Würde verliehen worden ist.

Endlich wird sich hier darauf berufen, dass die Mutter des Probanten laut Dekretes Nr. 33 Sternkreuz-Ordensdame ist.

10. Reitzenstein.

Obgleich der uralte Adel der Familie Reizenstein notorisch ist, so wird dennoch zu deren ferneren Beglaubigung sub Nr. 34 ein Auszug aus den Longoline'schen Nachrichten von Brandenburg vorgelegt, woraus ersichtlich ist, dass die erste Ururgrossmutter mütterlicherseits des Probanten Rosina Barbara von Reitzenstein von Christof Adam von Reitzenstein und von dessen Ehegemahlin Anna Barbara gebornen von Zedwitz abstammt.

11. Freyenfels.

Sowol der alte Adel sowie auch das Wappen des Quartiers sind mit dem Freiherrndiplome sub Nr. 35 in beglaubigter Abschrift bekräftiget, indem damit bezeugt wird, dass dem zweiten Ur-Urgrossvater mütterlicherseits des Probanten, Johann Christoph Freiherrn von Freyenfels im Jahre **1723** von Kaiser Carl VI. mit Rücksicht auf sein gutes altritterliches Herkommen der Freiherrnstand verliehen worden ist.

12. Hartig.

Der alte ritterbürtige Adel und das Geschlechtswappen dieses Quartiers wird mit der vidimirten Abschrift des Grafendiploms sub Nr. 36 erhärtet, mittelst welchem dem Johann Hubert Freiherrn von Hartig von Kaiser Carl VI. im Jahre 1725 die Grafenwürde ertheilt worden ist.

Dass die in diesem Quartiere erscheinende Josepha Gräfin von Hartig von obigem Johann Hubert Grafen von Hartig in rechtmässiger Ehe abstamme, wird mit dem beglaubten Landtafelextracte sub Nr. 37 bewiesen.

13. Wratislaw von Mitrowitz.

Zur Probirung dieses Quartieres wird die beglaubigte Abschrift des Grafen-Diploms sub Nr. 38 beigeschlossen, womit dem Franz Ignaz Wratislaw von Mitrowitz von Kaiser Josef I. im Jahre 1706 die Grafenwürde verliehen worden ist.

Dass der im fraglichen Quartiere erscheinende Johann Josef Graf Wratislaw von Mitrowitz in rechtmässiger Ehe von Franz Ignaz Grafen Wratislaw von Mitrowitz und von dessen Gemalin Maria Victoria gebornen Gräfin von Schönfeld abstamme, wird mit den vidimirten Landtafelextracten sub Nr. 39 und 40 bezeuget.

Zu mehrerer Beglaubigung des alten Adels dieser Familie wird noch sub Nr. 41 ein Tabulargesuch vorgelegt, welches darthut, dass der zweite Urgrossvater mütterlicherseits des Probanten Anton Graf Wratislaw von Mitrowitz die k. k. Kämmererswürde bekleidet hat.

14. Markwarth von Hradekh.

Zum Beweise der ritterbürtigen Stiftmässigkeit dieser Familie wird sub Nr. 42 die beglaubte Abschrift des Diplomes vorgelegt, womit Wenzl Ernst Markwarth von

Hradekh von Kaiser Carl VI. im Jahre 1723 in den erbländischen Ritterstand erhoben worden ist.

Dass die dritte Ur-Urgrossmutter mütterlicherseits des
Probanten Josefa Silvia Markwarth von Hradekh
in rechtmässiger Ehe von obigem Wenzl Ernst Markwarth von Hradekh und von Maria Carolina gebornen Adkalkyn Freiin von Augest abstamme, wird
mit den vidimirten Landtafelextracten sub Nr. 43 und 44
bewiesen.

15. Goltz.

Durch den sub Nr. 45 vorliegenden beglaubten Auszug
aus dem Grafendiplome wird sowol das altadelige und ritter-
liche Herkommen dieser Familie bewiesen, als auch bezeugt,
dass dem vierten Ur-Urgrossvater mütterlicherseits des Probanten, Johann Ernst Wenzl Grafen von Goltz von
Kaiser Carl VI. im Jahre 1731 die Grafenwürde verliehen
worden ist.

16. Hartig.

Dass die in diesem Quartiere erscheinende Maria
Theresia Gräfin von Hartig eine leibliche Schwester
der bereits probirten zweiten Ur-Urgrossmutter mütterlicherseits des Probanten Josefa Gräfin von Hartig gewesen ist, wird mit dem oben angezogenen beglaubten Landtafelextracte sub Nr. 37 bewährt; wesshalb sich hier in Betreff der ritterbürtigen Stiftsmässigkeit auch das sub Nr. 36
angeschlossene Grafendiplom, womit der Vater dieser vierten Ur-Urgrossmutter Johann Hubert Freiherr
von Hartig in den Grafenstand erhoben worden ist,
bezogen wird.

Zur mehreren Bekräftigung des bisher Gesagten wird
sub Nr. 46 das Zeugniss des böhmischen Herrn- und Ritterstandes vom 8. October 1851 beigelegt, woraus sich die
richtige Wappenstellung der adeligen Geschlechter von
„Reitzenstein, Wratislaw-Mitrowitz, Markwarth von Hradekh und Goltz“ ergibt und zugleich bestättiget wird, dass
der in der obersten Reihe erscheinende Johann Josef Graf

Wratislaw - Mitrowitz von Franz Ignaz Graf Wratislaw-
Mitrowitz und Maria Victoria Gräfin Schönfeld und die
gleichfalls in der obersten Reihe erscheinende Josefa Sylvia
Markwarth von Hradekh von Wenzl Ernst Markwarth Ritter
von Hradekh und Maria Carolina Freiin Adkolek von Augezd
in ehelicher Geburt abstamme.

Ferners wird noch mit dem sub Nr. 47 beigefügten
Zeugnisse des mährischen Landesausschusses bewiesen, dass
der Vater des Probanten Ladislaus Graf von Meraviglia-
Crivelli das Inkolat des Königreiches Böhmen und der
damit incorporirten Landen besitzt; sowie aus dem Original-
Taufscheine der Mutter des Probanten Maria Anna gebornen
Freiin Ubelli von Siegburg sub Nr. 13 hervorgeht, dass dieselbe zu Prag, mithin in dem „Bezirke des hochwürdigen
böhmischen Grosspriorates" des Johanniterordens geboren ist.

Endlich wird darauf hingewiesen, dass schon der in der
obersten Reihe der Ahnen mütterlicherseits erscheinende
Johann Ernst Wenzl Graf Goltz laut Nr. 20 churfürstlich
baier'scher Kämmerer war; dann dass der eben dort erscheinende Johann Christoph Freiherr von Freyenfels laut Nr. 35
das königliche oberste Hofrichteramt, das erste Amt des
alten Ritterstandes in Mähren bekleidete, ferners, dass laut
Diplomes sub Nr. 38 Johann Wenzl, Franz Ignaz, Franz
Carl und Georg Bernhard Grafen von Wratislaw sämmtlich
k. k. Kämmerer und geheime Räthe und mehrere ihrer
Vorfahren Grosspriors, Gross-Bailli's und Comthure des hohen Ordens von Maltha gewesen sind, wornach
also auch die mütterlichen Ahnen des Probanten in den höheren und höchsten Reihen dieses Stammbaumes ihre altadelige
Abstammung zu wiederholten Malen probirt haben mussten.

Beilage X.

Alfabetisch-chronologisches Verzeichniss

der im Grosspriorats-Archive des hohen souveränen Johanniter-Ordens zu Prag erliegenden Ahnen- und Adelsproben vom Jahre 1542 bis 1861, wobei zu bemerken ist, dass sich bei den genannten Proben seit dem Jahre 1680 auch zum grössten Theile die vorschriftsmässig gemalten und bestätigten Stammbäume befinden.

A.

Auersperg Johann Graf 1695
Althann Michael Wenzel Graf 1750
Auersperg Franz Johann Ignaz Graf 1756
Aichelburg Grafen von und zu 1816
Attems Alexander Graf 1832
Andlaw-Bessak Franz Freiherr von 1834
Andrian Werburg Gottfried Freiherr von . 1857
Arz-Wasegg Anton Eduard Graf von 1858

B.

Brutalsky Baron von Wrbna Bernhard 1576
Breuner Hans Philipp von 1609
Breuner Carl Friedrich Graf 1668
Bieschin Johann Carl von 1706
Brown Josef Ulysses Graf von 1740
Brühl Albert Christian Graf von 1758
Brigido Paul Graf von 1796
Bylandt Graf von 1806
Buquoy Pauline Gräfin 1806
Blome Otto Graf 1828
Barth-Barthenheim Otto Graf 1845
Bellegarde Heinrich Graf 1861

Beilage XI.

Anweisung,

wornach ein Jeder, welcher in den hohen Teutschen Ritter-Orden zu tretten verlanget, sich zu achten habe.

1.

Ein jeder Cavallier, der in den hohen Teutschen Ritter-Orden aufgenommen zu werden suchen will, ist schuldig coram Capitulo derjenigen Ballay, worinnen er aufgenommen zu werden verlanget, dann vor einem zeitlichen Herrn Hoch- und Teutsch-Meistern, wann Höchst Selbe solches gnädigst verlangen würden, Persöhnlich zu erscheinen, und sich zu sistiren, oder dann wegen Verweilung des Kapituls, oder anderen erheblichen Verhinderungen, solches nicht geschehen könnte, jedoch auf Verlangen bei einem zeitlichen Herrn Hoch- und Teutsch-Meistern, und vor dem Herrn Land-Commenthurn gedachter Ballay und etlichen derselben Ballay Raths-Gebiethigern oder Capitularen sich zu präsentiren, um dardurch erkennen zu geben, dass er die erforderlichen Qualitäten besitze, und an denen äusserlichen Gliedmassen seines Leibs sowohl, als an denen Sinnen und seiner guten Vernunfft keinen sichtbarlichen und dem Hohen Orden unanständigen Defect, Gebrechen oder Deformität an sich habe, sofort von Gliedmassen grad, und ohne alle Leibs-Mangel und heimlichen Siechtagen seyn.

2.

Und weilen sich keiner eine Hoffnung zur würklichen Reception in den hohen Orden, viel weniger zu der Beruf-fung ad Novitiatum zu machen hat, er habe dann die bei dem Hohen Orden erforderliche Proben in die vollkommene Richtigkeit gestellet, so hat er förderſamst zu beweisen, dass

er von 16 alt Ritterbürthig, und Stiftmässigen Adel, und
zwar teutschen Geblüts, als nemlichen 8 vom Vatter und
8 von Mütterlichen Scithen, als ein Rittergenoss abstamme,
und herkomme. Zu diesem Ende hat er einen auf Pergament
verfertigten, und wann solcher authentisiret, nicht mit
Sigillis, weilen solche leicht wieder abspringen, bedruckten,
sondern mit hölzernen Kapseln und darinnen befindlichen
Sigillen behängten Stammen-Baum (der alsdann bey der
Balley, in welche er aspiriret oder zu Mergentheim Sump-
tibus des Aspiranten decopiret und einmal allda verbleiben
oder von dem Herrn Land-Commenthurn zu des Hohen
Ordens Haupt-Archiv nach Mergentheim eingeschicket werden muss) dem Herrn Land-Commenthurn oder Capitulo,
von wannen das Gutachten denen an einen zeitlichen Herrn
Hoch- und Teutschmeistern einschickenden Schematibus
Genealogicis und darzu gehörigen Proben, besag letzteren
Gross-Capital-Schlusses de anno 1736 ohnehin beizulegen
und dardurch die Hochfürstliche Regierung zu Mergentheim
in Abfassung ihrer Notaminum desto mehreres zu erleichtern
ist, zu überreichen, in welchen sowohl des Herrn Aspiranten
Stammen-Wappen, als auch in allen Quartieren oder Gra-
dibus befindliche und vorstellende Wappen mit Schild, Helm,
Kleinodien und Helmdecken, auch Abtheilung der Farben,
wie sie von jeder Familie geführet worden, entworffen, wie
ingleichen aller Orthen die Vor- und Taufnahmen, soviel
immer möglich, die Geschlecht- oder Familien-Nahmen aber,
wie auch die zum Unterschied deren Stamm-Aesten oder
Zweigen hervorkommenden Geschlechtsbeinahmen mit ihrer
wahren Orthographie oder Buchstaben angezeigt, und bey-
gesetzt seyn müssen, bei welcher Stammen-Baum-Fertigung
ein jeder Aspirant wohl zu beobachten hat, damit sowohl im
Schild, dessen Zeichen und Farben, dann im Helm dessen
Deck, und Kleinodien oder andere Zierrath, und aller deren
Farben, wie auch der Wappen Vermehr- und Verbesser-
oder Enderung (wie sie bey ein- oder anderer Person vorkommen, oder sich ergeben mag) so vorgestellet werde, dass

kein Feler mit unterlaufle, wodurch hernachmals, wann
solche Stammen - Bäum gegen die sonsten schon für gerecht
befunden- und approbirte Wappen-Bücher, oder ältere schon
aufgeschwohrne oder sonst produzirte Stammen - Bäum-
öffentliche Kalender oder andere irgendswo approbirte
Wappen gehalten, und discrepant gefunden werden, nur
verdriessliche Ausstellungen erwachsen.

3.

Gleichwie aber nicht genug ist, dergleichen Stammen-
Bäume zu produziren, sondern die Nothdurfft erfordert, dass
auch glaubwürdig documentiret werde, dass 1) der Aspirant
von denen angegebenen Geschlechtern wahrhaftig descendire, und kein ander oder unrechtes Geschlecht angegeben,
desgleichen dass alle diese 16 Agnaten guter alter Ritter-
bürthig- und Stiftmässigkeit, mithin lang vor des Aspiranten
Gebuhrt von Adel, und anbey teutschen Geblüts seyen.

Also hat ein jeder Aspirant seinen Stammen-Baum, die
zu dem Stammen - Baum benöthigte Documenta probatoria
nebst einer darüber verfassender kurtzer Deduction oder Anweisung in Simplo beizulegen, weilen die Duplicata vor des
Hohen Ordens Haupt - Archiv bei der Hochfürstlich- Hoch-
und Teutschmeisterischen Regierungs - Kanzlei zu Mergentheim oder von der Balley - Canzlei verfertiget und vidimirt,
sofort zur Hochfürstlichen Regierung zu gedachtem Mergentheim übergeben oder eingeschicket werden können,
in welcher Deduction er kürtzlich zeiget, wie die wahre
Descendenz von einer Generation zur anderen gegründet
und bewiesen, desgleichen wie eines jeden untadelhafte
Ritterbürthig- und Stiftsmässigkeit dargethan werde, zu
dessen besserem Begriff in fine ein Formular hierüber sich
annectiret befindet.

4.

Diese Documenta probatoria sowohl über die teutsche
Ritterbürtigkeit, als richtige Descendenz können bestehen in
beglaubten Taufscheinen, worinnen des Getauften und
dessen Vatter und Mutter Vor- oder Tauf- und Geschlechts-

Nahmen, auch Jahr und Tag der Gebuhrt oder Taufs gemeldet werden, Item in legalisirten Extract und Attestaten aus Ehe- Sterb- und anderen Kirchenbüchern, dann in Heyraths-Verschreibungen, Testamenten, Theilungs-, Lehens- und Bestallungsbriefen über vertretene Adeliche Aemter und Dienstverträge und sonstigen Contracten, Original - Attestationen von den interessirten Adelichen Stifftern und glaubwürdigen Adelichen Personen, alten Grabsteinen, Fenstern, Tapeten und dergleichen sicheren Urkunden, woraus die führende Wappen, der adeliche Ritterstand und richtige Descendenz ersehen werden, auch hernachmals die Herrn Juranten (welche ebenfalls stifftmässig und Ritterbürthig ohntadelhaften Adels seyn sollen) soviel Information erlangen mögen, dass sie das Juramentum Scientiae vel Credulitatis, wie sie nemlichen anderst nicht wissen, als der vorgängig eingezogene Bericht und glaubliche Belegung mit sich führen, würklich abstatten können und sollen. Es hat sich auch ein jeder Probant hierinfalls der Richtig- und Zuverlässigkeit um so mehrers zu befleissen, als bei dem Hohen Orden sehr scharpffe Beströffung, und namentlich die Wieder-Ausschaffung aus dem Orden cum infamia darauf gesetzet ist, wann einer mit Angebung falscher Agnaten sich in den Orden eingeschlichen hätte, damit aber nun der Aspirans wissen möge, welche Documenta oder Urkunden nicht angenommen werden, so ist zu wissen, dass die Leicht Predigen, wann solche nicht durch andere Proben adminiculirt und unterstützet werden, keineswegs und gleicher gestalten auch die Copiae Copiarum gar nicht geachtet, und obwohlen man auch weiss, dass denen Aspiranten wegen verschiedenen Ursachen nicht zuzumuthen, oder von selben anverlangt werden kann, die Probations-Documenta als e. g. die Eheberedungen, Lehenbrief, oder andere Familien-Schriften in Originali beizubringen und vorzuzeigen, so werden zwar die von einem offenen und geschwornen Notario authentisirte Extractus, wie auch die aus der Matricula Baptismali von denen Parochis loci sub fide pastorali ausgefertigte Extractus angenommen. Es wird

jedoch anbei auch nothwendig sein, dass respective von der
Geistlichen und Weltlichen Obrigkeit, worunter der Pfarrer
oder Notarius stehet, attestiret und beglaubet werde, dass
dieses respective der ordentliche Pfarrer und ein öffentlich
geschworner Notarius seye, dann widrigenfalls sothaner
vidimus einiger Glauben nicht wird beigemessen werden.

5.

Hat der Aspirans durch glaubwürdige Attestation zu
beweisen, dass er nicht unter 24 Jahre alt, und bei Schliessung des Noviciats von solchem Alter seie, und dass 50. Jahr
nicht überschritten habe, dann sonsten er zur Admission ad
Noviciatum oder würklichen Reception sich keine Hoffnung
zu machen hat, es wäre dann Sach, dass ein zeitlicher Herr
Hoch- und Teutsch Meister hierunter gnädigste Dispensation
ertheilen würde.

6.

Weilen zuweilen geschiehet, dass die adeliche Geschlechter bei zuwachsenden Gütern, oder sonstigen Ursachen ihr
Wappen verändern, woraus leicht entstehen kann, dass in
einem Stammenbaum über einerlei Geschlecht sich zweierley
Wappen zu Gesicht legen, so hat der Hr. Aspirant, in
dessen Schemate Genealogiae eine solche Aenderung sich
ergeben thut, die Ursach hievon sambt den nöthigen Beweis,
wie oder warum solche Wappens Veränderung geschehen,
und dass deren, ohngeachtet es das nemliche alte Ritter-
bürthige Geschlecht seye, in oben bemerkter Deduction
sogleich mit anzuführen und darzuthuen, damit nicht solches
bei der Examination erst ausgestellt, und gleichwohlen hernach die Ursach und Beweiss mit unangenehmer Zeitverlust
noch beigebracht werden müssen.

7.

Und obschon diejenige Prob der Ritterbürthig und
Stifftmässigkeit die beste und angenehmste ist, welche durch
authentische von gantzen Dom- Stifft- oder Ritterschaftlichen
Collegiis, wie bei Theils anderen Ertz - und Hochstifftern
auch herkommlich gefertigte, und zwar von letzteren mit

der Clausul an Eydes-Statt, auch wo solches herkommlich, von denen Herrn Prälaten und Vorgesetzten ein oder zweyen nebst dem Capitols oder Ritterschaftlichen Syndico oder Secretario unter vorgedruckten Capituls oder Ritterschaftlichen Sigill eigenhändig unterschriebener, geschieht, so werden jedoch, wann diese nicht zu haben sein sollten, die Attestata anderer glaubwürdigen alt Ritterbürtig und stifftmässigen Personen von Adel nicht ausgeschlossen, jedoch sollen dergleichen Particular-Testimonia wo möglich von dreyen solch Adelichen Personen auch mit der Clausul an Eydes Statt, dass nemlich die Herrn Attestaten ihr gebendes Gezeugniss mit Adelichen wahren Worten, Trauen und Glauben an würklich geschwornen Eydes Statt bekräftigen, versehen und authorisiret seyen.

8.

Gleiche Bewandtnuss hat es auch mit dem Beweis der Filiation oder Descendenz, als welche zwar regulariter per Documenta Litteraria bewiesen werden sollten, wenn aber ja solcherley schriftlicher Beweissthum aufzubringen nicht möglich, sondern solche allein per Testimonia fide digna beglaubiget werden wollen, so ist jedoch nothwendig, dass die Herrn Attestanten, deren auch drey, wo möglich, und zwar eben dieses Geschlechts (in dessen Heyrath oder Generation die Prob abgehet) im Falle aber von sothanen Geschlecht nur noch einer oder zwei bey Leben, oder das Geschlecht gar erloschen von dessen nächsten Anverwandten einer, zwey oder drey (in Respect nemlichen, des zum Theil oder völlig erloschenen Geschlechts) seyn, und unter ihren Adelichen Ehren, wahren Worten und Trauen und an Eides Statt Causam suae Scientiae vel Credulitatis allegiren sollen, dass sie nemlichen die in dem Stammenbaum mit Namen und Wappen entworffene, durch Documenta nicht zu belegen gewesene Filiation N. N. mit Ausdruckung der Tauf- und Geschlechts-Namen die rechte und wahre Abstammung des Aspiranten und die in diesem ihren Attestato nach erforderen des 7. Artikuls beigemahlt und beschriebene Wappen

die von selbigen geführte Geschlechts-Wappen seien, dass
ein solches unter ihren Familien wohl bekannt, sie es also
von glaubwürdigen und solches wohl wissen vermögenden
Personen es also vernommen, dass es im Land eine Notorietät, oder sie es in Documenten, glaubwürdigen Büchern und
Historien etc. also gelesen, gesehen und gehört haben, und
solches an Eides Statt bekräfftigen, dann ausser solchem bei-
fügenden Causam Scientiae allerdings unglaublich scheinet,
wann einer über etwas attestiren thut, so vor hundert und
mehr Jahren geschehen ist, wie dann gemeiniglich die 3.
und 4. Generation ein Zeit von hundert, oder anderthalb
hundert Jahren praesupponirt, mithin darüber zu attestiren
gar schwer fallet.

9.

Sollte nun nach beigebrachten solchen Proben von Seiten des hohen Ordens gleichwohlen ein oder andere für in-
sufficient gefunden und deren Ersatz und Verbesserung
desiderirt, oder auch wegen der Wappen oder sonsten noch
einig nöthige Ausstellung gemacht werden, hat ein zeitlicher
Herr Aspirans solches nicht mit Unglimpf zu resentiren,
sondern die verlangende Erläuterung und Besserungen mit
Bescheidenheit und Discretion zu prästiren und zu bewerkstelligen, mithin sich zu erinnern und zu zeigen, dass er
nicht mit Unglimpff, sondern mit Bitt und guter Manier in
den Orden eintretten wolle.

10.

Solle der Aspirans 3 Campagnen oder Feldzug nach
Anweisung und Massstab des Ordens-Buches und Gross-
Kapituls-Schlüssen vor Antritt des Novitiats gemachet haben,
und diessentwegen von dem Feld-Obristen, unter welchem
er solche gemacht, ein glaubhafftes Attestatum beibringen
und dardurch solches probiren, oder falls wegen Friedens-
zeiten solche 3 Campagnen nicht vollbracht werden können,
um deren Ersetzung willen anderweiten Hoch- und Teutschmeisterischen gnädigsten Spezial-Befehl oder Ratione Tem-
poris bis nach dem Noviciat und Ritterschlag Dispensation

auszuwürken, auch in Subsidium sich zu reversiren, solche
3 Feldzüg annoch expost verrichten zu wollen.

11.

Hat derselbe ein gantzes Probier Jahr ohne mindesten
Abgang zu vollstrecken, und zwar die eine Halbscheid bei
demjenigen Herrn Land-Commenthuren, dessen Ballay derselbe einverleibt zu werden verlanget (sofern der Herr Hoch-
und Teutschmeister nicht ein anderes, nach mit des Herrn
Land-Commenthurn schrifft oder mündlich gepflogener Ver-
abhandlung disponiren würde) die andere Halbscheid aber
bei eines Herrn Hoch - und Teutschmeisters Hoflager, oder
in dero Residenz zu Mergentheim, wohin er angewiesen
werden wird.

12.

. Und wie aber bei allen Orden gewisse Jura bezahlet
und entrichtet, und sonst andere Sachen praestirt werden
müssen, also hat auch ein in den hohen teutschen Ritter
Orden trettender dasjenige, was in dem Ordensbuch und
Gross-Kapitularischen Constitutionen deswegen fest gestellet,
und einem jedem recipirten von seinem Herrn Land - Com-
menthurn die Specification darüber zugestellt, zu einiger
Nachricht aber hier in Copia angehänget wird, ohnnach-
lässig zu entrichten, sofern derselbe zum Ritterschlag gelangen will.

Wie nun diese all-vorgeschriebene Punkten lauten ohn-
abgängliche nöthige Requisita in sich enthalten, als wird ein
jeder Aspirant in den hohen Teutschen Ritter Orden, solche
vorhero wohl zu überlegen, und sich selbsten zu prieffen
wissen, ob und wie er sich damit aufzukommen getraue,
damit er keinen unangenehmen Ausstellungen, als womit
man von hohen Ordens wegen einen jeden gern verschonet
wünschen möchte, sich exponire.

Folget das Formulare, wie hieroben Puncto 3tio anbe-
merkte Deduction oder Anweisung über die Stammbaums
Proben eingerichtet sein solle

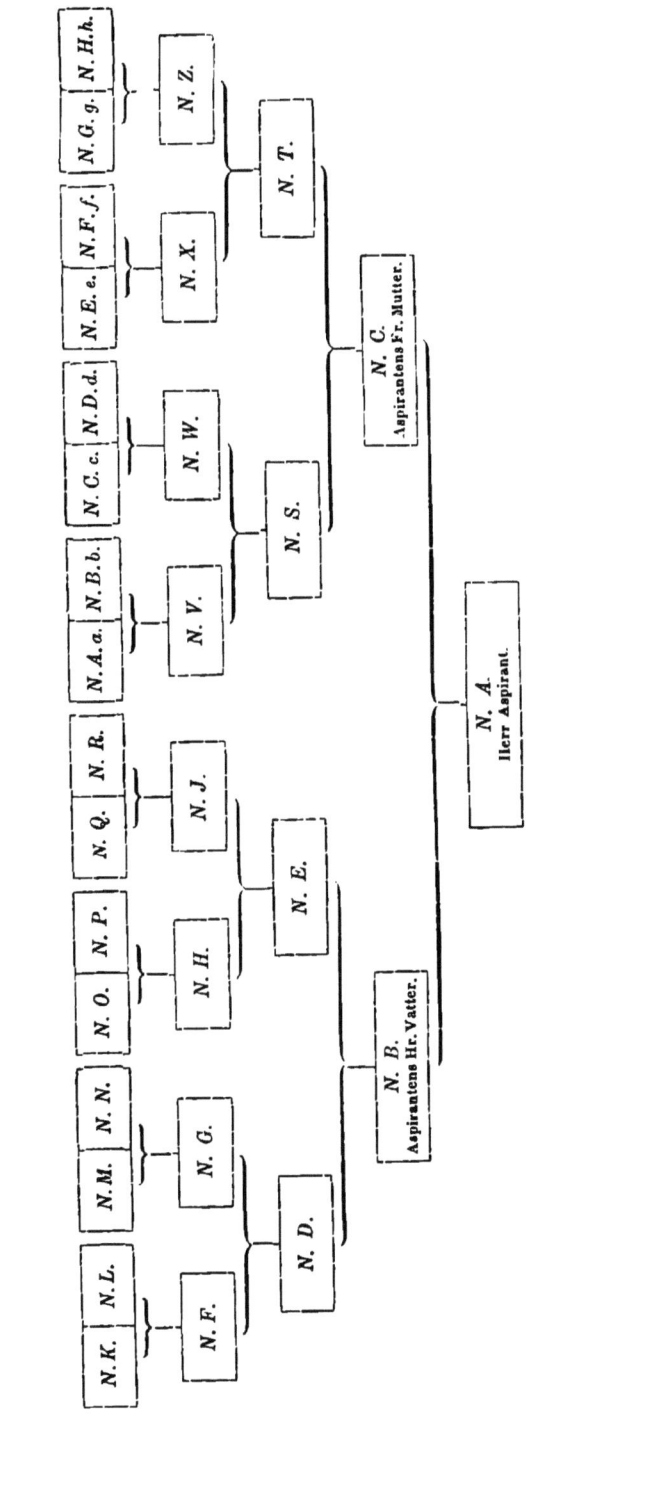

Kurze Deduction oder Anweisung.

Erstlich: Dass der Herr Aspirans N. A. Adelich geboren und sein 24. Jahr erreichet oder vor der Profession erreichen werde, und das 50. Jahr noch nicht überstiegen habe, erweiset der Taufschein sub Nr. 1, woraus dann zu ersehen, dass

Zweitens: Er von seinem Herrn Vatter N. B. und seiner Mutter N. C. descendire, auch dieser in einer legitimen Ehe beisammen gestanden, und der Aspirans daraus entsprossen seie.

Drittens: Zeiget der Extractus vidimatus deren Ehepacten sub Nro. 2, dass des Herrn Aspiranten Herr Grossvatter N. D. und die Frau Grossmutter N. E. väterlicher Seithen gewesen seien; dann erweiset

Viertens: der Nro. 3. E. g. des Ehepactes oder des Theilungs- oder Lehenbriefs, oder dieses Akkords oder Vergleiches, dass des Herrn Aspiranten väterlich Ur-Gross-Vatter und Frau Urgross-Mutter sich genennet haben N. F. und N. G., dann

Fünftens: dass des Herrn Aspiranten Frauen Grossmutter N. E. von N. H. und N. J. descendire, und diese in legitimer Ehe bei einer gestanden, ergibt sich aus Nro. 4; dass nun weiters und

Sechstens: des Herrn Aspiranten Väterlicher Ururgross Vatter N. K. und die Frau UrurgrossMutter N. L. sich genennet und dessen UrgrossVatern ehelich erzeuget haben, beglaubet die Anlage sub Nro. 5; ingleichen

Siebentens: dass des Aspiranten Urgrossmutter N. G. Eltern gewesen seien N. M. und N. N. ergibt sich zur Genüge aus den Nro. 6, dann

Achtens: dass der Herr N. H. von N. O. und N. P. abstamme, zeiget sich aus Nro. 7.

Neuntens: Auch dass die Frau N. J. von N. Q. und N. R. erzeuget worden beweiset Nro. 8.

Wodurch dann die wahre Descendenz und gerechte Filiation Vätterlicher Scithen hoffentlich zu Genügen dokumentiret sein wird.

Soviel nun die mütterliche Scithen betrifft, da ist ab dem oben schon producirten Taufschein erwiesen, dass des Herrn Aspiranten Frau Mutter gewesen oder sein N. C., dass nun

Zehntens: deren Eltern gewesen seynd N. S. und N. T., das zeiget Extract Ehe Pacts sub Nro. 9, und gleichwie die Probation in Linea Paterna angemerket worden, also muss auch ferner auf der mütterlichen Scithen fortgefahren, und eine jede Generation mit authentischen Dokumenten und Urkunden beleget, klar dargethan werden, und gleichwie der Schluss abermahlen dahin gemacht wird, dass damit gleichfalls die mütterlicher Scithen angegebene Descendenz bewiesen seye, also wird alsdann fortgefahren.

Was die Ritterbürthig- und Stifftmässigkeit deren vorgestellten Agnaten anbelanget, da wird solche beederseiths, wann nemlich das produzirende Attestatum oder Attestata auf beederscithen eingerichtet seynd, und solches dokumentiren sollen, durch Nro. erwiesen, wären aber wegen der Vätter- und Mütterlicher Scithen besondere Attestata vorhanden, so müsste gesetzet werden, da wird solches Vätterlicher Sciths durch die Documenta und Attestata sub Nris. erwiesen, die von Mütterlichen Scithen aber durch den Num. legitimirt, aus welchen Testimoniis sich zugleich verifizirt, dass es lauter im Römischen Reich Teutscher Nation angeschlossene Adelichen Familien seyen.

Was hingegen die Wappen Stellungen anbetrifft, beurkundet das Documentum oder die Documenta sub Nris Nris, dass solche, wie sie von denen Familien jederzeit geführet werden, mit Helm, Schild, Kleinodien und Farben ganz richtig vorgestellet, sofort erwähnte Familien angebohrne eigentliche Wappen seyen.

Notandum: Damit nun desto leichter begriffen werden möge, was man in dieser Deduction mit denen Lit. A, B etc·

sequentibus haben will, so weiset sich solches ob dem beigeschlossenen vätterlichen und Mütterlichen Stammen-Baum
und wie in diesem Formulari anstatt deren Nahmen jedes-
malen ein N und Lit. gesetzet worden, so nun zu etwelcher
Indigitirung dienet, so muss hingegen in der übergebenden
Deduction jedesmahlen der Vor- und Zunahme exprimiret
werden, wie dieses der Verfasser von selbsten einzurichten,
auch die in Handen habende Documenta nach ihrer Beschaffenheit zu nummeriren oder wann ein öfteres recurriret,
solchen Nrum auch öfters zu nummeriren, nicht weniger
dasjenige zu beobachten sein wird, was wegen Veränderung
deren Wappen hieroben Puncto 6to angeführet worden ist.

Beilage XII.

Alfabetisch-chronologisches Verzeichniss

der im Archive des k. k. theresianischen Damenstiftes am Hradschin zu Prag eingelegten Ahnen- und Adelsproben sammt Stammbäumen, mit Angabe des Jahres der Ernennung oder Installirung.

A.

B.

12

C.

D.

E.

F.

G.

H.

J.

K.

Beilage XIII.

I.

Die Prüfungscommission der Ahnenprobe für die Kämmererswürde, deren Errichtung Ich hiemit definitiv auszusprechen finde, hat nach Ernennung des Oberst-Kämmerers in Wirksamkeit zu treten.

Die Wahl der Beisitzer aus jenen Kämmerern, welche ich in meinem Kabinetschreiben vom 16. März 1812 namhaft gemacht habe, überlasse Ich demselben, bei deren Abgang er Mir andere hierzu geeignete in Vorschlag zu bringen hat.

Zu Examinatoren ernenne Ich den n. ö. Wappen-Inspector, Regierungsrath von Seydel, dessen Nachfolger aber nur für den Fall, wenn er die hierzu erforderlichen Eigenschaften besitzen sollte, und den Sternkreuzordens-Examinator Neuhaus. Bei dieser Hofkommission führt Mein Oberstkämmerer den Vorsitz, macht das Conclusum, hat alle noch vorläufig erforderlichen Bescheide ausfertigen zu lassen, die nöthigen Auskünfte einzuholen, die Vorträge an mich zu erstatten, und die Kämmerer, wie bisher in Eid zu nehmen.

Der Zweck der Commission ist die Prüfung der Proben jener Candidaten, welche um die Kämmererswürde, um Aufname als Edelknab und um den Hofzutritt ansuchen.

Die Amts-handlung des Oberstkämmereramtes besteht in der Protokollirung der Gesuche, Indorsirung derselben an die Examinatoren, Actuarisirung bei der Commission, Abfassung der Vorträge, Bescheide, Auskünfte, Einhebung und Vertheilung der Taxen, Dienstleistung bei der Eidesablegung, Evidenzhaltung der Kammerherrn-Protokolle, richtige Hinterlegung und Aufbewahrung der Stammbäume und gewissenhafte Ausfertigung der Auszüge aus selben, unter der Firma des dafür verantwortlichen Oberstkämmerers.

Die Examinatoren haben die gewissenhafte, rücksichtslose und verlässliche Untersuchung der Stammbäume mit ihren Belegen zu besorgen; wie sie sich dabei zu verhalten haben, gibt das unten folgende Normativ zu erkennen.

Die Kämmerer als Commissions-Beisitzer haben die Pflicht auf sich, zu wachen, dass sich die Examinatoren genau nach jenen von Mir bestimmten Directiven benehmen, deren Anstände gehörig zu würdigen, und die Probenprotokolle zum Zeichen ihres Einverständnisses gehörig zu unterzeichnen.

Für diese Commission finde Ich folgendes Normativ festzusetzen, welches an die Hand gibt, was diesen Individuen für Pflichten obliegen.

I. In Bezug auf die Person und Geburt des Candidaten um die Kämmererswürde, bestättige Ich zwar im Allgemeinen die von Meinem seligen Herrn Vater, dem Kaiser Leopold II. im Jahre 1791 sanktionirte Instruktion, doch finde Ich Mich zu folgenden als genaue Richtschnur dienen müssenden Erläuterungen bewogen.

a) Zur Kämmererswürde können Mir vor Allem jene Candidaten in Vorschlag gebracht werden, deren Väter Kämmerer und die Mütter Sternkreuzordensdamen sind oder waren; doch müssen sie, dass ihr Vater dieses war, durch einen von Meinem Oberstkämmerer ausgefertigten ämtlichen Auszug aus den Kammerherrn-Protokollen, sowie, dass ihre Mutter den Sternkreuzorden besass, durch eine gleiche ämtliche Bestättigung von Seite der Sternkreuz-

ordenskanzlei erproben, und sich mit einem legalen Taufschein über die erlangte physische Majorennität ausweisen,
da Ich künftig minderjährige Candidaten nicht zu wirklichen Kämmerern, sondern höchstens, und diess nur in
besonderen Fällen zu Dekretisten zu ernennen geson-
nen bin.

b) Alle übrigen inländischen Candidaten müssen nebst der
gehörigen Ausweisung der Majorennität die erforderliche
Ahnenprobe und zwar von väterlicher Seite bis dahin, wo
der Ahnherr Kämmerer, und von mütterlicher Seite bis
dahin, wo die Mutter Sternkreuzordensdame war, erweisen, wo dann die höhere Probe der weiteren Quartiere
nicht mehr erforderlich ist.

Nebst der Ahnenprobe für diese Kathegorie der Candidaten bestimme Ich auch, dass selbe in Staatsdiensten
sind oder waren (worauf Ich überhaupt bei Verleihung
der Kämmererswürde besonderen Werth setze) und zwar
für Civilisten den Gubernial-Sekretärs-, und für Militairs
den Hauptmannsrang.

c) Ausser diesen Erfordernissen, bedinge Ich für Alle sub *a*)
und *b*) genannte Candidaten ein angemessenes Vermögen,
wovon Ich nur zu Gunsten des Militairs die Ausname eintreten lasse, und eine rein politische Denkungsart und
eine ausgezeichnete Conduite, worüber daher, bevor Mir
die Vorschläge der Prüfungscommission unterlegt werden,
genaue und verlässliche Auskünfte eingeholt werden
müssen.

d) Stelle Ich als Grundsatz auf, dass die Kämmererswürde
selbst bei dem Vorhandensein aller dieser angedeuteten
Erfordernisse keineswegs verliehen werden müsse, sondern Ich erkläre diese Würde für eine Gnadenbezeugung,
die Ich Mir vorbehalte.

II. Hinsichtlich der Proben, oder eigentlich der Erfordernisse zu Proben, finde Ich, da Mein Staat aus verschiedenen mit besonderen Vorrechten dotirten Provinzen besteht,

Folgendes im Einklange mit den bisherigen Beobachtungen
zu bestimmen:

1tens. Die Candidaten Meiner deutschen Erbländer, welche
nicht in die angedeutete erste Kathegorie, wo die Väter
Kämmerer und die Mütter Sternkreuzordensdamen sind,
gehören, müssen Acht Ahnen von väterlicher und Vier
Ahnen von mütterlicher Seite, wie solches in dem Patente
vom Jahre 1754 und in dem allgemeinen Circulare vom
Jahre 1760 festgesetzt ist, legal nachweisen, in sofern sie,
wie oben gesagt wurde, nicht in einem früheren Quartiere
schon einen Kämmerer oder eine Sternkreuzordensdame
erproben, wo dann die höhere Probe bei diesem Quartiere
nicht mehr erforderlich ist. Nur will Ich, dass bei jenen
Kämmerern von der neuesten Ernennung, welche primi
acquirentes waren, diese Würde bei einer nächsten Probe
seines Abstämmlings oder Verwandten ohne Rücksicht-
name, diese Kämmererswürde nicht als giltig angesehen
werde, sondern eine neue Probe aller väterlichen und
mütterlichen Agnaten gemacht werden müsse.

2tens. Die Candidaten Meiner italienischen Provinzen dürfen
die bisherige im Jahre 1819 kund gemachte Probirungsart
beibehalten.

3tens. Die ungarischen und siebenbürgischen Candidaten,
insofern sie nicht deutsche oder italienische Probe zu
machen geneigt sind, will Ich aus besonderer Gnade nach
der bisherigen, in jenen Ländern üblich gewesenen Form
behandelt wissen.

    NB. Ist später widerrufen worden.

4tens. Die Candidaten aus fremden Staaten haben die nämlichen Proben, wie Meine Unterthanen aus Meinen deutschen Erblanden abzulegen; doch können nur solche
Fremde in die Candidation aufgenommen werden, welche
einem auswärtigen Staate nicht dienen, oder durch eine
andere Eidespflicht nicht in dessen Interesse stehen, wobei
derlei Individuen, falls sie die Kämmererswürde erhalten
sollten, zugleich sich zu verbinden haben, im Falle sie

auswärtige Bedienstungen annehmen, das Ehrenzeichen auf allmahliges Verlangen wieder abzugeben.

Nach diesen Bestimmungen ist auch das Ansuchen um den Hofzutritt, und auch die Candidation um die k. k. Edelknaben - Stellen, deren Probirung künftighin ebenfalls bei der Kammerherrn - Commission zu geschehen hat, zu behandeln.

III. Was die Untersuchung der Ahnenproben betrifft, so erkläre Ich, dass jeder von vier Kavalieren unterfertigte Stammbaum, wenn er nicht zugleich legal belegt ist, bei dem Ansuchen um die Kämmererswürde, Aufname als Edelknabe oder um den Hofzutritt als eine blosse Privaturkunde zu behandeln ist.

Die beiden Examinatoren sind gehörig in Eid zu nehmen, und Ich bestimme jedem derselben eine Taxe von vier Dukaten von jedem, der die Kämmererswürde, oder den Hofzutritt erhält. Die Probirung der Edelknaben hat jedoch, da sie bei Erlangung der Kämmererswürde ohnehin diese Gebühr entrichten müssen, unentgeldlich zu geschehen.

Dem Oberstkämmerer - Amte will Ich nach Ihrem Antrage die Taxe von 30 fl. auf 12 Dukaten erhöhen. Da jedoch dasselbe dem Oberstkämmerer an die Hand zu arbeiten hat, so mache Ich es für die genaueste Amtshandlung, und den jeweiligen Hofsekretär des Amtes, der bei der Commission die Aktuarsdienste zu versehen hat, für die gehörige Wachsamkeit auf die Befolgung Meiner Verordnung strengstens verantwortlich.

In Bezug auf die Kameral - Taxen ist sich nach den bestehenden Vorschriften zu benehmen, — den Edelknaben bei Erlangung der Kämmererswürde die halbe Taxe vorzuschreiben, und kein Kämmerer in Eid zu nehmen, der nicht vorher die Taxe erlegt hat, es sei denn, dass Ich etwas anderes anzuordnen finde. Die Zusammenberufung dieser Commission hat mein Oberst-Kämmerer nach Umständen zu bestimmen.

Von dieser meiner Entschliessung sind sowohl den Beisitzern, als den Examinatoren, und auch den betreffenden Hofstellen gleichlautende Abschriften zu ihrer Wissenschaft und Nachachtung zuzustellen.

Die Regulirung des Geschäftsganges zwischen dem Oberstkämmereramte und den Examinatoren, sowie der Formalitäten bei der Commission überlasse Ich Meinem Oberstkämmerer.

Persenbeug den 16. August 1824.

Franz m/p.

Zusatz zum 3ten Paragrafe 2ten Abschnittes in Folge nachträglicher allerhöchster Entschliessung vom 25. Jänner 1830.

Familien, die nicht ungarischen oder siebenbürgischen Ursprunges sind und bloss das Indigenat jener Länder besitzen, eigentlich aber dem deutsch - erbländischen Adel zugehören, haben für die Kämmerers - Würde jene Ahnenprobe zu leisten, welche für den deutsch-erbländischen Adel vorgeschrieben ist.

Von der k. k. Ahnenproben - Hofkommission.

Wien den 5. Februar 1830.

Heinrich Frhrr. von Forster m/p.

k. k. wirkl. Hofsekretär im k. k. Oberstkämmereramte und Aktuar.

II.
Deutsche Probe.

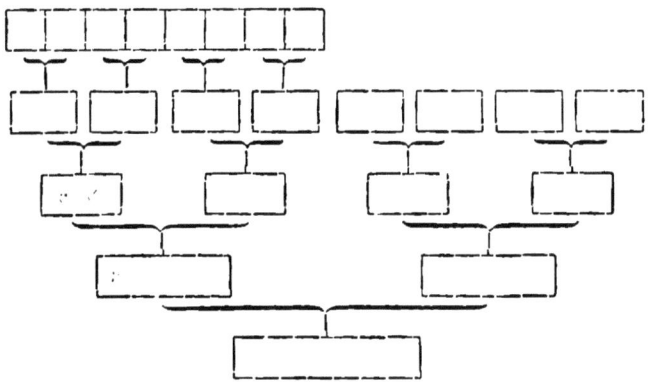

Es ist zu bemerken, dass der auch von vier Kavalieren unterfertigte Stammbaum, wenn er nicht mit den Filiations- und Adelsproben gehörig belegt ist, bloss als eine Privaturkunde angesehen wird, welche vielmehr zur Erleichterung der Probeführung dient, und die nicht für eine legale, und noch weniger für eine hinlängliche Probe gehalten werden kann. Nur wenn der Stammbaum von einer betreffenden höheren Behörde, von einem ständischen Collegium bestättiget ist, und die Bestättigung hauptsächlich darin besteht, dass sämmtliche auf dem Stammbaume vorkommenden Geschlechter eines alten Herkommens und in der Provinz oder Landschaft immatrikulirten Adels wirklich sind, und dass die angegebene Filiation ihre vollkommene Richtigkeit hat, können dann die sonst nothwendigen Filiations- und Adelsbeweise entbehret werden.

Von den galizischen Kavalieren werden jetzt auch die nemlichen Ahnenproben, wie von den deutschen abgefordert.

Die fremden Kavaliere aus den Ländern, wo Priorate des Malteserordens oder hochadelige Stifter sind, dürfen auf die in ihrem Lande zur Aufname in diesen Orden oder in die Stifter übliche Art probiren.

Hinsichtlich der Anderen begnügt man sich mit der Nachweisung der sieben adeligen Generationen, der altadeligen Geburt der Mutter, wie bei den hungarischen und siebenbürgischen Geschlechtern, oder auch mit dem Beweise der altadeligen Geburt des Vaters und der väterlichen Grossmutter, dann der Mutter und der mütterlichen Grossmutter, beiläufig wie bei den Italienern.

III.
Hungarische und Siebenbürgische Probe.

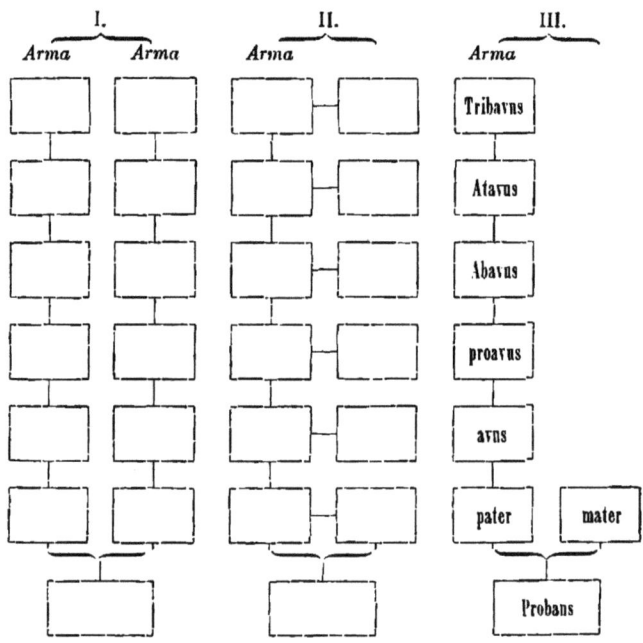

Die hungarischen Geschlechter können auf eine dieser drei Arten probiren; die

> I. ist die strengste; die
> II. die schwerste, die
> III. die gemeinste.

Gewöhnlich lassen die Competirenden ihre genealogischen Tabellen durch ein ämtliches Comitats-Zeugniss bestätti-
tigen, und wenn sie nicht im Stande sind, die erforderlichen
sieben adelichen Generationen durch Beweis des Namens
eines jeden Ahnherrn vorschriftmässig zu erproben, bringen
sie durch ein ämtliches Comitatszeugniss den Beweis bei,
dass ihre Familie sich schon vor dem Jahre 1600 im Besitze
eines adeligen Gutes befand; und sich noch in demselben
befindet, und suchen die Verleihung der Kämmererswürde
oder den Zutritt am Hof via gratiae an.

In Ungarn selbst, am Hofe des Königs in Ofen und in
Pressburg hat jeder ungarische Edelmann in der Regel den
Zutritt.

Uebrigens steht es ihnen auch frei, ihre Ahnenprobe
zur Erlangung eines oder des Anderen auf die für die deutschen Geschlechter vorgeschriebene Art zu erproben.

IV.
Prove Normali
risguardanti la Nobiltà de' Cavalieri Italiani i quali aspirano
alla dignità di Ciambellano Austriaco.

(C. R. dispaccio del 9. Gennajo 1768.)

1. Essendo il Petente figlio d'un C. R. Ciambellano e
d'una Dama decorata dell' ordine della Croce stellata, allora
presenterà solamente de' Certificati Ufficiali circa le dignità
occupate dai proprj' genitori, non che la propria fede di
battesimo.

2. Essendo il Padre del Petente C. R. Ciambellano, e
non essendo la madre stata decorata dell' ordine suddetto, o
vice versa, allora il Petente addurrà, oltre la fede di battesimo l'albero genealogico sia per parte del padre, sia per
parte della madre.

3. Essendo il petente Cavaliere del nobilissimo ordine
di S. Giovanni, e dell' ordine Gran Ducale di S. Stefano di

Toscana, dovrà oltre la fede di battesimo addurre per giustizia il pro processo delle prove in forma autentica.

4. Essendo un fratello carnale del petente C. R. Ciambellano o Cavaliere per giustizia di uno de' summenzionati ordini, addurrà, oltre la propria fede di battesimo, ed il processo dello prove del fratello, anche la fede di battesimo di questo.

5. Trovandosi fra gli antenati del Petente un C. R. Ciambellano, un cavaliere per giustizia de' menzionati ordini, oppure una Dama dell' ordine della Croce stellata, allora si produrranno le prove di quella linea, a quarto sino all' antenato, o all' antenata, e si addurranno i Certificati legali sulle dignità e distinzioni, delle quali erano investiti.

6. Essendo il petente un Patrizio di Venezia, allora comproverà unicamente, oltre la produzione della propria fede di battesimo, che egli stesso, il suo padre, la sua madre, e le sue due ave erano realmente inscritti sul libro d'oro. Non essendo la madre o l'ava inscritta sul libro d'oro, dovrà la nobiltà essere in tal caso comprovata a norma delle prescrizioni.

Le prove regolari di Nobiltà rispetto ai Petenti Italiani consistono in un' albero genealogico documentato inevitabilmente di prove di figliazione e di nobiltà steso secondo la Modula qui apposta, sottoscritta da quattro Cavalieri distinti.

La figliazione si comprova generalmente col mezzo delle fedi di battesimo, di matrimonio e di morte; la nobiltà col mezzo di Diplomi, e di altri documenti legali, e coi certificati uffiziali e notorj.

Modula.

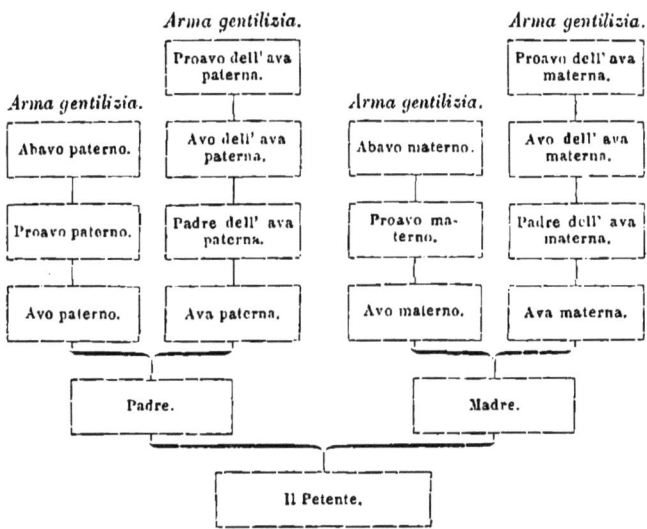

L'ufficio supremo de C. R. Ciambellani,
Vienna 13 Novembre 1819.

  L. S. Segnato: Giov. Vesque de Püttlingen.

Dalla Cancellaria di S. A. il Vice Rè
Venezia 26 Novembre 1819.

      per copia esatta
   L. S. Sott. Federico Schrank,
      off. di Cabinetto.

13

Beilage XIV.

Auszug

aus den Statuten des königlich ungarischen Sanct Stefans-
Ordens.

— — — — — — — — — —

— — — — — — — — — —

§. 6.

Das Gross- und Commandeurkreuz soll nur Personen
von altem und vornehmen Adel, und welche ansehnliche
Staatsbedienungen und Ehrenämter bekleiden, ertheilt werden; doch können auch diejenigen das Commandeurkreuz
erhalten, die noch nicht zu so hohen Stellen gelangt sind.
Das Kleinkreuz ist für den übrigen Adel.— — — —

— — — — — — — — — —

— — — — — — — — — —

§. 23.

Jeder Candidat zum Grosskreuze soll das Alterthum
seines Geschlechtes wenigstens durch vier Grade darthun,
wenn der Grossmeister nicht bei ausserordentlichen Verdiensten eine Ausnahme macht.

§. 24.

Unter der Ahnenprobe sind aber nicht die Grafen und
Barone, sondern diejenige Gattung des Adels verstanden,
welche in dem Lande, wo der Candidat her ist, Platz findet.

Die Kammerherren sind von der Ahnenprobe ausgenommen, indem das Alterthum ihres Geschlechts schon
sattsam bekannt ist.

— — — — — — — — — —

— — — — — — — — — —

Beilage XV.

Auszug

aus den Statuten des königlich bairischen Sanct Georgs-
Ordens.

— — — — — — — — — —
— — — — — — — — — —

§. 19.

Jeder Ordens-Candidat ist verbunden, vor seiner Aufnahme durch schriftliche Urkunden die eigene sowol als all'
übriger seinem Stammbaume bis in den fünften Grad ein-
gehender Ahnen, deutsche Abkunft und turniermässigen Adel
darzuthun. Der fünfte Grad befasst aber die über die zu erproben kommenden „sechszehn" Ahnen, bei dem Vater
und der Mutter noch weiter aufgesteckte, sogenannte Gabel.
Zugleich ist auch erforderlich, dass in dem aus vierunddreissig
Ahnen bestehenden Stammbaume kein Diplomatikus oder
neu gemachter Edelmann einlaufe; sowie endlich noch in der
gerade aufsteigenden väterlich und mütterlichen Linie ein
dreihundertjähriger ununterbrochener Adelsbesitzstand nachgewiesen werden muss.

Diese Probeerfordernisse gleichen ganz jenen des che-
maligen deutschen Ritterordens und der aufgelösten deutschen Erz- und Domstifte.

Um die Aufnahme in den Orden hat jeder Candidat bei
dem Allerdurchlauchtigsten Grossmeister sein Gesuch schriftlich einzureichen; die Art und Weise aber, wie die Ordens-
probe in allen ihren Theilen geordnet und hergestellt werden
soll, darüber gibt die zu diesem Behufe in Druck gelegte
Anweisung die nöthigen Aufschlüsse.

13*

§. 20.

Der Orden zerfällt in zwei Klassen oder Zungen, nämlich in die deutsche und fremde. Zur ersten eignen sich
bloss jene Adelige, in deren Stammenbäumen nur wahre
deutsche Geschlechter vorkommen; in die andere aber die,
welche entweder ganz ausländische Familien aufführen, oder
zum Theil doch einige nicht deutsche Geschlechter unter
ihren Ahnen zählen.

Die deutsche Zunge soll aus zwei Drittheilen des Adels
bestehen, die fremde oder ausländische aber nur den dritten
Theil der Ordensglieder ausmachen. Uebrigens sind beide
Zungen zu gleich strenger Ahnenprobe verbunden.

§. 21.

Es bleibt auch festgesetzt, dass kein Candidat der deutschen oder ausländischen Zunge in den Orden aufgenommen
werden soll, welcher schon einen fremden Orden und dessen
Zeichen trägt; und ebensowenig vermag jener, welcher bereits den königlich bayrischen Orden vom heiligen Georg
hat, ohne dessen Ablegung, einen andern Orden anzunehmen, ausser mit Bewilligung des Allerdurchlauchtigsten
Grossmeisters.

§. 22.

Der Ritterschlag bedingt bei einem Ordens-Candidaten
das zurückgelegte Alter von einundzwanzig Jahren. Die
königlichen Prinzen und die Herzoge in Baiern, sowie die
Fürsten souveräner Häuser, bleiben jedoch hiervon ausgenommen, da ihnen der Allerdurchlauchtigste Grossmeister
nach eigenem Gefallen, am Tage der Aufname mit dem Ritterschlage zugleich das grosse Kreuz zu ertheilen, die Befugniss hat. Uebrigens ist erforderlich, dass die um den Orden
einkommenden Candidaten ausser Deutschland gereiset seien,
oder einem Feldzuge beigewohnet haben.

N. B. Der Ordenscandidat soll vorher die Würde eines kön. Kämme-
merers oder die Stelle eines Hauptmannes in der Armee bekleiden.

§. 23.

Wenn Prinzen aus dem königlichen Hause oder aus- wärtige Fürsten den Orden nachsuchen sollten, so bleibt es dem Allerdurchlauchtigsten Grossmeister überlassen, diesen, nach vorausgegangenen Ritterschlag zugleich mit dem kleinen Kreuze auch das mittlere oder grosse zu verleihen; doch nur zur Ehre oder ad honores, ohne dass selbe zu Sitz und Stimme im Ordens-Capitel gelangen können. Wie denn überhaupt, zu Beibehaltung freundschaftlicher Verhältnisse, Gang und Rang bei der Ritterschaft nach dem Ordensalter genau beobachtet werden soll.

§. 24.

Kein Ritter hat das ihm vom Orden ertheilte Kreuz, bei schwerer Strafe, die sich der Allerdurchlauchtigste Gross- meister vorbehält, weder zu vertauschen, noch auf andere Weise zu veräussern.

§. 25.

Die Grossprioren, Grosskreuze und Commandeurs haben jedesmal nach verflossenen drei Jahren zu der Wahl eines neuen Grosskanzlers zu schreiten, bei welcher dem Aller- durchlauchtigsten Grossmeister ausser zwei Stimmen noch die Bestättigung der Wahl vorbehalten bleibt. Wird der ab- tretende Ordens-Grosskanzler durch Mehrheit der Stimmen in seinem bekleideten Amte erneuert gewählt, und hat diese Wahl der Allerdurchlauchtigste Grossmeister bestättiget, so tritt derselbe ohne Weiteres in seine vorigen Funktionen wieder ein.

Auf gleiche Weise haben die Grosskreuzherren und Commandeurs einen Schatz- und Ceremonienmeister nach Ausfluss von drei Jahren zu erwählen. Durch Mehrheit der Stimmen und mit grossmeisterischer Genehmigung können auch diese in den von ihnen bisher versehenen Ordensämtern bestättiget werden.

§. 26.

Der Orden feiert nur ein Hauptfest im Jahre, wenn keine ausserordentlichen Umstände eine andere Anordnung herbeiführen, dagegen aber haben bei dem Mariä-Empfängnissfeste, falls das Hauptfest nicht an diesem Tage gehalten wird, die ohnehin am Orte, wo der Allerdurchlauchtigste Grossmeister sich befindet, anwesenden Ritter dem Hochamte in der Ordens-Uniform beizuwohnen.

Das bei den Ordensfesten in der Kirche von der Ritterschaft zu entrichten kommende Opfer, bleibt der Willkühr eines Jeden anheimgestellt.

Bei der Aufname hat der Ordens-Candidat ein einfaches Gelübde abzulegen. Wenn er aus dem Königreiche Bayern, hat er wenigstens alle zwei Jahre dem in der Ordenstracht begangen werdenden Hauptfeste beizuwohnen, wenn er ein Ausländer, wenigstens alle vier Jahre. Wer dagegen fehlt, dem kann der Orden im nächsten Capitel genommen werden durch Stimmenmehrheit, wenn es der Allerdurchlauchtigste Grossmeister bestättiget.

§. 27.

Nur bei dem Feste in Ordenstracht wird ein Ordenscapitel gehalten, wobei die Grossprioren, sechs Capitular-Grosskreuzherren, dann die zwölf Capitular Commandeurs dem Ordens-Alter nach, ohne Unterschied von Fürsten und anderen hohen Personen, ihren Sitz und Rang einzunehmen haben. Vor und nach dem Capitel und bei dem Gottesdienst haben alle anwesenden Ritter persönlich zu erscheinen. Sollte ein Ordensmitglied durch Krankheit, oder durch andere wichtige Ursachen an persönlicher Erscheinung gehindert sein, so hat dasselbe seine Nichterscheinung und die dieselbe veranlassenden Ursachen, einige Tage vor dem Ordensfeste, dem Grosskanzleramte schriftlich anzuzeigen, damit dieses hierüber im Capitel dem Allerdurchlauchtigsten Grossmeister das Geeignete vortragen könne.

Im Falle Ordens-Candidaten vorhanden sein sollten, so sind derselben eingereichte Proben in einer dem Mariä-Empfängnissfeste vorgehenden Conferenz von dem Ordens-Capitel in statutenmässige Untersuchung zu nehmen, und bei entsprechend ausfallenden Resultaten der Allerdurchlauchtigste Grossmeister hierüber mit dem Ansuchen von dem Ordens-Grosskanzler in Kenntniss zu setzen, die Aufhängung des oder der Stammbäume am Mariä-Empfängnisstage allergnädigst zu gestatten. Bei dem Hauptfeste selbst aber sollen dem Allerdurchlauchtigsten Grossmeister, durchlauchtigsten Grossprioren und sämmtlichen Capitularherren, von dem Ordens-Sekretär die Stammenbäume der Candidaten zur Einsicht vorgelegt werden.

§. 28.

Es können in einem Capitel nur drei Ordensritter aufgenommen werden; es bezieht sich dieses doch nur auf jene Candidaten, welche den Wunsch hegen, einst zu wirklichen Commandeurs und Grosskreuzherren vorzurücken, jene aber, welche den Orden bloss ad honores zu überkommen wünschen, reihen sich in die Classe der Uiberzäligen, deren der Allerdurchlauchtigste Grossmeister so viele aufnehmen kann, als Allerhöchst demselben gefällig ist.

Diese Ritter ad honores erscheinen zwar, wie alle andern, in der Kirche, bei der Tafel und sonstigem Ordensgepränge in der Ordenstracht nach ihrem Alter und Rang, nie aber im Capitel und bei den Ordens-Conferenzen.

§. 29.

Jeder Candidat, derselbe sei geistlichen oder weltlichen Standes, hat sich zum Empfange des Kreuzes oder Ritterschlages persönlich einzufinden. Keines von beiden kann durch Anwälte geschehen; Fürsten und Prinzen aus altfürstlichen Häusern ausgenommen, welchen der Allerdurchlauchtigste Grossmeister, wenn wichtige Gründe ihre persönliche Erscheinung verhindern sollten, durch einen Mandatar den

Orden ertheilen kann; allein es ist hiezu wesentlich erforderlich, dass durch eine eigenhändig unterzeichnete Vollmacht
ein Ritter benannt werde, den Ritterschlag und das Ordenskreuz für selben zu empfangen. Diese Procura muss einige
Zeit vor dem Ordensfeste an das Ordensgrosskanzleramt ein-
gesendet werden.

§. 30.

Der die Aufnahme in den hohen Orden erwartende
Candidat hat am Festtage selbst die heilige Beicht zu entrichten, und über die richtig geschehene Befolgung dieses Er-
fordernisses dem Ordens-Grosskanzler ein schriftliches Zeugniss einzuhändigen.

§. 31.

Den Ritterschlag betreffend, so soll dieser auf nachfolgende Weise stattfinden:

1. Haben der, oder die denselben erwartenden Candidaten,
nachdem ihnen Tags vorher in dem Ordens-Archiv die
Statuten im Beisein ihrer, aus der Ritterschaft erbetenen
zwei Zeugen, von dem Ordens-Sekretair vorgelesen worden sind, am Ordenstage selbst bei dem öffentlichen Gange
zum Capitel und zur Kirche, in einem weissatlassenen
gollerartig geformten Streitkleide, und einem schwarzen
mit weissen Federn besetzten Hut unter dem Arm, dann
mit Stiefeln, Sporn und Degen zu erscheinen. Nach stehend
angehörter Predigt werden beide letztere Stücke in der
Sakristei abgelegt, und dafür der eiserne Harnisch mit dem
mit weissen Federn besetzten Turniershelm genommen.

2. Hat sich der Candidat, ehe das Hochamt beginnt, rechts
vor die Bank der Grossprioren durch den Ordens-Ceremonienmeister führen zu lassen.

3. Wird dem Candidaten der Ordensschild zu Ende des Glo-
ria von zwei Capitular-Grosskreuzherren vorgehalten, auf
welchen dann, die rechte Hand auf den Ordens-Schild
gelegt, ein einfaches Gelübde geleistet wird. Dieses Gelübde besteht seinem Inhalte nach darin:

„dass jeder Ritter sich verbindlich mache, bei allen
„Gelegenheiten öffentlich zu bekennen, dass die Aller-
„seligste Jungfrau Maria auserwählt, unbefleckt und ohne
„Erbsünde empfangen sei, und dass selber zu des heiligen
„Ritters und Märtyrers Georgii Ehre, den Ordensstatuten
„auf das Genaueste nachkommen wolle."

Nach der Epistel hat jener Capitular-Commandeur, so
das Ordens-Schwerdt unter dem Throne des Allerdurchlauchtigsten Grossmeisters auf der rechten Seite stehend hält,
dieses zu dem ersten Grossprior, oder, wenn kein Grossprior gegenwärtig sein sollte, zu dem ältesten Capitular-
Grosskreuzherren zu tragen, der eine oder andere derselben
aber hat unter Nachtretung des bis zum Throne von zwei
Capitular-Grosskreuzherren geführt werdenden Candidaten,
dieses dem Allerdurchlauchtigsten Grossmeister zu überreichen, der den auf der obersten Stufe des Thrones knienden
Candidaten um sein Begehren frägt, und diesen sodann, auf
dessen wiederholt allerunterthänigst gestellte Aufnahmsbitte
mit dem Ritterschlage begnadiget.

Nach dem Ritterschlage wird der neuaufgenommene
Ritter von dem ersten Grossprior mit dem entblössten
Schwerdte, von dem zweiten mit dem Ritterschilde, und von
dem dritten mit den Sporen, so der jüngste Capitular-Com-
mandeur dem neuen Ritter anzulegen hat, unter eigens dazu
bestimmten Denksprüchen ausgerüstet. In Abwesenheit der
Grossprioren liegt die Ausrüstungs-Ceremonie den Capitular-
Grosscommenthuren ob.

Nach dem Evangelio, während welchem die Ritterschaft
sich bedeckt und das Seitengewehr entblösst, stellt der neue
Ritter Schwerdt und Schild jenem Grossprior oder Capitular-
Gross-Kreuzherren, von dem er solches erhalten, wieder zurück. Der Ordens-Ceremonienmeister führt hierauf den
neuen Ritter in die Sakristei, wo derselbe den Harnisch und
Turnierhelm ablegt, und sodann mit aufgelösten Haaren, die
vorher mit einem rothen Bande zusammengebunden waren,
wieder an seinen vorigen Platz in der Kirche geführt wird.

Dort angelangt, erhält der neue Ordensritter von dem dritten Grossprior Degen und Kuppel, von dem zweiten den Ritterhut, und von dem ersten den Ordensmantel unter Aussprechung der hiezu verordneten Denksprüche. Diese eben genannten drei Stücke haben drei Ritter an eben so viele Capitular - Gross - Commandeurs und diese wieder an drei Capitular-Gross-Commenthuren zu überreichen.

Der in dieser Art eingekleidete neue Ordensritter wird sodann zu dem Throne des Allerdurchlauchtigsten Grossmeisters geleitet, von welchem er unter eigens dazu gewählten Worten das kleine Ordenskreuz empfängt, so auf einem blausammtenen Kissen dem Ordens-Schatzmeister zugetragen, und von diesem dem Allerdurchlauchtigsten Ordens-Grossmeister überreicht wird.

Die neuen Ritter sollen nun von dem Ordens-Grosskanzler öffentlich bekannt gemacht werden, worauf sie, als neue Ordens-Glieder, ihre Ordensbrüder von Bank zu Bank begrüssen, und den ihnen von dem Ordens-Ceremonienmeister angewiesenen Platz einnehmen.

Die Erhebung eines Ritters zur Commandeurs-Würde findet nach dem „Credo," jene eines Commandeurs aber zum Gross-Kreuzherren nach dem „Orate fratres" statt. Vorrückungen dieser Art können entweder persönlich oder durch genehmigte Anwälte geschehen, welche jedoch im ersten Erhebungsfalle Commandeurs, im zweiten aber Grosskreuzherren sein müssen.

Am Schlusse dieser Promotionen geht die gesammte Ritterschaft der Ordnung nach zum Opfer. Vor dem Sanctus aber empfängt der in einem Armsessel vor dem Altar sitzende Ordens-Bischof aus den Händen des neuen Ritters das Opfer des Schildes, des Schwerdtes und der brennenden Kerze, welch' letztere nach geopfertem Schild und Schwerdt der neue Ritter von dem ihn begleitenden Capitular - Commandeur, dem es von einem Ritter überreicht worden war, empfängt.

4. Legt der neue Ritter das Opfer des Geldes, nämlich eine halbe Carolin, auf den Altar.

Der Schild wird auf der Epistelseite unter der Prediger-Tribune aufgehangen, Schwerdt und Kerze aber auf einen Seitentisch gelegt. Vor dem Sanctus enden also die Ceremonien des Ritterschlages sowohl, als die sonst vorkommenden Erhebungen zum mittleren oder grossen Kreuze; dagegen hat sich nun der neugeschlagene Ritter zum Empfang der heiligen Communion vorzubereiten, welche derselbe, unter Begleitung des Ceremonienmeisters, nach der Niessung aus den Händen des Ordens-Bischofs erhält. Am Schlusse des Gottesdienstes wird das Te Deum abgesungen und der Allerdurchlauchtigste Gross-Meister, unter Vortretung der Grosspriorn und gesammter Ritterschaft, in die königlichen Gemächer zurück, und von da in gleicher Ordnung wieder zur Rittertafel begleitet.

Wenn bei einem Ordensfeste die zum Ceremoniel erforderliche Anzahl von Capitular-Grosskreuzherren und Capitular-Commenthuren nicht anwesend sein sollte, so wird gestattet, dass die Functionen der fehlenden Capitularen durch Ehren-Grosskreuze und Ehren-Commandeurs übernommen werden dürfen.

Stammbaum-Schema.

für die Ritter des kön. bairischen St. Georgs-Ordens.

Beilage XVI.

Statuten

der Balley Brandenburg des Ritterlichen Ordens St. Johannes vom Spital zu Jerusalem oder des Johanniter-Ordens.

Wir Friedrich Wilhelm von Gottes Gnaden, König von Preussen, Markgraf von Brandenburg u. s. w. thun kund und fügen zu wissen:

Nachdem durch Unseren Befehl vom 15. October 1852 unter Aufhebung der entgegenstehenden Bedingungen, wie sie in dem Saecularisations-Edict vom 30. October 1810 und der Urkunde über Auflösung der Balley Brandenburg des Ritterlichen Ordens von St. Johannes vom Spital zu Jerusalem vom 23. Januar 1811 enthalten sind, Kraft des Unseren Vorfahren in der Mark Brandenburg von jeher zuständig gewesenen und insbesondere im Instrument des Westphälischen Friedens Art. XII. ausdrücklich anerkannten Landesherrlichen Souverainitäts- und Patronats-Rechtes über gedachte Balley dieselbe wieder aufgerichtet, und den ursprünglichen Zwecken des Ordens gewidmet worden ist, Wir auch das Capitel der gedachten Balley aus denjenigen Johanniter-Rittern der Balley Brandenburg gebildet haben, welche durch den von dem Herrenmeister empfangenen Ritterschlag annoch zu rechten Rittern aufgenommen worden waren, und das Capitel auf Grund der alten Verfassung der Balley, wie sie auf dem zwischen dem Grosspriorat von Deutschland und dem Herrenmeisterthum der Balley Brandenburg am Tage St. Barnabae zu Heimbach geschlossenen, vom Grossmeister und Kaiser bestättigtem Vergleiche beruht, aus der Zahl der Uns präsentirten Candidaten Unseres vielgeliebten Herren Bruders, des Prinzen Carl von Preussen, Markgrafen von

Brandenburg, königliche Hoheit und Liebden zu einem
rechten Herrenmeister gewählt hat, Wir aber demnächst
dieser Wahl Unsere Landesherrliche Confirmation ertheilet
haben, und den erwählten Herrenmeister von Jedmänniglich
für einen rechten und wahren Herrenmeister der Balley
Brandenburg des Ritterlichen Ordens von St. Johannes vom
Spital zu Jerusalem gehalten wissen wollen, als hat der gedachte Herrenmeister Liebden Uns gebeten, den in dem am
24. Juni d. J. abgehaltenen Ordens-Capitel beschlossenen
Statuten der neu begründeten Balley Brandenburg Unsere
Landesherrliche Bestättigung zu ertheilen, und wollen Wir
die erbetene Allerhöchste Confirmation Kraft Unserer Gewalt als Landesherr und Patron des Ordens ertheilen, wie
Wir hiermit thun, und die gedachten, nachstehend wörtlich
folgenden Statuten bestättigen und unter Unseren Landesherrlichen Schutz nehmen, dessen zu Urkund Wir den gegenwärtigen Brief unter Unserer Hand und Insiegel ausgefertiget haben.

So geschehen Putbus, den 8. August 1853.

L. S.   **Friedrich Wilhelm** m. p.

Statuten der Balley Brandenburg.

Allgemeine Bestimmung.

§. 1.

Es ist die Balley Brandenburg des Ritterlichen Ordens
St. Johannes vom Spital zu Jerusalem oder der Johannitter
Orden in der Mark, Sachsen, Pommern und Wendland, als
der evangelische Zweig des Johannitter-Ordens, durch Seine
Majestät den König auf Grund Allerhöchst Ihrer durch das
Instrument des Westphälischen Friedens ausdrücklich aner-
kannten landesherrlichen Souvrainitaet in nachstehender
Weise wieder hergestellet.

Vom Herrenmeister.

§. 2.

An die Spitze der Balley Brandenburg tritt von Neuem der Herrenmeister.

§. 3.

Der Herrenmeister wird durch das Capitel in der althergebrachten Form aus zwei Candidaten gewählt, welche Seine Majestät der König von Preussen, Markgraf von Brandenburg, dem Capitel zu präsentiren geruhen werden.

§. 4.

Dem Herrenmeister steht die ganze Ordnungs-Regierung innerhalb der Balley Brandenburg zu.

Er ernennt die Commendatoren (Comthure), jedoch für diejenigen Provinzen, in denen Provinzial-Convente bestehen, auf Präsentation Seitens des Conventes, nimmt die Ritter nach den unten folgenden näheren Bestimmungen auf, und ernennt die dienenden Brüder und Schwestern, nach dem Vorschlage der Provinzial-Convente; auf Vorschlag des Capitels oder der Provinzial-Convente stellt derselbe die Ordensbeamte an.

Vom Capitel.

§. 5.

Das Capitel, welches der Herrenmeister beruft, besteht aus den Commendatoren unter Vorsitz des Herrenmeisters oder in seiner Abwesenheit, und während einer Sedisvacanz unter Vorsitz des Statthalters, welcher aus den Commendatoren durch das Capitel gewählt wird.

§. 6.

In ausserordentlichen und besonders dringlichen Fällen können vier vom Herrenmeister zu bestimmende Commendatoren das Capitel vertreten; doch sind deren Beschlüsse allemal dem nächst folgenden Capitel zur Genehmigung vorzulegen.

§. 7.

Das Capitel tritt jährlich am Tage St. Joannis des Täufers zusammen, und wird sonst nach Bedürfniss ausserhalb dieser Zeit ausserordentlich berufen.

§. 8.

Eine Vertretung oder schriftliche Abstimmung ist im Capitel nicht zulässig.

Anmerkung. Für die durch Seine Majestät den König allergnädigst ernannten acht ältesten Commendatoren ist ausnamsweise eine Vertretung durch Rechts-Ritter gestattet.

§. 9.

Dem Capitel geht jedesmal ein Gottesdienst voraus, und wird dasselbe dem früheren Herkommen gemäss abgehalten.

§. 10.

Das Capitel hat den Herrenmeister zu erwählen; bei Erledigung vacanter Comthureien für die Provinzen, in denen keine Provinzial-Convente sich befinden, dem Herrenmeister Vorschläge zu machen, sonst aber die Vorschläge der Provinzial-Convente zu begutachten; die Liste der zu Rechtsrittern expectivirenden Personen zu prüfen und festzustellen; die Ordnungs-Verwaltungs-Etats zu genehmigen, und die Rechnungen zu dechargiren u. s. w. Endlich bildet das Capitel das Ehren-Gericht.

Von den Commendatoren und den Provinzen.

§. 11.

Die Commendatoren haben unter der durch die Provinzial-Statuten festgestellten Mitwirkung der Provinzial-Convente, wo solche bestehen, die Ober-Aufsicht über die Ordens-Spitäler und sonstigen etwaigen Stiftungen und Anstalten innerhalb ihrer Provinz zu führen, die Ordens-Revenuen innerhalb derselben einzuziehen, die Provinzial-Etats zu entwerfen, die Provinzial-Rechnungen zu legen, und dem Herrenmeister über ihre Verwaltung zu berichten. Sie haben dem Herrenmeister die dienenden Brüder und [Schwestern, ferner die für die Provinzial-Verwaltung nöthigen Ordens-beamten in Vorschlag zu bringen, sofern nicht nach den Provinzial-Statuten diese Beamten im Provinzial-Convente ernannt werden. Sie haben die Beamten, Geistlichen u. s. w. der Spitäler und anderer Stiftungen zu ernennen, sofern bei der Stiftung oder in den Provinzial-Statuten nicht ein Ande-res vorgesehen ist.

§. 12.

Diese Commendatoren werden aus der Zahl der Rechts Ritter, und zwar für jede Provinz Einer, vom Herrenmeister ernannt. Der Vorschlag hiezu erfolgt für solche Provinzen, in denen Provinzial-Convente bestehen, von letzteren; so jedoch, dass der Vorschlag des Provinzial-Convents im Capitel geprüft wird; für solche Provinzen, in denen Provin-zial-Convente nicht bestehen, vom Capitel. Die durch aller-höchste Entschliessung für diesmal erfolgte Ernennung der Commendatoren wird für die Zukunft nicht zum Praejudiz gereichen.

Die Commendatoren müssen innerhalb ihrer Provinz residiren.

§. 13.

Die Zahl der Rechts-Ritter ist unbeschränkt.

Von den Rechts-Rittern.

§. 14.

Ein Rechts-Ritter muss zum deutschen Adel, oder zum Adel der preussischen Monarchie gehören, evangelischer Confession und Ehrenritter gewesen sein.

Es kann dazu Keiner aufgenommen werden, der nicht schon während seiner Expectanz die geordneten Beiträge von zwölf Reichsthalern an die Casse der Balley, oder wenn er einer Provinzial-Genossenschaft angehört, die in deren Sta-tuten bestimmten Beiträge gezahlt hat.

14

Ausserdem entrichtet er ein Eintrittsgeld von 100 Reichsthalern.

Anmerkung. Ein jeder Ehrenritter, welcher sich zu laufenden jährlichen Beiträgen bei einer Provinzial-Genossenschaft, oder direct bei der Balley verpflichtet, und dieselben gezahlt hat, kann, nach Massgabe der im § 14 angegebenen Bedingungen Rechts-Ritter werden, und wird entweder von dem resp. Provinzial-Convent dem Capitel zur Aufname als Rechts-Ritter vorgeschlagen (§. 17 dieser Statuten) oder er meldet sich, falls er direct unter der Balley steht, beim Capitel zur Aufname. Das Capitel bestimmt, ob und wann die Vorgeschlagenen aufgenommen werden sollen. (Beschluss des Kapitels vom 17. Dezember 1853.)

§. 15.

Wer nach der alten Verfassung des Ordens eine Expectanz erhalten hatte, kann ohne Weiteres die Aufname als Rechts-Ritter beantragen.

§. 16.

Die Aufname als Rechts-Ritter erfolgt in der Regel am Johannis-Tage auf Grund einer von dem Herrenmeister in dem Capitel festgestellten von Seiner Majestät dem Könige genehmigten Liste.

§. 17.

Die Provinzial-Convente können Ritter ihrer Genossenschaft zur Aufname als Rechtsritter dem Capitel vorschlagen.

§. 18.

Die darnach aufzunehmenden Ritter werden nach den darüber von Alters her bestandenen Observanzen vom Herrenmeister im versammelten Capitel durch den Ritterschlag in den Orden aufgenommen, der gewöhnlich in Sonnenburg stattfinden soll.

Anmerkung. Die Würde als Rechts-Ritter und die Erlaubniss, die entsprechende Decoration zu tragen, wird nur durch den Ritterschlag erlangt. (Beschluss des Capitels vom 17. Dezember 1853.)

Von den dienenden Brüdern und Schwestern.

§. 19.

Als dienende Brüder und Schwestern des Ordens werden solche Personen evangelischer Confession aufgenommen, welche sich aus freier Liebe der Krankenpflege widmen, und ihre Thätigkeit den Spitälern und Anstalten des Ordens zuwenden.

§. 20.

Sie werden auf den Vorschlag des Provinzial-Comthurs von dem Herrenmeister ernannt.

Von den Ehren-Commendatoren.

§. 21.

Rechts-Ritter, die sich besonders grosse Verdienste um den Orden erwerben oder erworben haben, können ausnamsweise durch die Provinzial-Convente dem Capitel zu Ehren-Commendatoren vorgeschlagen werden.

Von den Ehren-Rittern.

§. 22.

Seine Majestät der König ernennen die Ehrenritter; der Herrenmeister ertheilt die Bestallung; sie sind dem Orden affiliirt und erhalten dadurch die Expectanz zum Rechts-Ritter, insofern sie dazu nach §. 14 qualifizirt sind.

§. 23.

Zum Ehrenritter soll jeder Edelmann evangelischer Confession ernannt werden können, der durch seinen Lebenswandel eine den Zwecken des Ordens entsprechende Gesinnung an den Tag legt.

§. 24.

Jeder neu ernannte Ehrenritter zahlt an die Cassa der Ordens-Balley den laufenden jährlichen Beitrag von zwölf Reichsthalern; tritt er in eine Provinzial-Genossenschaft ein, so zahlt er an diese den Beitrag nach deren Statuten.

§. 25.

In der Regel theilen Seine Majestät den Provinzial-Conventen die Liste derjenigen Herren zur Begutachtung mit, welche in der entsprechenden Provinz den Orden erhalten sollen.

§. 26.

Vide Anhang.

§. 27.

Die Zahl der Ehren-Ritter ist unbeschränkt.

§. 28.

Die Ehrenritter erhalten nicht den Ritterschlag und werden auch nicht im Capitel introducirt.

§. 29.

Alle Ritter, welche nach der Saecularisation des Ordens die Insignien empfangen haben, sind Ehren-Ritter.

Wollen sie die Expectanz zu Rechts-Rittern erhalten, so haben sie dieselben beim Capitel oder falls dieselben einer Provinzial-Genossenschaft beigetreten sind, bei dem betreffenden Provinzial-Convente nachzusuchen, und zahlen dann die bestimmten jährlichen Beiträge, doch sollen sie bei der Aufname als Rechts-Ritter von der Zahlung des Eintrittsgeldes befreit sein. Den darunter befindlichen Ausländern, welche die Expectanz erlangen wollen, steht es frei, die an die Ordens-Casse zu zahlenden laufenden Beiträge mit einer einmaligen Zahlung von Zweihundert Thalern abzulösen.

Anmerkung. Diejenigen Ehrenritter, welche nach §. 29 Rechts-Ritter werden, zahlen für die Rechts-Ritter-Decoration und den Rittermantel fünfzig Thaler Gold (Beschlüsse des Capitels vom 17. Dezember 1853).

§. 30.

Die Ordens-Insignien, Ordenstracht und Uniform sollen für den Herrenmeister, die Comthure und die Rechts-Ritter hergestellt werden, wie dieselben vor der Saecularisation der Balley Brandenburg in Gebrauch gewesen sind.

§. 31.

Die Ehren-Ritter tragen die Insignien und Uniform, wie sie durch das Edict vom 23. Mai 1812 festgestellt sind.

Von dem Ordens-Ehrengerichte.

- §. 32.

Sämmtliche Mitglieder des Ordens und affiliirte Ehren-Ritter sind dem Ordens-Ehrengerichte unterworfen.

§. 33.

Dieses Ordens-Ehrengericht ist das Capitel. Die Formen, welche bei dem ehrengerichtlichen Verfahren zu beobachten sind, hat das Capitel festzusetzen.

§. 34.

Gegen Mitglieder des Ordens und Affiliirte, welche dem Militairstande angehören, werden die Functionen des Ordens-Ehrengerichtes ein für alle Mal dem betreffenden Militair-Ehrengerichte übertragen.

§. 35.

Das Ordens-Ehrengericht hat in gleicher Weise, wie es Pflicht der Militär-Ehrengerichte ist, allen bösen Leumund zu untersuchen, in den ein Mitglied oder Affiliirter des Ordens gerathen ist, hat Gewalt, einen Jeden, der nach seinem Bedünken sich des Ordens unwerth zeigt, aus demselben auszustossen; auch wenn ein Fall nicht vorliegt, aus dem nach dem Strafrechte auf Verlust von Orden und Ehrenzeichen zu erkennen ist.

Von den Zwecken des Ordens.

§. 36.

Ein Jeder, der als Rechts-Ritter aufgenommen ist, soll dem Ordens-Gelübde gemäss leben und handeln.

§. 37.

Der Orden errichtet, so weit es seine Mittel gestatten, im ganzen Lande Krankenhäuser und seinen Zwecken entsprechende Anstalten, erstere vornehmlich in kleinen Städten für die Kranken aus denselben und dem platten Lande: auch übernimmt er die Leitung solcher Krankenhäuser und Anstalten, welche seinem Schutze anvertraut werden, und seiner Regel sich unterwerfen.

§. 38.

In Sonnenburg soll ein Muster-Krankenhaus errichtet werden.

§. 39.

In der Regel soll die Krankenpflege in den dem Orden unterworfenen Anstalten von keinen Lohnpflegern verrichtet werden, sondern von Pflegern und Pflegerinnen, welche diesem Dienste sich in freier Liebesthätigkeit widmen und die nach abgelegter Prüfung als dienende Brüder und Schwestern in den Orden aufgenommen werden und ein entsprechendes Ordenszeichen erhalten.

§. 40.

Alle jährlichen Beiträge, sowie Eintrittsgelder und einmalige Zahlungen von Ausländern etc. fliessen in die Casse der Ordens-Balley, ausgenommen sind davon die laufenden jährlichen Beiträge derjenigen Ritter, welche einer Provinzial-Genossenschaft angehören.

§. 41.

Die Provinzial-Statuten müssen dem Capitel zur Prüfung und Genehmigung, dem Herrenmeister zur Bestättigung vorgelegt werden.

So geschehen Berlin den 24. Juni 1853.

Im Capitel des Herrenmeisters und der unterzeichneten Comthure, deren Stellvertreter und der berufenen Rechts-Ritter der Balley Brandenburg des Johanniter-Ordens.

(gez.) **Carl Prinz von Preussen.**

Graf H e n k e l von D o n n e r s m a r k.

v. W r a n g e l, General. — A. v. R o c h o w. —

Freiherr v. H i l l e r. — von B o d e l s c h w i n g h. —

Graf zu D o n a - S c h l o b i t t e n. — v. M a s s o w.

Freih. v. F r i e s e n. — Graf v. S c h w e i n i t z u. C r a i n.

E. Graf zu S t o l b e r g. — Graf v. K r a s s o w - D i w i t z.

Anhang.

Bekanntmachung.

Laut Beschluss des Capitels vom 23. Juni 1855 ist der §. 26 der Statuten der Balley Brandenburg des Johanniter-Ordens ddo. Berlin den 24. Juni 1853 aufgehoben worden, und sollen an die Stelle desselben die nachstehenden Festsetzungen treten:

„§. 26.“

„Wer auf sein Ansuchen oder auf Vorschlag die „Würde eines Ehren-Ritters empfängt, hat als Eintritts-„geld dreihundert Thaler an die Casse der Balley zu ent-„richten.“

Nachdem dieser Beschluss unterm 17. September 1855 die Allerhöchste Bestättigung Seiner Majestät des Königs erhalten hat, wird derselbe hierdurch bekannt gemacht.

Berlin den 22. September 1855.

Der Kanzler des Johanniter-Ordens:

Graf zu Stolberg-Wernigerode.

Beilage XVII.

Auszug

enthaltend die Mittel und Wege, dann die Bedingungen und
Gebräuche, in Folge deren man Ritter des St. Stefans-
Ordens in Toscana werden kann.

I.

Die Mittel und Wege, durch welche man Ritter des
Ordens des heiligen Stefan werden kann, sind folgende:

1. Die **Erlangung** einer Commende, die man aus
Gnade von dem Grossmeister des Ordens, dem Grossherzoge
von Toscana, erhalten kann.

2. Die **Aufname in den Orden**, worauf derjenige
einen Anspruch hat, welcher vom ausgezeichneten Adel
ist und in seinem Vaterlande die höchsten Ehrenstellen
bekleidet.

3. Die **Stiftung** einer Commende, wozu jeder vom
Grossmeister ermächtiget sein muss.

1. Erlangung einer Commende aus Gnade des Grossmeisters.

II.

Bei Gelegenheit der Wiederherstellung des Ordens des
heil. Stefan, welche nach der Restauration im Jahre 1814
stattfand, wurde von dem Grossherzog Ferdinand III. bei
der Depositeria (d. i. der Staatskasse) ein Kapital von
30.000 Scudi angewiesen, welches zur Stiftung mehrerer
Commenden bestimmt war, deren jeder ein theils grösserer,
theils geringerer Theil der Früchte dieses Kapitales zugewiesen wurde. Die meisten derselben sind demnach mit einer
jährlichen Rente von L. 400, viele mit 700, einige mit

L. 1000, wenige mit L. 2000, sehr wenige endlich mit einer
L. 2000 übersteigenden Rente gestiftet.

III.

Ausser diesen, vom gedachten Fürsten bei der Wiederherstellung des Ordens gegründeten Commenden gibt es
noch andere von Privaten gestiftete, welche nach dem Absterben aller zu ihrem Genusse berufenen Personen dem
Orden schon zugefallen sind und noch beständig zufallen.

IV.

Die Verleihung dieser Commenden hängt von dem
Willen des Grossmeisters ab, welcher dieselben demjenigen
zu verleihen pflegt, den er einer Belohnung für einen dem
Staate geleisteten Dienst, oder für irgend ein ausgezeichnetes
Verdienst, würdig hält; er kann selbe auch aus blossem
Wohlwollen Jemanden verleihen, ohne dass dieser Beloh-
nung würdige Dienstleistungen oder Verdienste aufzuwei-
sen hätte.

V.

Das ist das erste Mittel, Ritter des heiligen Stefans-
Ordens zu werden.

VI.

Dasselbe ist auch das zweckmässigere und vortheilhaf-
tere, weil ein mit solchen Eigenschaften versehener Ritter
den jährlichen Genuss der Früchte der ihm durch allerhöchste
Gnade verliehenen Commende erlangt, als auch desshalb,
weil hiebei die Gebühr, welche für das Anlegen des Ordenskleides entfällt, geringer ist, als die in anderen Fällen zu
entrichtende.

VII.

Diese Gebühr besteht aus folgenden Posten und beläuft
sich auf nachfolgende Summen, als:

1. An Gebühr für Ordenskasse . . . . . L. 235 . 10
2. für die Zusammenstellung der Aufnamsver-
   handlung . . . . „ 64 . —

Fürtrag . L. 299 . 10

Uebertrag . L. 299 . 10

3. siebzehn Paar Handschuhe für die Proto-
kollisten und andere Diener . . . . . „ 17 . —

4. Gebühr für die heilige Handlung bei der
Anlegung des Ordenskleides beiläufig . . „ 560 . —

5. Der Betrag für die sogenannte halbe Uniform, die Galla-Uniform und für das grosse
Barett beiläufig . . . . „ 1400 . —

6. Die Gebühr für die Auszüge und Legalisi-
rung der im folgenden §. VIII angegebenen
Urkunden bei . . . . „ 60 . 10

Summa . L. 2337 . —

VIII.

Die Urkunden, welche der Ritter zur Aufnamsverhand-
lung vorlegen muss, sind folgende:

1. seinen Taufschein;

2. den Taufschein seines Vaters,

3. den Taufschein seiner Mutter;

4. den Trauschein seiner Eltern, aus welchem die legitime Abkunft ihrer Kinder hervorgeht.

5. Das Zeugniss seines Pfarrers, welches sein sittliches
Verhalten bestättiget.

6. Die Schätzungsprotokolle, welche seinen Grund-
besitz oder die Verträge, welche den Besitz von frucht-
bringenden eine solche jährliche Rente abwerfenden Kapitalien nachweisen, dass die Rente der verliehenen Commende
zu der Rente der Kapitalien geschlagen, ein jährliches Einkommen von 300 Scudi oder L. 2100 gibt.

7. Die eidesstättige Erklärung des Ordenswerbers, dass
die durch die gedachten Zeugnisse und Verträge nachgewie-
sene jährliche Rente sein Eigenthum sei.

8. Die Bestättigung, dass er dem Adel irgend einer
Stadt angehöre.

9. Das Wappen seiner Familie.

2. *Erlangung des Ritterordens.*

IX.

Die zweite Art, Ritter des St. Stefans-Ordens zu werden, besteht in dem Nachweise der Erfordernisse, auf Grundlage derer die Statuten des Ordens diese Würde per giustizia gestatten.

Hier muss bemerkt werden, dass jedem, dessen Ahnen bis einschliesslich zum fünften Grade von väterlicher und mütterlicher Seite adelig waren, und in dem Staate, dem sie angehörten, die höchsten Würden genossen haben, oder doch zu deren Genuss tauglich waren, die Aufname als wirklicher Ritter in den St. Stefans-Orden gebührt.

X.

Die Ascendenten rücksichtlich deren diese Nachweise zu liefern sind, sind aus folgendem Stammbaume zu ersehen:

S t a m m b a u m.

XI.

Die Documente, welche sonach der Bewerber um die wirkliche Ritterwürde im Wege des Rechtes beibringen muss, sind:

1. Die Taufscheine aller in dem obigen Stammbaume angeführten Individuen mit Einschluss des Bewerbers.

2. Das Zeugniss oder die Bestättigung der competenten Behörden, welche den Adel dieser Individuen (mit Einschluss des Bewerbers) dann den Genuss der höchsten Würden der Stadt, der sie angehören, oder deren Genussfähigkeit nachweisen.

3. Die Taufscheine sowol der Eltern, als Grosseltern des Bewerbers und zwar von väterlicher und mütterlicher Seite.

4. Das Familien-Wappen, und zwar nicht bloss der Familie des Bewerbers, sondern auch der Familie seiner Mutter, dann der väterlichen und mütterlichen Grossmutter.

5. Die Schätzungs-Protokolle oder Contracte aus denen hervorgeht, dass derselbe entweder von unbeweglichen Gütern oder von fruchtbringend angelegten Kapitalien eine jährliche Rente von 300 Scudi oder L. 2100 wirklich besitze.

6. Die eidesstättige Erklärung des Bewerbers, kraft welcher er versichert, dass er die erwähnte jährliche Rente von 300 Scudi oder L. 2100 wirklich besitze.

7. Ein Zeugniss seines Pfarrers über sein sittliches Verhalten.

XII.

In dieser Hinsicht müssen noch folgende Bemerkungen gemacht werden, als:

1. Ist es auch in dem Falle, als der Bewerber obige Erfordernisse hat, nothwendig, dass er sich bittlich an den Grossmeister wende, um gnädigst zur Anlegung eines wirklichen Ritterkleides zugelassen zu werden. Es ist diess ein bloss formelles Bittgesuch, da diese Gnade nicht versagt zu werden pflegt, wenn anders die obigen Bedingungen alle vorhanden sind.

2. Dass in dem Falle, als der Bewerber einen wirklichen Ritter des St. Stefans-Ordens in seiner Familie hat, er sich der von diesem beigebrachten Legitimationen und Dokumente

bedienen kann, und ihm daher nur erübriget, dieselben zu ergänzen.

XIII.

Endlich besteht die für das Anlegen des Ordenskleides und das Tragen der Dekoration eines wirklichen Ritters zu entrichtende Gebühr aus denselben Posten, wie sie im VII. Absatze des gegenwärtigen Auszuges für diejenigen festgesetzt ist, denen aus Gnade eine Commende verliehen wird, vorbehaltlich folgender zwei Abweichungen:

1. Dass nämlich für die Zusammenstellung der Verhandlungsacten in jenem Falle bloss 64 L. gezahlt werden, in diesem 95 zu zahlen sind.

2. Dass, da in diesem Falle eine grössere Anzahl von Nachweisungen zu machen ist, auch die Gebühr für die vorzulegenden Dokumente eine grössere ist.

Mit Ausname dieser auf den vorangeführten zwei Gründen sich fussenden Erhöhung ist die Taxe und die anderen Gebühren für die Ehren-Ritter dieselbe wie für die wirklichen Ritter.

3. Stiftung einer Ordens-Commende.

XIV.

Das dritte und letzte Mittel, Ritter zu werden, ist die Stiftung einer Commende.

Allen adeligen Personen ist es gestattet, eine Commende für den St. Stefans-Orden zu stiften.

Zu bemerken ist, dass zur Gründung einer Commende auch die Gnade des Grossmeisters, d. i. des Grossherzogs nothwendig ist. Es ist diess aber eine gewöhnliche Gnade, die nicht abgeschlagen zu werden pflegt.

XV.

Die erforderlichen Eigenschaften, um zur Stiftung einer Commende zugelassen zu werden, sind:

1. Christkatholisch-römisches Glaubensbekenntniss;

2. eheliche Geburt;

3. dem Adelsstande angehörig;

4. nie wegen eines Verbrechens verurtheilt;

5. Gute Sitten, welche durch ein Zeugniss des Pfarrers bestättiget sein müssen.

XVI.

Zur Stiftung einer Commende ist erforderlich, dass derselben eine Dotation, sei es in unbeweglichen Gütern oder auf Zinsen angelegten Capitalien zugewiesen werden.

Diese Dotation darf bei einfachen Commenden nicht weniger als 10.000 Scudi oder L. 70.000; bei Commenden mit dem Titel einer Balley nicht weniger als Scudi 15.000 oder L. 105.000 und für Commenden mit dem Titel eines Priorats nicht weniger als Scudi 20.000 oder L. 140.000 betragen.

XVII.

Da ein Stifter, welcher mehrere Söhne hat, oder erhalten kann, den Nachfolger in der Commende begünstigen, den übrigen aber schaden würde, wenn ihm nicht so viel Vermögen übrig bliebe, um diesen wenigstens den Pflichttheil zu hinterlassen, so wurde in den Gesetzen Toscanas angeordnet, dass jeder, der eine Commende stiften will, nachweisen muss, dass die derselben zugewiesene Dotation den dritten Theil seines Vermögens nicht überschreite. So muss z. B. von demjenigen, der eine einfache Commende mit der Dotation von 10.000 Scudi stiften will, nachgewiesen werden, dass er 30.000 Scudi besitze, von denen 10.000 zur Stiftung der Commende verwendet werden und 20.000 der freien Verfügung des Stifters verbleiben. Ebenso muss bei der Stiftung einer Balley mit der Dotation von Scudi 15.000 der Besitz von 45.000 Scudi, — bei der Stiftung eines Priorates mit der Dotation von 20.000 Scudi, 60.000 Scudi nachgewiesen werden.

XVIII.

Das Eigenthum, der Werth und die Ungebundenheit der Güter und Kapitale, welche einer Commende als Dotation zugewiesen werden sollen, wird von den Ordensbeamten auf Grundlage der Schätzungs-Protokolle, Contracte und anderer Urkunden, die ihnen von dem Stifter geliefert werden müssen, geprüft und es wird diese Prüfung mit grosser Genauigkeit und Strenge vorgenommen.

Von denselben Ordensbeamten wird auch das Eigenthum und der Werth seiner zwei Dritttheile des Vermögens geprüft, welche dem Stifter nach Abrechnung der der Commende zugewiesenen Dotation verbleiben müssen. Diese Prüfung wird nur beiläufig und mit grösserer Nachsicht vorgenommen.

Der Grund der Verschiedenheit, mit welcher bei diesen beiden Untersuchungen vorgegangen wird, besteht darin, dass die beiden letzten Dritttheile des Vermögens dem Stifter zur freien Verfügung verbleiben, und daher von ihnen auch gleich nach dem Tage der Stiftung der Commende veräussert werden können; während die zur Dotation bestimmten Güter in das Eigenthum des Ordens übergehen und der Fruchtgenuss von demselben nicht bloss dem Stifter, sondern allen, auf Grund der in der Stiftungs-Urkunde vorgezeichneten Successions-Ordnung zu demselben Berufenen, gebührt.

Von dieser Success-Ordnung handelt der folgende Paragraph.

XIX.

Der Stifter hat das Recht zur Nachfolge in der Commende nicht bloss alle seine Söhne und männlichen Descendenten bis in's Unendliche, sondern auch andere Linien und männliche Descendenzen seiner Familie, oder auch fremde, wenn sie nur adelig sind zu berufen.

Wenn es sich um einfache Commenden handelt, so hat er das Recht, zwei andere Linien oder Descendenzen ausser seiner eigenen zu berufen.

Bei Balleien und Prioraten kann er drei berufen.

Hat er eine oder mehrere Töchter, so kann er anstatt seiner eigenen männlichen Linie und Descendenz, auch Söhne und die männliche Nachkommenschaft seiner Tochter oder seiner Töchter berufen, doch müssen diese mit einem Adeligen vermält sein.

Sobald alle zur Nachfolge berufenen Linien beendet und erloschen sind, wird der Fruchtgenuss mit dem Eigenthum der Güter zu Gunsten des Ordens vereiniget und das freie Verleihungsrecht der Commende steht dem Grossmeister zu.

XX.

Die Urkunden, welche der Stifter vor der Stiftung der Commende der Ordenskanzlei vorlegen muss, und welche die Grundlage der Verhandlung bilden, sind folgende:

1. Der Taufschein des Stifters, mit welchem dessen Taufe und christkatholisches römisches Glaubensbekenntniss bezeuget wird.

2. Der Taufschein seiner Eltern;

3. deren Trauschein, aus welchem die legitime Geburt ihrer Kinder erhellet.

4. Ein Sittenzeugniss, ausgestellt von dem ordentlichen Pfarrer;

5. die Adelsprobe;

6. das Wappen seiner Familie, soweit dieses noch nicht bei der Verhandlung über die Aufname eines Ritters seiner Familie vorgelegt worden ist.

7. Ein Verzeichniss der unbeweglichen Güter oder fruchtbringend angelegten Kapitalien, belegt mit den Schätzungsprotokollen und Contracten über die fruchtbringend angelegten Kapitalien und zwar sowohl zum Beweise des Eigenthums und der Tauglichkeit dieser Güter oder Anweisungen zur Dotation der Commende, als auch jener zwei Drittel des Vermögens, welche dem Stifter, wie oben angeordnet wurde, zu verbleiben haben.

8. Ein Certifikat des Grundbuchsamtes, in dessen Sprengel die für die Commende bestimmten Güter gelegen sind, durch welches nachgewiesen wird, dass die gedachten Güter bis zum Betrage der Dotation unbelastet sind.

XXI.

Es erübriget noch, der Gebühr zu erwähnen. Diese ist für die Ehren-Ritter höher, als für die wirklichen Ritter.

Da, wie erwähnt, die Dotation für einfache Commenden mindestens L. 70.000, für Balleien L. 105.000 und für Priorate L. 140.000 beträgt, so ist auch die an die Ordens-casse zu zalende Gebühr höher und beträgt bei einfachen Commenden bei . . . . L. 1700, für Balleien und Priorate . . . . „ 1800.

Im Uebrigen besteht die Gebühr aus den nämlichen Posten und erreichet auch dieselbe Summe, wie sie im §. VII dieses Auszuges angeführt ist.

Allgemeine Bemerkungen.

XXII.

Zu bemerken ist, dass der Ritter durch die Aufname in den Sanct Stefans-Orden, selbst wenn er ein Ausländer wäre, berechtiget wird, das Ordenskleid und die Ordensdekoration in Toscana zu tragen, nicht aber in den Staaten seines eigenen Landesfürsten, wozu er die Bewilligung desselben bedarf.

XXIII.

Um so mehr bedarf ein Ausländer, welcher eine Commende des St. Stefans-Ordens stiften will, und zu deren Dotation in seinem Vaterlande und nicht in Toscana gelegene Güter anweisen will, die Bevollmächtigung seines Landesfürsten.

XXIV.

In diesem Falle wäre ihm nicht nur die Gnade seines Landesfürsten zur Anweisung seiner Güter als Dotation, sondern auch des Grossmeisters, welcher den Orden zu deren Anname ermächtiget, nothwendig, weil nach den statuarischen Bestimmungen die als Dotation der Commende bestimmten Güter in Toscana gelegen sein müssen.

Beilage XVIII.

Decret

an die Länderstellen von Nieder-Oesterreich, Oesterreich ob
der Enns, Steiermark, Illyrien, Küstenland, Tirol, Mähren
und Schlesien, Böhmen, Galizien.

Wien den 12. Juni 1838.

$$\frac{3255}{555}\,1838.$$

Die vereinigte Hofkanzlei war in dem Falle Seiner
k. k. Majestät über die Frage: ob österreichische Staatsbürger,
wenn sie hierzu aus besonderer Gnade die allerhöchste Bewilligung erlangen, ausnamsweise auch noch fernerhin einen
ausländischen Adel annehmen dürfen, und ob solche, so wie
auch jene Staatsbürger, die bei ihrer Einwanderung schon
einen ausländischen Adel erwiesen haben, auch noch fernerhin an den dem auswärtigen Adel zustehenden Vorrechten
Theil nehmen sollen, allerunterthänigsten Vortrag zu
erstatten.

Seine k. k. Majestät haben nun mit allerhöchster Entschliessung vom 6. Februar dieses Jahres zu bestimmen
geruhet, dass es bei den bisherigen über diesen Gegenstand
bestehenden Vorschriften zu verbleiben habe.

Da aus den von einzelnen Länderstellen in Folge des
hierortigen Auftrages vom 30. November 1835, Z. 31284,
diessfalls anher erstatteten Berichten hervorgeht, dass diese
Vorschriften nicht so, wie es nothwendig und angemessen
wäre, allenthalben in Evidenz stehen, und gehandhabt
werden; so wird Folgendes bekannt gemacht:

Was nun die Vorrechte des Adels anbelangt, so sind es
einige, welche sowohl dem inländischen als dem ausländi-

schen Adel zustehen; mehrere sind bloss dem inländischen
Adel eigen.

Zum genauen Unterschiede werden sie also bezeichnet:

Die Vorrechte des inländischen, nämlich der Amtswirk-
samkeit der vereinigten Hofkanzlei, als der Adels-Controll-
Behörde, zugewiesenen Adels sind:

a) Das Recht sich des verliehenen Titels, Prädikates (dieses
in Vereinigung mit dem Familien-Namen) und des Wappens zu bedienen, und zu fordern, dass die Ersteren dem
Adeligen auch von Andern beigelegt werden.

Hieher gehören auch die den mediatisirten reichsfürstlichen und reichsgräflichen Häusern zugestandenen Ehrenvorzüge der Ebenbürtigkeit und des Titels „Durchlaucht"
für die Chefs der Ersteren und „Erlaucht" für die Chefs
der Letzteren.

b) Der privilegirte Gerichtsstand in jenen Provinzen, wo ein
solcher für den Adel besteht.

Dem gemäss gehören die Adeligen in civilrechtlichen
Streitigkeiten und in Geschäften des adeligen Richter-
amtes vor das Forum der Landrechte, in Criminalfällen
vor den Magistrat der Hauptstadt der Provinz; in schweren Polizeiübertretungen auf dem flachen Lande vor das
Kreisamt, welches auch dann einzuschreiten hat, wenn
einem Adeligen eine körperliche Verletzung, eine wider-
rechtliche Kränkung der Freiheit oder eine Ehrenbeleidi-
gung zur Last fällt, und diese Vergehungen nicht in die
Klasse der Verbrechen oder schweren Polizeiübertretungen
gehören.

Dienstgeber vom Adel in Wien müssen bei Dienst-
bothenstreitigkeiten nach §. 147 der Wiener Dienstbothen-
ordnung vom 10. Mai 1810 bei der Polizei-Oberdirection
belangt werden.

c) Die gerichtlichen Ehrenvorzüge des Sitzes vor Gerichte,
und in sämmtlichen Erlässen die Titulaturen „Herr" oder
„Frau" für Individuen des Herrn- oder Ritterstandes.

d) Laut des mit allerhöch er Entschliessung vom 23. Mai 1827 genehmigten Rekrutirungssistems geniesst der Adel die Militärbefreiung in den alt conscribirten Provinzen, nicht aber im lombardisch - venetianischen Königreiche, Tirol und Dalmatien, und

e) die Competenzfähigkeit um Präbenden und Plätze bei jenen Domkapiteln, Damenstiften, Erziehungs - Instituten und verschiedenen männlichen und weiblichen Stiftungen, wo der Besitz des österreichischen Adels überhaupt, oder der ..esitz bestimmter Adelsstufen als Erforderniss besteht.

f) Der Adel gibt die Fähigkeit nach Verschiedenheit der Adelsstufen gewisse Würden und Auszeichnungen zu suchen, als die k. k. Kämmerer -, Truchsessen - Würde, die Hoffähigkeit und den Sternkreuzorden.

Der ungarische St. Stefansorden wird in der Regel nur Adeligen, und das goldene Vliess nur dem höchsten Adel von alter Abkunft verliehen.

g) In denjenigen Provinzen, wo landständische Verfassungen bestehen, besitzen die Adeligen aus dem Herrn - und Ritterstande die Befähigung zum Incolat.

Aus dem Letzten fliessen die weitern Vorrechte der Landtafelfähigkeit oder des Rechtes, die in der Landtafel eingetragenen Realitäten zu besitzen, den landständischen Versammlungen beizuwohnen, die ständische Uniform zu tragen, und sich um die in den einzelnen Provinzen bestehenden Landeswürden und Erbämter bewerben zu dürfen.

Im lombardisch - venetianischen Königreiche hat nach dem Patente vom 24. April 1815, I. Theil, §§. 1, 2, 3 bei den Central - und Provinzial - Congregationen der Adel eine eigene Repräsentanz durch Mitglieder seines Standes.

Der einfache ungarische Adel ist zur Erwerbung des Inkolats in den österreichischen Provinzen, wo die erst-

erwähnten ständischen Verfassungen mit besondern Vorrechten bestehen, nicht geeignet.

h) Die sogenannten rittermässigen Lehen können nur von
Adeligen erworben werden, und

i) die Errichtung von Familien-Fidei-Commissen pflegt nur
dem Adel bewilligt zu werden, endlich

k) ist der ansässige inländische Adel nicht gehalten, sich als
Criminalbeisitzer verwenden zu lassen.

Die Vorrechte des ausländischen Adels beschränken
sich dagegen auf folgende:

a) Der ausländische Adel darf sich auch des ihm im Auslande
zustehenden Titels, Prädikates in Vereinigung mit dem
Geschlechtsnamen und des Wappens bedienen; die beiden
ersteren Standesvorzüge müssen ihm auch in ämtlichen
Erlässen beigelegt werden.

b) Er gehört vor das Forum der Landrechte, und der ausländische Herrn- und Ritterstand geniesst auch

c) die oben dem inländischen Adel zustehenden gerichtlichen
Ehrenvorzüge.

d) In den Provinzen, wo der Adel von der Militärstellung
befreit ist, kommt diese Execution auch dem ausländischen
Adel in jenen Fällen zu Statten, wenn das Individuum,
welches sich des Adels prävalirt, hierzu die Bewilligung
des Landesfürsten erlangt hat, weil nur jene ausländischen
Adeligen als adelig gehalten werden können, welche die
angeblichen aus einem andern Staate mitgebrachten oder
von einer fremden Regierung erworbenen Standesvorzüge
befriedigend dargethan, und soferne es österreichische
Staatsbürger sind, die allerhöchste Bewilligung erlangt
haben, sich dieser Standesvorzüge zu prävaliren.

e) Ausländische Adelige können am allerhöchsten Hofe auch
Hofwürden, als die Würde eines k. k. Kämmerers und
inländische Orden erhalten; allein dadurch erlangen sie
noch keinen Anspruch auf den österreichischen Adel, oder
auf die österreichische Staatsbürgerschaft.

Was den ausländischen Adel anbelangt, so ist es überhaupt nothwendig, genau zu beachten, unter welchen verschiedenen Verhältnissen derselbe mit dem Anspruche auf
diese Vorrechte hervortritt.

Ausländische Adelige, die nur auf Reisen Oesterreich
berühren, die kein bleibendes Domizil in Oesterreich nehmen,
welche die Staatsbürgerschaft nicht erwerben, sind hinsichtlich ihres Adels auch hier nicht in Frage.

Es handelt sich demnach um Landesinsassen, um An-
gehörige Oesterreichs.

Man findet:

1. Oesterreichische Unterthanen im Besitze des ausländischen Adels, den sie oder ihre Vorfahren, als sie noch
Ausländer waren, erworben haben.

Es sind nämlich auswärtige Adelige nach Oesterreich
gekommen, sie sind in hierländige Dienste getreten, oder
haben Eigenthum erworben, oder andere bleibende Beschäf-
tigungen unternommen, und sich nach den verschiedenen
Vorschriften nationalisirt; sie haben mithin, auch bevor sie
österreichische Staatsbürger wurden, einen ausländischen
Adel besessen.

In Absicht auf solche Adelige liegt der Landesstelle
ohnehin die Pflicht ob, bei Verleihung der Staatsbürgerschaft
an adelige Ausländer immer zugleich den Ausweis des
behaupteten Adels zu fordern, und falls der Adel für ausgewiesen gehalten wird, die Acten hieher zur Entscheidung
vorzulegen, damit nicht Jemand auch von Seite der Behörden für adelig angesehen werde, der es nicht ist; doch muss
der Adel solcher Individuen von Regierern ordentlicher
Staaten, von Churfürsten oder solchen Reichsständen her-
rühren, denen ehemals vom Reichsoberhaupte das Recht zu
adeln (die sogenannte Comitiva major) verliehen war.

Es kommen zudem ausländische Adelige nach Oesterreich, die, ungeachtet sie im Kaiserstaate ihr Domizil nehmen,
dennoch, wenn sie es nicht ausdrücklich verlangen, nicht
nationalisirt werden.

Dieses ist insbesondere in Betreff der Militär - Offiziere der Fall, welche nach den bestehenden Vorschriften durch den österreichischen Militärdienst die Staatsbürgerschaft nicht erlangen.

Ihrer Eigenschaft folgen in der Regel die Kinder derselben, so lange sich diese nicht eigends nationalisiren.

Diese Kathegorien sind, wenn sie sich über den Adel ausweisen, auch nur der Vorrechte des ausländischen Adels theilhaftig.

II. Es erlangen Personen, welche österreichische Unterthanen sind, einen auswärtigen Adel, und zwar einen solchen, welcher nach dem obbesagten in Oesterreich beachtet wird.

Diese Erwerbung kann nur dann von Wirksamkeit sein, das heisst, die Erwerber dieses Adels können sich nur dann erst der Vorrechte des ausländischen Adels prävaliren, wenn sie bei besonders rücksichtswürdigen Verhältnissen die allerhöchste Bewilligung hiezu wirklich erlangt haben.

Eine eigene Classe von österreichischen Staatsbürgern mit dem österreichischen Adel ist jedoch

für Tirol und Vorarlberg durch die allerhöchste Entschliessung vom 28. Juni 1819, Hofkanzleidekret vom 29. Dezember 1819, Zahl 40411, und

für Salzburg, den Innkreis und die zurückerworbenen Parzellen des Hausruckkreises durch die allerhöchste Entschliessung vom 5. Mai 1829, Hofkanzleidekret vom 9. Mai 1829, Zahl 10823,

entstanden, da allen denjenigen Familien, welche nicht in der vorgezeichneten Frist die Bestättigung des erlangten reichsständischen Reichs - Vikariats des Mailänder und Mantuaner Adels, und die Bestättigung des fürsterzbischöflichen oder churfürstlichen Adels erwirkten, und dadurch der Aufname in den österreichischen Adel theilhaftig wurden, noch immer nur die ausländische Adelseigenschaft zugestanden wird.

Durch die allerhöchste Bewilligung sich des ausländischen Adels zu prävaliren, erlangen aber die betreffenden Personen keine anderen Vorrechte, als jene, welche mit dem ausländischen Adel verbunden sind.

Häufig werden Amtshandlungen, bei denen der ausländische Adel als bestehend angenommen wurde, und die allerhöchste Bewilligung, sich des ausländischen Adels prävaliren zu dürfen, dahin verstanden, als wenn dadurch der ausländische a n e r k a n n t, und hiedurch in einen österreichischen umgestaltet worden wäre; während aus einer solchen Amtshandlung nur die Bewilligung resultirt, sich des ausländischen Adels in den k. k. Staaten zu bedienen; daher insbesondere bei Stiftungen, zu deren Erlangung bloss der e r b l ä n d i s c h e Adel berufen ist, bei jedem einzelnen Competenten auf den Beweis des inländischen Adels gedrungen werden muss.

Es werden demnach denjenigen, welche hiezu die Vorschläge zu erstatten haben, stets die diessfälligen Verordnungen, als der Hofkanzlei - Präsidial - Erlass vom 21. Mai 1833, Zahl 878, die Hofkanzlei-Dekrete vom 21. Juni und 19. September 1835, Zahl 15777 und 25006, gehörig in Erinnerung zu bringen sein, damit dieselben genau gehandhabt werden.

Für Niederösterreich.

Die Regierung hat sämmtliche Behörden im Lande hievon in Kenntniss zu setzen.

Die Hofkammerprokuratur und die niederösterreichischen Stände werden von hieraus mittelst Abschrift von dieser Verordnung verständiget, und letzteren insbesondere die Vorschrift vom 9. April 1753 über die Aufname in das ständische Consortium zur genauen Darnachachtung mit der Bemerkung in Erinnerung gebracht, dass die Verhandlung wegen der sogenannten rittermässigen Edelleute noch im Zuge ist.

Die Hofkammerprokuratur wird als niederösterreichische Kammerprokuratur verpflichtet, wenn sie über einen derlei Adelsact, wie sie hier besprochen werden, vernommen wird;

für die übrigen ohne Niederösterreich.

Die Landesstelle hat sämmtliche Behörden des Landes und auch die Stände, sowie auch die Kammerprokuratur von dieser Verordnung zu verständigen, und die letzte zu verpflichten, wenn sie über Adelsverhandlungen vernommen wird;

für alle

in allen Fällen alle Behelfe, und besonders jene für die Abstammung von Generation zu Generation der Form und dem Inhalte nach genau zu prüfen.

Dieses wird dadurch erreicht, wenn die Kammerprokuratur jederzeit, so oft der Beweis über Abstammung eines Bittstellers von adeligen Vorältern zu Sprache kommt, beauftragt wird, eine genealogische Tafel, d. h. eine spezielle Stammtafel nach den von den Parteien gelieferten Daten zu entwerfen, und vom ersten Adelbewerber an -- bei jeder einzelnen Generation anzudeuten und beziehungsweise von Generation zu Generation zu vergutachten, ob die vorhandenen Behelfe und Urkunden vermeintlichen Beweis über den behaupteten Standesvorzug herstellen oder nicht.

Für alle mit Ausname Nieder-Oesterreich.

Was die Aufnahme der Adeligen in das Consortium der Stände und beziehungsweise die Bewerbungen um das Incolat anbelangt, so bestehen über die Art und Weise, wie der Adel (mindestens der Ritterstand) ausgewiesen werden muss, eigene Vorschriften, auf welche festgehalten werden muss.

Jenen Ständen, welchen noch bis jetzt das Recht zusteht, die Landmannschaft (das Incolat) zu verleihen, muss insbesondere die allerhöchste Vorschrift vom 19. April 1753 in Erinnerung gebracht werden, dass sich die Bewerber darum mindestens über den Ritterstand des österreichischen Kaiserstaates ausweisen müssen.

Für Böhmen und Mähren.

In Bezug auf die Ausfertigung der Stammtafeln oder Stammbäume durch die Seelsorger hat das Gubernium bereits durch die hierortigen Verordnungen

für Mähren

vom 19. Dezember 1835, Z. 33863, und vom 25. August 1836, Z. 20182;

für Böhmen

vom 21. Hornung und 21. October 1834, Z. 3727 u. 26700, und vom 21. Mai 1836, Z. 13433;

für Mähren und Böhmen

die geeignete Weisung erhalten, worauf dasselbe zurückgeführt wird.

Für die übrigen sieben Länderstellen ohne Böhmen und Mähren.

Nachdem seit einiger Zeit aus manchen Provinzen Stammtafeln und Stammbäume von Seelsorgern ausgefertigt vorgekommen sind, so wird der Landesstelle bemerkt, dass die Pfarrer wohl berufen sind, aus den Tauf-, Trauungs- und Sterbematrikeln genaue Auszüge in der Form von Tauf-, Trauungs- und Todtenscheinen über die einzelnen in den Matriken vorkommenden Acte auszustellen, wenn sie aber das verwandtschaftliche Verhältniss in einer genealogischen Uebersicht (Stammbaum) darstellen, so überschreiten sie jenes Befugniss und greifen, indem sie hierdurch gleichsam ein Erkenntniss über Filiationsverhältnisse aussprechen, in die Judicatur der politischen Behörde ein.

Laut Hofdekrets vom 16. März 1786 ist zwar genau bestimmt, dass genealogische Uebersichten oder Stammbäume über das Verhältniss der Verwandtschaft mehrerer Personen von der geistlichen und weltlichen Obrigkeit legalisirt werden; allein diese Stammbäume müssen nur aus wirklich schon in legaler Form vorliegenden Dokumenten verfasst sein, zumal die Ausfertigung von Stammbäumen als selbstständige Beweisurkunden ohne Beischliessung der, jede einzelne Trauung bewährenden Dokumente auch eine Umgehung der Stempelvorschriften bildet.

In diesem Sinne hat daher die Landesstelle, wenn Stammbäume der Seelsorger vorkommen, das Amt zu handeln.

Beilage XIX.

Verzeichniss

derjenigen allerhöchsten Patente und sonstigen Verordnungen, welche über die Rangsverhältnisse des Adels und dessen Titulatur, dann über die Aufname in die ständischen Consortien in dem k. k. Hofkanzlei-Archive und Registratur aufgefunden worden sind.

A) In Beziehung auf die Rangverhältnisse des Adels und Titulatur.

1. Die Kanzlei- und Taxordnung für den steiermärkischen Hoftaxator, vom 22. October 1597.

In derselben erscheinen nebst den Grafen-, Freiherrn- und Herrn-Briefen auch Ritterbriefe mit der Taxe von . . . . 100 fl.

Adelsbriefe mit dem Turniershelm mit der Taxe von . . . . 100 fl.

Adelsbriefe mit einem gekrönten Stechhelm . 60 fl.

dann gemeine bürgerliche Wappen mit Kronen, geschlossenen und offenen Helmen mit und ohne Lehenartikel, mit den Taxen von 20 — . . . . . 80 fl. bemessen.

2. Die Instruction und Taxordnung für die österreichische Hofkanzlei vom 1. Dezember 1628.

In derselben werden wieder nebst den Grafen- und Freiherrnbriefen, Ritterbriefe, wofür nach Gelegenheit der Person die Taxe von 40—50 oder 60 fl. — Gemeine Nobilitation vom neuen Tax 132 fl., so aber jemand ein Wappen besessen 100 fl.,

Dann Wappenbriefe mit Kron und Lehenartikel, dann ohne Kron und Lehenartikel mit der Taxe von 50, 32 und 26 fl. bemessen, angeführt.

3. Instruction und Taxordnung für die geheimen Hofkanzleien in Nieder-Oesterreich, Innerösterreich und Oberösterreich ddo. 31. Dezember 1669.

In derselben werden nebst der Grafen- und Freiherrnbriefe, Ritterbriefe wofür eine Taxe von 40—60—80—100—112—142—150 fl.;

Nobilitationen, wofür eine Taxe von 50—60—80—100—112—142 und 150 fl.,

dann gemeine Wappen, wofür eine Taxe von 18—22 und 30 fl. festgesetzt erscheint, angeführt.

2. Die Instruction für den Registrator und Taxator der geheimen innerösterreichischen Hofexpedition sammt der Taxordnung vom 27. October 1679.

In derselben wird ebenfalls nebst den Grafen- und Freiherrnbriefen auch der Ritterbriefe, wofür eine Taxe von 450 bis 600 fl.;

der Nobilitation, wofür für Alles eine Taxe von 130 fl. bis 220 fl.;

der gemeinen Wappenbriefe, wofür eine Taxe von 50 bis 100 fl.;

der gemeinen Prädikate, wofür die Taxe von 50 bis 100 fl. festgesetzt erscheinen, — gedacht.

5. Der Nachtrag zu erstbemeldeter Instruction ddo. 26. März 1685;

Wo hinsichtlich der Nobilitationen festgesetzt wurde, dass wenn mehrere Personen oder Stipita, in den Standeserhebungen inserirt zu wollen verlangen, über die ausgesetzte ordinäre Taxe noch die Hälfte derselben nach Proportion und Anzahl der Personen begehrt werden soll.

6. Instruction und Taxordnung für die geheimen nieder-, inner- und oberösterreichische Hofkanzleien ddo. 11. Juni 1683.

In derselben werden nebst den Grafen- und Freiherrnbriefen, Ritterbriefe mit einer Taxe von 1000 fl. und 500 fl.; Nobilitationen mit einer Taxe von 300 fl. angeführt. Wappenbriefe erscheinen in dieser Taxordnung nicht.

7. Abschrift eines alleruntertähnigsten Vortrages, ddo. 19. Jänner 1721, bei welchem eine Taxtabelle erlieget, — demzufolge bei der böhmischen Hofkanzlei folgende Taxen sammt Gebühren für den niederen Adel bestanden haben:

für den alten Ritterstand eines Ausländers . .	791 fl.	40	kr.
Incolat für denselben . . .	1399 „	40	„
für den alten Ritterstand eines Inländers . .	494 „	10	„
Incolat für denselben	1049 „	30	„
für den neuen Ritterstand eines Ausländers . .	441 „	11	„
Incolat für denselben	1049 „	—	„
für den neuen Ritterstand eines Inländers . .	320 „	—	„
Incolat für denselben	928 „	—	„
für die Nobilitation .	235 „	—	„
Incolat . .	608 „	—	„

Es gehet übrigens aus dem Hofdekrete vom 22. November 1751 an das Taxamt hervor, dass diese Taxe im Jahre 1719 eingeführt wurde, und dass bei Böhmen vom Jahre 1740 von solchen Adelswerbern, die keine Verdienste hatten, die Taxe von 100 ⚏ für den Adel aufgenommen wurde.

8. Universal-Taxordnung, welche bei Vereinigung der nieder-, inner-, oberösterreichischen Hofkanzleien im Jahre 1722 in Wirksamkeit gesetzt wurde.

In derselben erscheint für einen Ritterbrief ohne vorherigen Adel die Taxe von 800—1000 fl.

Da aber ein Geschlecht über 50 Jahre im adeligen Stand, war von 500—600 fl.

für eine Nobilitation simpliciter 200 fl.

Mit Wappen und Prädikat 300 fl.,

für einen Wappenbrief mit offenem Helm ohne Nobilitation 100 fl.

9. Die Hofverordnung vom 21. August 1756 die Regulirung der Standes- und Intimationstaxen betreffend.

Bei dieser Verhandlung erlieget ein Schema über die bei der Reichskanzlei und bei der Hofkanzlei bestandenen und bei Letzterer künftig zu bestehen habenden Standeserhebungstaxen; nach derselben bestanden folgende Taxen:

Bei der Reichskanzlei:

Für den Reichsritterstand . . 833 fl. 30 kr.

für denselben ohne vorgegangene
Nobilitation . . . . 942 „ 30 „

für den Reichsadelstand . 380 „ — „

Bei der österr. Hofkanzlei alte Taxe.

für einen Ritterbrief ohne vorherigen
Adel . . . . 800 fl.

da aber ein Geschlecht über 50 Jahre in
den Adelstand wäre . . . . . 500 „

für eine Nobilitation simpliciter 200 „

mit Wappen und Prädikat . . . . . . 250 „

für einen Wappenbrief mit offenem Helme
ohne Nobilitation . . . . 100 „

Bei der böhmischen Hofkanzlei alte Taxe:

Alter Ritterstand für einen Ausländer . . . . 767 fl. 40 kr.

alter Ritterstand für einen Inländer 470 „ 10 „

neuer Ritterstand für einen Ausländer . . . 417 „ — „

neuer Rittterstand für einen Inländer . . . . . 296 fl. — kr.
Nobilitation . . . . 226 „ — „

10. Die Landesordnung König Wladislaus vom
Jahre 1492 für Böhmen. (Mährische Landesordnung
folio XXII. 17133, 1829).

In derselben wird den Rittern der Titel „edelgeborner
und tapferer Ritter" (Vrozeny a statucžny Rytjřzu) den Wla-
dyken hingegen nur „edelgeborner Wladyk" (Vrozeny
Wladyka) gegeben.

11. Die Landesordnungen Ferdinand I. vom Jahre
1530 und 1550 (936 October 1791 Böhmen), in welcher
die böhmischen Worte „Wladyky und Rittyřzj pro-
miscue in uno eodemque sensu" genommen werden, als:

Art. IX. Der König hat es einverständlich gemeinschaft-
lich mit den Herrn, Ritter und Städten zum gesetz gemacht
— s Stawum Panskim Rytyrskym a Miestskim snesti, a za
zrzizenj zemske ustanowatj ražylj.

Art. X. Wird des Königs Wladislaus Gesetz, wie es
bei Besetzung des grösseren Landrechtes gehalten werden
solle, angeführt:

„Mit Hulfe Gottes und Einwilligung aller Herrn und
Ritter: s Powolenim wssech Panuw y take Wladick" und
am Schlusse „diess ist in der Landtafel eingetragen worden
mit Bewilligung der Herrn und Ritter und auf Befehl des
Königs."

Art. XXXI. Die Landesämter soll der König mit dem
Beirathe der Herrn und Ritter besetzen, „s Radkau Panskau
a Wladiczkau."

Art. XXXVIII. Als man über die Vorrechte der Grafen Schlick berathschlagte, wird angeführt — nachdem der
König die Sache mit den Herrn und Rittern fleissig überlegt
und in Erwägung gezogen, fanden sie es „Panj a Wladi-
kowy."

12. Die Landesordnung Maximilian des II. vom
Jahre 1564 für das Königreich Böhmen.

Auch in derselben werden in den Art. XVIII., XX.,
XLVI. die böhmischen Worte Wladiky und Ryttyřzy pro-
miscue in uno eodemque sensu genommen.

13. Die erneuerte Landesordnung Ferdinand II.
vom 10. Mai 1627 Art. A. XV; wird festgesetzt, dass
einem vom neuen in den Wladikenstand (in der deutschen Uebersetzung gegeben mit Nobilitation) oder mit
einem Wappen begnadeten und so auch seinen Descendenten bis in das dritte Glied, der Titel Slowutnj
Panoss gegeben werden solle, und derselbe keineswegs
den Titel „Vrozeny Wladyczc," welcher nur den älteren Geschlechtern aus der Ritterschaft, denen sie nicht
gleich zu achten sind, zustehe, dass aber die Nachkommen, welche sich nach der Erlangung des Wladyken-
Briefes oder Wappens im dritten Gliede befinden, mit
dem gleichgedachten Titel Vrozeny Wladyczc zu belegen sein.

14. Das allerhöchste Rescript Kaiser Ferdinand II.
vom 10. März 1629; wo im Königreich Böhmen ein
Unterschied zwischen einer Nobilitation und einem Wappenbriefe festgesetzt erscheint — demzufolge der Nobilitirte nebst Ausweisung seiner ehelichen Geburt bei den
Ständen sogleich — der blos mit einem Wappen begna-
det, aber erst nach den Bestimmungen der Landesordnung vom 10. May 1627 A. XV. in der dritten Generation und dem Ausweise der ehelichen Geburt bei den
Ständen angenommen werden konnte. Auch wurde dem
Adel die Aufnahme zu Wappenvettern ohne allerhöchsten
Consens untersagt.

15. Das Allerhöchste Rescript an die Stände
Mährens ddo. 25. März 1629.

Dass die Würde des Herrn- und Ritterstandes Niemand
als der König geben und conferiren könne; Ritter und Adelstand wurde in diesem Rescripte als gleich bedeutend genommen.

16

16. Das Patent vom 1. März 1631; in demselben erscheint die Abstuffung des Adels folgendermassen angegeben; unmittelbar nach den Freiherrn werden diejenigen, so rittermässigen Standes geboren sind, angeführt, dann die übrigen Nobilitationen, und

Gemeinen von Adel; —

Denjenigen, so rittermässigen Standes, soll das Prädikat „Edelgestrengen," den nobilitirten und gemeinen von Adel allein „Edel und Vest," welche aber bürgerliche Gewerbe treiben „Edel Ehrenvest" gegeben werden.

17. Das Rescript vom 24. April 1635.

Dass von der innerösterreichischen Hofkammer den Landleuthen, der rittermässige Titel „Edel und Gestreng" den nobilitirten aber allein „Edel und Vest" geschrieben werden solle.

18. Das allerhöchste Rescript ddo. 22. Februar 1644;

Dass durch den Ausdruck rittermässige Edelleuthe von vier Ahnen der alte Ritterstand nicht erwiesen, sondern nur diejenigen des alten Ritterstandes fähig sein und gleich gehalten werden sollen, so ihre Nobilitation – mit den ausdrücklich klaren Worten „in den alten Ritterstand" erwirkt haben.

19. Das Diplomsconcept ddo. 6. März 1652, wodurch dem Ritterstande in Oesterreich unter der Enns sowohl insgesammt als auch in Particulari einem jedweden Mitgliede desselben ewiglich der Titel Gestreng und rücksichtlich Edelgestreng verliehen wird.

20. Das Patent vom 19. Dezember 1736, in welchem die unter der Zahl 16 angeführten Patente vom 1. März 1631 bezogene Klassifikation des niederen Adels in den rittermässigen nobilitirten und gemeinen von Adel beibehalten wurde.

21. Der allerunterthänigste Vortrag vom 23. October 1753 und das Rescript an sämmtliche Länderstellen ddo. 29. November 1752, wodurch angetragen und genehmiget wurde, dass der Ausdruck

rittermässig von 4 Ahnen in den Adels-Diplomen nicht gebraucht werde — auch wird dem Ritterstande in sämmtlichen Provinzen das Ehrenwort Edler verliehen.

22. Die allerhöchste Entschliessung über den Vortrag ddo. 29. Dezember 1764, demzufolge bürgerliche Wappen- briefe in den sämmtlichen deutschen Erblanden ein- zuführen anbefohlen wurde.

23. Das Patent ddo. 31. Mai 1766, nach welchem bei Ahnenproben die Ritterbürtigkeit durch Helm und Schild ohne Ausnahme zu erweisen sei.

24. Der allerhöchst resolvirte Vortrag vom 19. Fe- bruar 1778 über das Gesuch des Obristwachtmeisters Joseph Baader um Verleihung des alten Ritterstandes — demzufolge das Wort alter Ritterstand ohne einen ex- pressen Befehl nicht gebraucht werden soll.

25. Das Hofkanzlei-Dekret vom 4. März 1803, Z. 3448, nach welchem in Folge allerhöchster Entschliessung die in der Provinz Tyrol den adeligen und siegelmässigen Personen nach dem Tyroler-Landesstatut zukommenden Hypothekar- und Jurisdictionsrechte, denen zu Folge jeder Adeliche und Siegelmässige lediglich unter seiner Unterschrift und Mitfertigung zweier siegelmässigen Zeu- gen seine Realitäten pfandrechtlich verschreiben konnten, ohne dass in actis publicis eine Vormerkung erscheinen durfte, aufgehoben wurden.

26. Das Allerhöchste Patent vom 13. April 1817 über die Reorganisirung der Ständischen Verfassung in Gali- zien, nach welchem §. 2 zu dem Ritterstande in Gali- zien, nebst den eingebornen Edelleuten, auch diejenigen, welche in den Ritterstand erhoben, dann aber auch sämmtliche rittermässigen Edelleute des gesammten Kai- serstaates, beigezählt erscheinen.

B. In Hinsicht der Ertheilung des Incolats, Indigenats oder Landmannschaftén.

27. Die erneuerte Landesordnung Ferdinand II. vom 10. Mai 1627 für das Königreich Böhmen.

In den Declaratoria und den Novellen A. a. 17 wird erwähnt,

dass es vormals dem Ritterstande zustand, auch bloss bürgerliche Personen in diesen Stand aufzunehmen, welche sich jedoch ausweisen müssten, von ehelichen Eltern bloss in das 3. Glied und ehelich geboren zu sein, zugleich wird dieses Recht aber dahin beschränkt:

dass nur diejenigen hinfüro aufgenommen werden können, welche nebst dem Ausweise der ehelichen Geburth zugleich auch eine Nobilitation oder derselben Aprobation durch die böhmische Hofkanzlei erlangt haben.

28. Das Circulare vom 23. October 1746 für das Herzogthum Schlesien.

In demselben erscheint §. 1mo festgesetzt, dass alle diejenigen Familien, welche vor dem Jahre 1701 in den Adelstand sich befunden, und Landgüter besassen, ohne Diplom als böhmische Ritter angesehen und titulirt werden sollen: alle diejenigen Inländer und Ausländer aber seit dem Jahre 1701, wenn sie der landtäflichen Güter fähig sein und bleiben wollen, den Ritterstand und das Incolat bei der böhmischen Hofkanzlei anzusuchen verpflichtet sein sollen.

29. Das allerhöchste Kabinetsschreiben vom 7. November 1827, Z. 29433, nach welchem allerhöchst Seiner Majestät das Recht der Incolateverleihung in Böhmen allein zustehet.

30. Die Confirmation der von den niederösterreichischen Ständen verliehenen Ordnung, vom 10. Februar 1572, wegen Annehmung der Landleuthe ddo. 10. Februar 1572.

31. Confirmaton ddo. 28. December 1702 der Privilegien der obderennsischen Stände vom 8. April 1596.

32. Rescript vom 9. Dezember 1765, nach welchem Allerhöchst Seine Majestät anzuordnen geruhten, dass es in
Hinsicht der Verleihung des Incolats in Oesterreich ob
und unter der Enns, Steiermark, Kärnthen, Krain, Görz
und Gradiska bei der bisherigen Verfassung zu verbleiben
habe, demzufolge die Stände in gedachten Provinzen das
Incolat selbst zu ertheilen berechtiget sind.

33. Verordnung vom 9. April 1753 an die Landesstellen
von ob der Enns, Steiermark, Kärnthen, Krain, dann an
die niederösterreichischen drei oberen Stände, dass Niemand von nun an in das Consortium der Stände als Herr
und Landmann aufgenommen werden solle, welcher nicht
ein ritterliches oder Herrnstandsdiplom durch eine ehe-
malige inländische Hofkanzlei oder durch das geheime
Directorium in publicis et cameralibus erhalten und in
originali oder authentico bei den Ständen vorgebracht
haben wird.

34. Verordnung an das Tyroler Gubernium ddo.
14. März 1767; wird demselben das bestehende Generale
bekannt gemacht, dass Niemand von der Landmannschaft ihrer Matrikel einverleibet werden
möge, der nicht wenigstens den Ritterstand von dem
durchlauchtigsten Erzhaus oder aus der Reichskanzlei als
erlangt aufzuweisen hat.

Zugleich wurde ein Verzeichniss der Matrikulirten ab-
verlangt, welche blosse Nobilitirte sind.

35. Verordnung an das Tyroler Gubernium ddo. 29. April
1769.

Wird demselben über eine Anfrage hinsichtlich der ein-
zusendenden Verzeichnisse erinnert, dass es die hierortige
Meinung niemals gewesen, dass die alt immatrikulirten sich
annoch zum Ritterstande qualifiziren, sondern nur jene,
welche seit dem Jahre 1753 zu Landleuten aufgenommen
worden sind.

36. Verordnung an das niederösterreichische Gubernium
ddo. 27. August 1768.

Wird demselben über eine Anfrage hinsichtlich des
ausländischen Adels erinnert, dass es bei dem Normale vom
9. April 1753 unabänderliches Bewenden habe, und daher
ein auswärtiges Adels-Diploma in ordine des zu ertheilenden
Incolats nicht zu attendiren sei.

37. Verordnung an die Länderstellen von Oesterreich ob
der Enns, Steier, Kärnthen, Krain, Görz und Gradiska,
Tyrol, dann die niederösterreichischen oberen Stände
ddo. 19. April 1768.

Wird ein Verzeichniss der in das Consortium der Stände
seit dem 9. April 1753 aufgenommenen Landesmitgliedern
abgefordert.

38. Verordnung an das tyroler Gubernium ddo. 18. März
1798 wird über das eingesandte Verzeichniss der seit
dem 9. April 1753 aufgenommenen Landesmitgliedern
anbefohlen der tyroler Ritterschaft zu ahnden, dass mehrere bloss nobilitirte in das Consortium der Stände aufgenommen wurden, zugleich derselben erinnert die aufgenommenen bloss Nobilitirten, umsomehr jene, die gar
keine Nobilitationsdiploma aufzuweisen vermögen, wenn
sie anders die Effectus der Landmannschaft geniessen
wollen, annoch zur Ansuchung des Ritterstandes zu verhalten.

Eine gleiche Verfügung an die Landeshauptmannschaft
in Oesterreich ob der Enns, Kärnthen, Krain, dann das in-
nerösterreichische Gubernium.

39. Allerunterthänigster Vortrag vom 27. Mai 1769,
mittelst welchem die unterm 19. April 1768 abgeforder-
ten Verzeichnisse der seit dem 9. April 1753 aufgenommenen Landesmitglieder in den Provinzen Steiermark,
Kärnthen, Krain, Görz und Gradiska mit dem Bedeuten
vorgelegt werden, dass mittelst Verordnung 18. März
1769 die Landeshauptmannschaften angewiesen worden,
dass die Aufgenommenen bloss Nobilitirten zur Ansuchung des Ritterstandes gehörig anzuweisen seien, —
mit der allerhöchsten Entschliessung dahin lautend: diese

Anzeige und die auf solche erlassene ordnungsmässige Weisung dient zur Wissenschaft.

40. Die über den allerunterthänigsten Vortrag vom 12. Jänner 1787 ergangene allerhöchste Entschliessung, nach welcher die Verleihung der Landmannschaft im Königreiche Galizien den Ständen überlassen wurde — gegen dem jedoch, dass die Stände alle von Seiner Majestät anempfohlene Individuen ohne Verzug und unverweigerlich in ihr Gremium einverleiben, und keinen der nicht einen erbländischen Ritterstand habe, selbst in ihr Gremium einzuverleiben.

Mit dem Patent vom 13. April 1817 wurde jedoch festgesetzt, dass auch die rittermässigen Edelleute der österreichischen Kaiserstaaten als zum Ritterstande gehörig, in das Consortium der Stände einverleibt werden können.

41. Das Patent vom 14. Dezember 1785 über die Einverleibung der adeligen Giltenbesitzer in dem Innviertel mit den obderennsischen Ständen.

Nach §. 2 dieses Patentes wurde zur Eigenschaft eines ständischen Mitgliedes gefordert, dass er begütert und von dem Herrn- oder Ritterstande auch diesen Stand mit einem ordentlichen von einer inländischen Hofstelle oder von der Reichskanzlei ausgefertigten Diplom beweisen könne.

42. Das Patent vom 24. März 1816 wegen Wiedereinführung der tyroler ständischen Verfassung, dasselbe — sowie die diessfällige Intimation für den Landmarschall wurde mit Allerhöchster Entschliessung vom 24. März 1816, Z. 2238/O. P., genehmiget.

Aus den einzelnen Verhandlungen geht hervor, dass zur Aufnahme in die Tyroler ständischen Matrikel nach §. 33 der Instruction vier Ahnen erfordert werden, und dass die Aufnahme von der Bewilligung allerhöchst Seiner Majestät abhängig ist.

43. Das Patent vom 29. August 1818 über die Organisirung der ständischen Verfassung in Krain.

Nach derselben wird zur Aufnahme in das ständische Consortium in Krain der Adel im Ritterstande und das Incolat erfordert, welches Seine Majestät sich zu verleihen vorbehalten.

44. Hofkanzlei-Dekret vom 10. Juni 1834, Z. 16749, an das galizische Gubernium, dass die dortigen Stände das Indigenat an Individuen, die sich über den hungarischen Adel ausweisen, nicht verleihen können.

Beilage XX.

Verordnungen

über die Untersuchung und Bestrafung von Adelsanmassungen.

Zur Hintanhaltung der Adelsanmassungen wird den
sämmtlichen Länder-Chefs besonders empfohlen:

1. dass den Seelsorgern in Führung der Geburts-,
Trauungs- und Sterbematrikeln die thunlichste Genauigkeit
zur Pflicht gemacht werde, und bei allen Personen, deren
Adel oder Adelsstand im Lande nicht notorisch ist, nähere
Nachweisungen bei ämtlichen Verhandlungen vorgelegt
werden.

2. Die Prüfung der Ansprüche auf den Adel bei Gesuchen:

a) um Aufname in eine Erziehungsanstalt, wozu der Besitz
des Adels erforderlich ist;

b) um ähnliche Stiftungen;

c) um Aufname in einen öffentlichen Dienst, und

d) um die Aufname in die ständische Matrikel ist jedenfalls
unerlässig.

Mehrere Verhandlungen zeigen, dass Ansprüche auf
den Adel dadurch provozirt worden sind, weil bei Amtshandlungen dieser Art nicht strenge dasjenige geprüft wird,
wofür sich ein oder das andere Individuum ausgibt.

3. Insofern laut Hofkanzleidekret vom 18. Juni 1829
dem ausländischen Adel die nämliche Prärogative, wie dem
österreichischen eingeräumt ist, so muss den betreffenden
Autoritäten besonders eingeschärft werden, dass sich ein
österreichischer Staatsbürger eines auswärtigen Adels nur

mit höchster Bewilligung Seiner k. k. Majestät prävaliren darf, welche daher jedesmal beigebracht werden muss.

4. Es leuchtet ein, dass es den Kammerprokuratoren schwer sei, die Adelsanmassungen zu überwachen, da die Adelserhebungen und Bestätigungen den Behörden nicht bekannt werden. Im lombardisch-venetianischen Königreiche und in Dalmatien ist diessfalls ein eigener Elenco verfasst worden, der von Zeit zu Zeit fortgesetzt wird. Die Länderchefs dieser Provinzen werden aufgefordert, diesen Elenco sogleich und seiner Zeit auch die Fortsetzungen desselben den übrigen Länderchefs zum Amtsgebrauche der Provinzial-kammer-Prokuraturen mitzutheilen.

Unter Einem wird die Einleitung getroffen, dass solche Verzeichnisse auch in Absicht auf die übrigen Provinzen verfasst und den Länderchefs seiner Zeit zugesendet werden. (Hofkanzlei-Präsidial-Erlass vom 21. Mai 1833, Zahl 878 praes., an sämmtliche Länderchefs. Pol. G. S. 61. B. N. 81.)

Die Verlassenschafts-Abhandlungsinstanzen haben von jedem einzelnen Falle, in welchem die bei einer adeligen Familie bloss allein in der Primogenitur zustehende höhere Adelsstufe oder ein besonderer Titel an eine neue Person übergeht, der Landesstelle mitzutheilen, welche ihrerseits solche einzelne Mittheilungen in Evidenz zu stellen hat. (Hofkanzleidekret vom 21. Mai 1840, an sämmtliche Länderstellen mit Ausnahme von Mailand, Venedig und Dalmatien. Krop. G. S. 66. B. Nr. 74.)

Damit auch den Adelsanmassungen von Seite der Militärpersonen und Parteien möglichst begegnet werde, wurde von dem k. k. Hofkriegsrathe unterm 12. Juli 1833, lit. M. 1943, folgende Zirkularverordnung an sämmtliche Grenz- und Länder-Generalcommanden erlassen:

„Da man vielfältig wahrgenommen, dass Adelsanmassungen besonders darin ihren Stützpunkt haben, dass in Fällen, wo einzelne Individuen einen Adelstitel geltend machen, auf die Beibringung ihrer, eben diesen Adel beweisenden Urkunden nicht sorgfältig genug gesehen wird,

so findet man die Generalcommanden mit Bezug auf die dies-
falls bereits erlassenen Zirkular - Rescripte vom 21. März
1828, M. 927, und vom 13. Juni 1829, T. 735, zur eigenen
Richtschnur und genauen Darnachachtung bekannt zu geben,
dass den Feldgeistlichen jeder Art in Führung der Geburts-,
Trauungs- und Sterbebücher die thunlichste Genauigkeit bei
Prüfung der Angaben von Adelstiteln zur Pflicht gemacht
werden muss. Bei allen Militärpersonen oder Parteien, deren
Adel oder Adelstand nicht bereits erwiesen oder notorisch
bekannt ist, sind nähere Nachweisungen abzuverlangen oder
einzuleiten, und die Ansprüche auf den Adel bei Gesuchen
um Aufname in eine militärische Erziehungsanstalt oder
derlei Stiftung, wozu der Besitz des Adels erforderlich ist,
sorgfältig zu prüfen, bevor sie dem Hofkriegsrathe gutächt-
lich überreicht werden.

Mehrere Verhandlungen zeigen, dass sich oft anmassen-
der Weise des Adels prävalirt worden ist, weil bei den
Amtshandlungen nicht strenge dasjenige geprüft wird, wofür
sich ein oder das andere Individuum ausgibt, wofür in Zu
kunft das Generalcommando dem Hofkriegsrath besonders
verantwortlich bleibt.

Eine noch grössere Aufmerksamkeit erheischt die Wür-
digung der Adelsansprüche bei der jährlichen Militärconscrip-
tion und der Militärrekrutirung überhaupt. Bei Verfassung
oder Ausstellung von Dokumenten, z. B. Assent-, Transferi-
rungs- und Conduitenlisten, Abschieds-, Quittirungscertifika-
ten u. dgl. muss bei Angabe eines adeligen Titels mit aller
Vorsicht vorgegangen und hierbei sich nicht mit blossen Angaben begnügt werden, wodurch der angegebene Adelstitel
nicht als gründlich erwiesen dargethan ist.

Ueberhaupt hat das Generalcommando über ungebühr-
liche Adelsanmassungen mit besonderer Sorgfalt zu wachen,
bei Wahrnehmungen dieser Art sogleich das Nöthige zu
verfügen und das Resultat des Veranlassten oder vorläufig
schon Erhobenen zur Kenntniss des Hofkriegsrathes zu
bringen.

In Gemässheit dieses Cirkulares wurden die unter-
stehenden Branchen zur gleichzeitigen Richtschnur angewiesen.

Verhandlungen über Adelsansprüche, die zur definiti-
ven Anerkennung geeignet befunden wurden, sind der
Schlussfassung der Hofkanzlei zu unterziehen. (Hofkanzlei-
dekret vom 12. März 1835, Hofzahl 5745, Regierungszahl
15728.)

Wer sich von Kundmachung gegenwärtiger Verordnung an, adelige Titel oder Wappen beilegt, ohne den Adel
überhaupt oder denjenigen Grad des Adels, dessen er sich
anmasset, wirklich erlangt zu haben, verfällt in eine Geldstrafe von 20 bis 100 fl. C. M. im Zwanzig-Guldenfusse.
Wenn er diese zu erlegen nicht vermag, so soll Arreststrafe
von 3 bis 14 Tagen gegen ihn verhängt werden.

Im Falle der Wiederholung ist auf eine Geldstrafe von
100 bis 1000 fl. C. M., oder wenn diese nicht eingebracht
werden kann, auf eine 14tägige bis sechswöchentliche Arreststrafe zu erkennen.

Die politischen und Justizbehörden haben von jeder
ihnen vorkommenden unerlaubten Adelsanmassung der Kammerprokuratur Nachricht zu geben, und letztere soll die ihr
auf diese oder andere Art bekannt gewordenen Fälle einer
Adelsanmassung der Regierung anzeigen, und auf die dem
Gesetze angemessene Bestrafung antragen, daher die Kammerprokuratur auf das Vergehen der Adelsanmassungen ihre
pflichtmässige Aufmerksamkeit zu richten und über die Voll-
ziehung der gegenwärtigen Verordnung zu wachen hat.

Auf alle in gegenwärtiger Verordnung festgesetzten
Strafen wird von der Regierung nach vorläufiger Untersuchung und vollständig hergestelltem Beweise erkannt,
jedoch steht dem Verurtheilten der Rekurs an die k. k. vereinigte Hofkanzlei in dem Zeitraume von sechs Wochen,
nach erhaltener Entscheidung der ersten Instanz offen,
welches in diesem Erkenntnisse jedesmal auszudrücken ist.

Soll wegen einer Geldbusse auf das Vermögen des Schuldigen die Execution geführt werden, so ist sie von dem Filialamte bei dem competenten Gerichte anzusuchen. (Allerhöchste Entschliessung vom 28. November 1826, Hofkanzleidekret vom 2. November 1827, Zahl 27344, an sämmtliche Länderstellen. Kundgemacht in Oesterreich ob der Enns am 13., in Steiermark am 15., Zahl 25200, in Mähren am 16., Zahl 39207, in Niederösterreich mit Regierungscirkular vom 19. November 1827, Zahl 63741, in Tirol am 21., in Galizien am 24., in Böhmen am 30. November 1827. (Pol. G. S. B. 55, Nr. 119.)